艺术体育
高校学术研究论著丛刊

新时代学校体育发展的理论变革与实践探索

张志斌 著

中国书籍出版社
China Book Press

图书在版编目 (CIP) 数据

新时代学校体育发展的理论变革与实践探索 / 张志斌著 . —— 北京：中国书籍出版社，2020.7
ISBN 978-7-5068-7901-9

Ⅰ . ①新… Ⅱ . ①张… Ⅲ . ①学校体育 – 研究 – 中国 Ⅳ . ① G807

中国版本图书馆 CIP 数据核字（2020）第 117668 号

新时代学校体育发展的理论变革与实践探索

张志斌　著

丛书策划	谭　鹏　武　斌
责任编辑	成晓春
责任印制	孙马飞　马　芝
封面设计	东方美迪
出版发行	中国书籍出版社
地　　址	北京市丰台区三路居路 97 号（邮编：100073）
电　　话	（010）52257143（总编室）（010）52257140（发行部）
电子邮箱	eo@chinabp.com.cn
经　　销	全国新华书店
印　　厂	三河市德贤弘印务有限公司
开　　本	710 毫米 × 1000 毫米　1/16
字　　数	220 千字
印　　张	15.25
版　　次	2022 年 1 月第 1 版
印　　次	2022 年 1 月第 1 次印刷
书　　号	ISBN 978-7-5068-7901-9
定　　价	80.00 元

版权所有　翻印必究

自 序

2018年9月,全国教育大会在北京召开,本次会议是中国特色社会主义进入新时代以后,召开的第一次全国教育大会。在本次重要会议中,习近平总书记对学校体育有专门论述:"要树立健康第一的教育理念,开齐开足体育课,帮助学生在体育锻炼中享受乐趣、增强体质、健全人格、锤炼意志"。这是习近平总书记对学校体育的最高指示,蕴含着丰富的科学内涵,需要全体体育教师认真学习、深刻领会,并在学校体育实践中予以坚决贯彻执行。

深入学习习近平总书记全国教育大会学校体育论述后,除了感动、振奋以外,更引发进一步的思考与追问。如何在建设教育强国、体育强国的新时代背景下,更准确地理解和把握新时代教育强国与体育强国的科学内涵与实质?怎样面对并化解当前我国学校体育发展的矛盾与困境?如何领会和把握健康第一的教育理念?怎样落实开齐开足体育课的要求?如何帮助学生在体育锻炼中享受乐趣、增强体质、健全人格、锤炼意志?以及学校体育如何回应培养什么人、怎样培养人、为谁培养人这一教育根本问题?正是基于上述问题的苦苦思索与追问,正是源于长期一线体育教学遇到的种种问题的萦绕,遂萌发了系统梳理和回答上述问题的决心。

在著作的写作过程中,除了思考学校体育的相关理论问题,更注重对学校体育实践中的具体问题的解答;除了对传统学校体育价值的批判性继承,也更注重以多学科的视角重新认识学校体育的价值;除了以体育教师的视角看待学校体育工作,也更重视学生视角、其他教师、社会大众的视角;除了对学校体育的地位、定位、功能等宏观问题的思考,也注重对学生体质测试、体育场地与器材等微观问题的审视。基于此,对学校体育的研究才显得更加饱满和立体,才更加朴实和充满诚意,同时具有一定的可读性和参考意义。

在具体的撰写过程中,张志斌副教授负责本著作的整体构思与框架,内容的筛选与整理,并全面负责统稿工作和文字的梳理。此外,西南科技大学刘瑛副教授承担了第三章第一、第四、第五节;第五章第一、第三节,第七章第二、第四节内容的撰写,西南科技大学廖方伟副教授承担了前言部分、第九章第三节、第四节内容的撰写。此外,绵阳中学师自龙老师提供了亲身经历的体育课与文化课劳逸结合的效果与实证材料。

关于《新时代学校体育发展的理论变革与实践探索》的研究,在定稿交由中国书籍出版社审稿出版的时候,看似研究工作已经告一段落,但实际上,关于学校体育的研究从来不会结束,也不能停止。还有一系列的问题、诸多的困难摆在我们面前。由于作者学识、能力上的欠缺,最终呈现的著作肯定存在诸多瑕疵,也恳请读者朋友予以包容和谅解,也欢迎大家的批评指正。也真诚地希望更多的体育专家学者、教育管理者、其他任课教师、全体体育教师都能关注、关心学校体育工作。大家齐心协力,把学校体育各项工作搞好,最终让学生满意、家长放心、学校认可、社会重视,为实现教育强国、体育强国贡献力量。

目 录

第一章 教育强国、体育强国的时代呼唤 …………………… 1
 第一节 教育强国的时代呼唤………………………………… 2
 第二节 体育强国的时代呼唤………………………………… 3

第二章 学校体育发展的矛盾与困境 ………………………… 7
 第一节 学校体育工作的主要矛盾…………………………… 7
 第二节 学校体育、青少年健康问题的
    政策赋权与实践困境………………………………… 10
 第三节 教育变革与学校体育理念之争……………………… 13
 第四节 体育的价值，协同育人机理不清 ………………… 20

第三章 学校体育价值的多学科认识与再出发……………… 22
 第一节 学校体育的价值判断与梳理………………………… 22
 第二节 学校体育的价值——基于生物学的视角 ………… 31
 第三节 学校体育的价值——基于教育学的视角 ………… 40
 第四节 学校体育的价值——基于人格的视角 …………… 53
 第五节 体育的育体、育心、育人与青少年未来生活…… 63

第四章 学校体育面临的具体问题…………………………… 68
 第一节 应试教育的影响……………………………………… 68
 第二节 体育教师的责任放逐与危害………………………… 74
 第三节 错误的体育评价导向………………………………… 80
 第四节 课程标准竞技化、成人化，
    体育器材低质化的影响与危害……………………… 84
 第五节 学校体育的趣味性、吸引力不足…………………… 88

第六节	学校体育发展的场域受限………………………	95
第七节	大众健康误区与非体育路径依赖………………	101
第八节	校园"足球热"的"冷思考"…………………	102

第五章 学校体育基本问题的再思考……………………… 105

第一节	学校教育为什么离不开体育……………………	105
第二节	学生为什么没有掌握运动技术、 组织不起比赛………………………………………	109
第三节	体育教学内容的内在逻辑与专项化改革………	117
第四节	我国传统学校体育功能与目标的认知局限……	122
第五节	没有了极点、二次呼吸的体育 教学还剩下什么…………………………………	126
第六节	再论"百练跑为先"………………………………	128
第七节	学校体育健康理念的偏差与纠正………………	130

第六章 学生体质测试工作之省思……………………… 134

第一节	学生体质测试制度变迁与数据下降……………	134
第二节	学生体质变差了吗………………………………	144
第三节	学生体测数据误差及学生主观努力因素………	146
第四节	学生体质测试工作的扭曲与异化………………	147

第七章 体育教师群体的研究……………………………… 150

第一节	由"体育教师之问"而问…………………………	150
第二节	体育师资培养的问题………………………………	158
第三节	学校缺乏体育教师吗………………………………	161
第四节	体育教师的专业理论水平………………………	169
第五节	体育教师职业成就感与责任心…………………	172
第六节	体育教师终身学习意识与教学策略调整………	176

第八章 强化和提高体育课教学质量…………………… 178

第一节	体育课既要教技术,更要教如何运用技术 …	178
第二节	学生身体素质——体育课教学质量的 基础与保障………………………………………	184

目 录

　　第三节　全面提升学校体育场地、器材的质量 ……… 185
　　第四节　校外青少年体育培训爆发式增长的启示…… 187
　　第五节　布置体育家庭作业——主动占领
　　　　　　学生课余时间………………………………… 188
　　第六节　学生体育成绩评价改革……………………… 189

第九章　新时代学校体育的变革……………………………… 191
　　第一节　重构学校体育的价值体系…………………… 191
　　第二节　学校体育的价值认同与广泛共识…………… 193
　　第三节　全面提升体育教师的综合素质与业务能力… 197
　　第四节　充分运用政策的指导和引领作用…………… 202

第十章　理想的学校体育……………………………………… 206
　　第一节　学校体育目标和学校教育目标良性互构…… 206
　　第二节　学生锻炼习惯的养成与"心流体验"………… 208
　　第三节　凸显体育的"育人"价值……………………… 209
　　第四节　自然体育思想与新体育学派借鉴…………… 214
　　第五节　零点体育课（学习准备型体育课）的启示…… 216

参考文献………………………………………………………… 218

后　　记………………………………………………………… 230

致　　谢………………………………………………………… 233

第一章 教育强国、体育强国的时代呼唤

"经过长期努力,中国特色社会主义进入了新时代,这是我国发展新的历史方位。"这是习近平总书记在党的十九大报告中的庄严宣告。教育是党的事业发展的重要保证,是民族振兴的奠基工程,是国家兴旺发达的基石。教育对提高人民综合素质,促进人的全面发展,增强中华民族创新创造活力,实现中华民族伟大复兴具有决定性意义。[①] 党的十八大以来,习近平总书记多次阐述了体育强国与健康中国、中国梦和中华民族伟大复兴的紧密关系,将体育发展与国家兴衰的关联提升到新的战略高度。他指出:"体育承载着国家强盛、民族振兴的梦想。体育强则中国强,国运兴则体育兴";"体育是社会发展和人类进步的重要标志,是综合国力和社会文明程度的重要体现";"体育是提高人民健康水平的重要手段,也是实现中国梦的重要内容,能为中华民族伟大复兴提供凝心聚气的强大精神力量"。[②] 站在新时代的起点,一方面,我们有必要从理论层面对学校体育存在的问题进行较为全面和系统的梳理,以回应新时代党和国家对教育事业方向性、根本性、全局性、战略性的制度安排;另一方面,在学校体育实践层面,也应紧跟时代步伐,及时变革并积极承担加快推进教育现代化、建设教育强国、体育强国的应有职责。

---

① 教育部课题组.深入学习习近平关于教育的重要论述[M].北京:人民出版社,2019:3.
② 陈丛刊,陈宁.论我国体育社会组织发展新的历史方位[J].体育科学,2018,38(9):78-87.

第一节　教育强国的时代呼唤

　　自改革开放以来,我国教育事业取得了举世瞩目的成就,教育规模持续扩大,教育基础不断夯实。截至 2017 年,我国学前教育入园率为 79.6%,小学入学率为 99.91%,高中阶段入学率为 88.3%,高等教育毛入学率为 45.7%,均达到或高于中、高收入国家平均水平。我国教育事业在世界的影响、地位显著提升,已发展成为名副其实的世界教育大国。上述数据充分体现了我国教育的"硬实力",但教育强国不仅要有"硬实力"的展示,还要有"软实力"的支撑。[①]所谓"软实力"就是以教育制度、教育观念、教育文化、师资素养、教育方法、教育质量等为主的内涵式发展。习近平总书记讲过,建设教育强国是中华民族伟大复兴的基础工程,必须把教育事业放在优先位置,深化教育改革,加快教育现代化,办好人民满意的教育,要全面贯彻党的教育方针,落实立德树人的根本任务,发展素质教育,推进教育公平,培养德智体美劳全面发展的社会主义建设者和接班人。[②]

　　2018 年 9 月,在中国特色社会主义进入新时代后召开的第一次全国教育大会上,习近平总书记深刻指出:"要树立健康第一的教育理念,开齐开足体育课,帮助学生在体育锻炼中享受乐趣、增强体质、健全人格、锤炼意志。"[③]习近平总书记在全国教育大会上关于学校体育的论述,对新时代学校体育工作提供了坚实的理论依据;对新时代学校体育工作落实并践行"全面发展的人才培养观"提供了根本遵循;也对学校体育在人才培养过程中发

[①] 教育部课题组.深入学习习近平关于教育的重要论述[M].北京:人民出版社,2019:160-163.
[②] 习近平在中国共产党第十九次全国代表大会上的报告[N].人民日报,2017 年 10 月 28 日.
[③] 新华社.习近平出席全国教育大会并发表重要讲话[EB/OL].(2018-9-10)[2019-4-10].http://www.gov.cn/xinwen/2018-09/10/content_5320835.htm.

第一章 教育强国、体育强国的时代呼唤

挥支撑作用、行使主体责任、完成特殊使命指明了方向。习近平总书记关于学校体育工作的论述是新时代学校体育工作的重大转折机遇。充分挖掘和彰显习近平总书记学校体育论述的理论价值、实践指导意义，是所有学校体育工作者需要认真思考和践行的重大课题。

迈进新时代，开启新征程，教育强国的目标与任务宏伟且艰巨，教育变革迫在眉睫。在培养德智体美劳全面发展的社会主义建设者和接班人的过程中，体育与德育、智育、美育、劳动教育需要发挥协同育人机制，不可割裂，更不能偏废。在教育强国目标引领下，教育发展要由数量增长、规模扩张转入内涵式发展。由片面追求分数和升学率，转向注重学生全面发展上来，尤其是学校教育的短板上来，转向人民群众对教育的诸多不满上来，转向学生成长过程中出现的突出问题上来，借此建立科学的教育发展观和教育政绩观，彻底改变学校教育"长于智、疏于德、弱于体美、缺于劳"的现状。

教育强国离不开学生的全面发展，离不开学校体育的支撑与保障。"体育"在人的全面发展过程中不是点缀、不是文化课学习的陪衬，而是基础、是保障、更是学生的基本权利。提升学生的综合素质离不开体育，这样的观点应该成为全体教师的基础认知，成为全体教育工作者的深层共识。因此，实现教育强国目标首先要补齐学校教育的短板，补齐学生全面发展目标的弱项，对学校体育而言，既是挑战也是机遇。

第二节 体育强国的时代呼唤

随着改革开放和社会主义现代化建设的不断推进，我国大踏步迈入世界体育大国行列。[①] 但是，在"奥运争光"中超额完成任务的金牌大国不能与体育强国画等号。中国体育在优异成绩的

---

① 胡锦涛.在北京奥运会、残奥会总结表彰大会上的讲话[EB/OL].新华网，2008-09-29.

后面存在"民生短板",已是无法掩盖的事实;哪怕是在北京奥运会上取得了一份令人惊喜的答卷,当前体育事业的状况仍然难以让党和人民完全满意。[①]"广泛开展全民健身活动,加快推进体育强国建设"[②]是十九大报告中提出的明确要求,在此过程中,学校体育的责任、所起的作用,学校体育与全民健身、体育强国的关系问题,都需要认真研究并予以回答。在推进体育强国目标这一国家意志进程中,政府主导下的体育发展重心也应由强势的竞技体育转向基础更为薄弱、问题更为突出的学校体育。学校体育对大众体育、竞技体育的基础和纽带作用使其在体育强国目标中责任更重,任务更难。学校体育应该也必须勇于担当,承担重任。

"体育强国战略"是继"奥运战略""全民健身战略"之后,党和国家在我国体育事业已有基础之上提出的新战略部署。对体育强国的认识与实践是一个与特定国际、国内体育及社会发展密切相关的发展变化过程。北京奥运会以后,我国对体育强国的理解历经了以奥运竞技为主旨、竞技体育与群众体育协调发展以及综合多维体育强国概念等演进历程。[③]辩证地分析,虽然学校体育的尴尬处境成为体育强国指标体系中的软肋,但随着对体育强国认识的深入以及建设体育强国目标的逐渐明晰,学校体育的地位重塑有了历史性机遇。建设体育强国是国家意志,有强有力的政策保障与支持;实现体育强国目标更离不开2亿多各级在校青少年学生的体质提升与健康支持。

由于我们长期以来混淆了"体育强国"与"竞技体育强国"的区别,金牌数量被认为是体育发展水平的最重要的标志。[④]原因是竞技体育强大的表现力、号召力、影响力吸引了全社会的关

---

① 胡小明.体育发展新理念——"分享运动"的人文价值观与青少儿体育发展路径[J].体育学刊,2011(1):8-13.
② 习近平在中国共产党第十九次全国代表大会上的报告[N].人民日报,2017年10月28日.
③ 陈玉忠.体育强国概念的缘起、演进与未来走向[J].天津体育学院学报,2010,25(2):142-145.
④ 杨文轩,卢元镇,胡小明.改革开放以来中国体育理论与实践的发展[J].华南师范大学学报(社会科学版),2003(4):135-143.

第一章 教育强国、体育强国的时代呼唤

注,以至于在相当长一段时间内竞技体育成为我国体育工作的核心,各级体育行政主管部门的大部分工作都围绕竞技体育开展。国家集权操办的培养极少数运动精英的庞大行业体系在"奥运争光"方面成绩辉煌。[①] 尤其在北京奥运会,我国竞技体育发展到了空前的高度,取得了举世瞩目的成就,普遍认为我国已经成为竞技体育强国。然而,在有限的人力、物力、财力下,竞技体育的赶超发展以及人们对金牌的狂热与过度依赖,不可避免地挤占了大众体育、学校体育的发展空间。此外,竞技体育的高淘汰率、巨大的投入产出比、有重要影响的竞技项目成绩依然落后、竞技项目发展不平衡、竞技体育与大众体育之间的矛盾、竞技成绩不断攀升的同时伴随着青少年部分身体素质持续下降的强烈反差等一系列问题并未随着我国成为竞技体育强国而迎刃而解,有的反而更加突出和棘手。尤其是"青少年体质健康短板问题"已经成为制约我国实现体育强国目标的瓶颈。当前,上至中央政府,下到学校、家庭,无不为这一问题担忧与困扰,这也反映出学校体育改革的重要性和紧迫性。正如有学者指出:"当今中国借奥运会宣扬国力、振奋民族精神的使命可以宣告完成,政府应该转变其体育发展的重心——由鼎力支持竞技体育转向全面发展大众体育和学校体育。"[②] 这样的表述无疑对我国"国家体育战略转型"指明了方向。

《光明日报》曾刊发题为"学校体育圆中华民族一个强国梦"的文章,文中从体教结合、阳光体育运动、少年强则国家强、中央 7 号文件等方面探讨了学校体育在实现体育强国中的地位和作用,并确信,"随着青少年体育事业的蓬勃发展,一个体育强国正在成长起来"[③]。就实现体育强国的具体任务而言,关系到亿万青少年身体素质与健康状况的学校体育才是最为重要和紧迫的。

---

① 胡小明.从"体教结合"到"分享运动"——探索竞技运动后备人才培养的新路径[J].体育科学,2011,31(6):5-9.
② 卢元镇.从北京到伦敦:举国体制如何向前走[J].体育学刊,2012,19(6):1-4.
③ 王庆环.学校体育圆中华民族一个强国梦[N].光明日报,2008-8-20.

体育强国目标的提出对学校体育发展提出了更高要求,也为改变学校体育现状提供了历史性机遇。习近平总书记在全国教育大会上的讲话,发出了学校体育革命性变革的号角。学校体育要谋划、设计、推动好相关工作,一是要转变思想观念,称之为"移风易俗",把"教会""勤练""常赛"作为学校体育改革的目标;二是要扎实做好学校体育改革发展的保障条件建设,称之为"改天换地",要建立学校场地设施新标准,配齐配强体育教师;三是健全评价体系,动员社会各方力量支持学校体育工作,称之为"众志成城"。[1]

从体育事业发展的角度分析,抓好学校体育工作,不仅可以增加我国体育人口数量,还可以推动体育的普及,促进全民健身运动的开展,加速体育社会化的进程。由于学校体育在特定年龄阶段对所有学生运动技能的普及与提高是全面和连续的,学生时代受到良好的体育教育,能为未来成为群众体育积极参与者打下坚实基础。同时,学校还担负着向专业队培养、输送体育后备人才的任务,普及与提高是学校体育责无旁贷的责任与担当。学校体育担负的责任实质上已远远超出学校体育本身,而是在更大范围、更深层次承载着整个国家体育战略、全民身体素质与健康促进的重担与责任,也承载着实现体育强国宏伟目标所赋予的责任。

广大体育教师是实现体育强国目标与重塑学校体育地位的具体执行者,要以建设体育强国的契机改变学校体育的地位,勇于担当培养"德智体美劳全面发展的人"这一崇高责任,投入最大热情和精力,认真思考并努力解决备受社会各界关心的2亿多学生的体育参与问题、体质与身心健康问题。只有最基础、最广泛、数量众多的广大青少年体质与身心健康有了保障,有了进步,才能支撑并真正实现体育强国目标。

---

[1] 王登峰.深入学习习近平总书记在全国教育大会上的讲话精神,推动学校体育革命性变革——在全国高等学校体育教学指导委员会副主任以上委员会议上的讲话[J].天津体育学院学报,2019,34(3):185-187.

第二章 学校体育发展的矛盾与困境

从"培养德智体美劳全面发展的社会主义建设者和接班人"这一国家教育总目标来看,体育重要且不可或缺。在实际育人过程中,学校体育重要性严重降低,价值彰显不足,功能发挥欠佳。一定程度上,德育、智育、体育、美育、劳动教育内在的联系被人为割裂。体育对学生人格的塑造、意志的锤炼、不良情绪的释放和管控、行为习惯的约束和养成等特殊价值并未充分体现;体育对身心健康的支持、对团队意识的培养、对体力活动日趋不足的弥补、对近视的预防等功能并未充分发挥。体育对德育的践行、智育的支持、美育和劳动教育的融合发展需要深刻认识并重新定位。尤其是习近平总书记在全国教育大会上关于学校体育的论述,显示出国家最高领导人对体育与青少年成长的关系的深刻理解和重视,需要我们认真研究并予以实践。

第一节 学校体育工作的主要矛盾

1978 年,党的十一届三中全会作出把国家工作的重心转移到经济建设上来,实行改革开放的重大决策。学校体育也在此影响下,进入调整恢复阶段。首先在学校体育指导思想调整上,教育部于同年颁布了《全日制十年制学校中学体育教学大纲(试行草案)》《全日制十年制学校小学体育教学大纲(试行草案)》,后来逐步形成了学校体育"一个目的、三项基本任务"的提法,以及体育教学核心是使学生掌握体育基础知识、基本技能和基本技术的"三基"表述。次年,教育部、国家体委、共青团中央联合在江苏扬州举办了全国体育卫生工作会议(又称"扬州会议"),其也是新中国成立后规模最大的一次学校体育卫生工作会议。"扬州会议"进一步明确了学校体育的目的,并提出:"学校开展体育卫生工作的根本目的在于增强学生体质。要从实际出发,认真上好体育课。必须坚持'三好'方针,正确处理德、智、体三者的关系,纠正忽视体育、卫生的思想,摆正体育、卫生工作位置,切实把学校体育、卫生工作搞好,使学校培养出来的人才,能够为祖国健康地工作五十年。"[①] 扬州会议是我国学校体育工作具有里程碑意义的一次重要会议,讨论并达成把学校体育工作从高度政治化、工具化的拘囿中解放出来,重新确立了学校体育在教育中的地位以及育人的价值。

在解放和发展生产力,消除贫困解决温饱的过程中,体育显然不是国家、社会、家庭和个人的最基础需求,虽然有奥运金牌振奋民族精神的需求,但在教育领域,体育重要性下降在所难免。经过半个多世纪的发展,当前在我国学校教学过程中学科课程和术科课程的地位显著不同,学生评价以及相关的招生政策也极其偏重学科知识,对术科技能的教学、评价则一直未引起足够重视,这一状态一直延续至今,学校体育的各项工作也因此受到制约和影响。以体育课为例,学生的体育意识淡漠、体育兴趣不足、体育参与程度不高已经成为普遍状况。学生在体育学习过程中投入的时间、精力有限,学生的体育体验普遍停留在较低水平。当前,吸引学生兴趣和注意力的因素增多,体育活动的吸引力正不断降低,面对不利局面,体育教师并没有良好的应对策略。此外,体育教师对学生正确体育观的形成、运动习惯的养成,对学生体育课之外的体育参与影响有限、引导不足。

当前,学校体育工作存在以下主要矛盾:

第一,时间、精力矛盾,学生体育参与时间与文化学习时间、

---

① 季浏.改革开放40年我国学校体育发展回顾与前瞻[J].体育学研究,2018(5):1-11.

第二章　学校体育发展的矛盾与困境

休息、放松时间的矛盾。对学生而言,参与体育活动的时间与文化学习以及休息、放松娱乐的时间是不可调和的矛盾。积极的体育参与意味着文化学习时间以及休息时间的减少,还会面临文化课教师、家长的干预和指责。面对愈演愈烈的各阶段升学竞争,学生、家长、升学重要权重课程教师都会齐心协力压制非重要课程时间。虽然有大量的科学研究者证实,适当的体育活动不但对身体、心理健康有益,也对文化学习有益,学生的学习过程需要劳逸结合,但在具体实践中,体育的作用和益处常常被忽视,体育的价值并未充分体现。

第二,认知矛盾。体育专家学者与体育教师、其他教师以及学校教育管理者对体育的认知存在矛盾,进而影响其在学校体育实践中的态度与行为。体育专家学者、部分教育专家以及国家教育行政管理主体对学校体育的认识是深刻且重视的,都强调体育对学生成长的重要。然而,大部分基层教育管理者、其他教师群体非但不重视,还存在普遍的轻视行为。同为教育者,两种相反的对待学校体育的认知矛盾造成了学校体育实践工作的困境。

第三,学生对体育的"爱恨矛盾"。大部分学生都喜欢体育,除了参与,观看体育赛事也是很有乐趣的事情。然而,在体育课中,在为了跑得更快,技术更熟练的过程中,需要付出艰辛的努力,在咬紧牙关的紧要关头,挑战体能极限的过程中,对体育的"爱"可能会动摇,有时非但不爱,可能还刻意逃避和充满厌恶感。学生对体育既爱又恨的矛盾心理是普遍存在的。他们爱体育的自由、激情,享受体育的乐趣,但是也逃避和厌恶运动中的身心疲惫与心力交瘁。学生对体育的"爱恨矛盾"的原因在于,流畅、自信的运动技能需要时间的累积,从枯燥、挫折、失败的运动起始阶段进阶到有趣、顺利、成功的高阶阶段不是一蹴而就的。很多学生止步于运动的起始阶段,没有练习量和身心体验的累积,运动的趣味性自然不足,很难对具体项目产生真爱。

第二节 学校体育、青少年健康问题的政策赋权与实践困境

体育作为学校教育的重要内容,在教育不断变革与发展中没有找到应有之位,甚至迷失了方向,举步维艰。近年来,随着学校体育改革步入"深水区",面对各种复杂性因素和不确定性因素,局部悲观消极、抱怨排斥、急于求成等不良心态的滋生,导致政策执行的变相迎合和盲目照搬的做法,致使学校体育政策执行效果出现落差甚至反差问题。[①]理论层面,学校体育的指导思想、功能、价值、目标等基本问题存在多种声音,在体育内部存在争议,难以形成共识并向外突围。实践层面,一方面要承担青少年身体素质部分指标不断下降的质问,另一方面被边缘、被挤占,还要承担学生身心健康的重担,要在不断激烈的文化学习与考试的夹缝中艰难前行。为此,国家连续出台有关学校体育、青少年体质健康的文件、政策来指导学校体育工作,以期扭转青少年运动参与不足、部分体质指标下滑,以及健康状况频出的问题。

一、学校体育、青少年健康问题的政策赋权

1979—2017年期间,我国共发布青少年体质健康政策286件,平均每年发布7.3件。[②]这是与当时学校体育教育中存在的诸多问题相呼应的,具体表现在,由于轻视学校体育工作,"体育水课"普遍存在;课外体育活动名不副实;体育师资数量不足且整体素质有待提升;生均体育器材等运动条件并未与其他教学

---

① 何劲鹏,杨伟群.我国学校体育政策执行"不良心态"本质透析与制度性化解[J].北京体育大学学报,2018(2):88-93.
② 陈长洲.改革开放40年我国青少年体质健康政策的回顾、反思与展望[J].体育学刊,2019,39(3):38-47.

第二章　学校体育发展的矛盾与困境

条件同步改善；学生评价中的身体素质、身心健康权重严重偏低。一系列问题综合造成了我国青少年体质健康指标持续下滑的基本事实。学校体育政策是学校体育工作改革与发展的重要制度保障，在学校体育改革与发展中发挥着重要的导向和调控作用。因此，制定和实施科学合理、具体明确的学校体育政策是推进学校体育改革与发展、促进学生体质健康发展的关键。近几年，国务院、教育部、团中央、国家体育总局等政府机构多次针对学校体育工作联合发文，发文频率之高、数量之多体现出国家对学校体育工作的重视，也反映出学校体育工作面临很多急需改进的问题。

近些年，有关学校体育、青少年体质健康的文件、规定、意见不可谓不多，级别不可谓不高。为什么这么多文件、规定、意见依然没有改变学校体育的现状呢？笔者分析认为，文件再多，如果没有执行，缺少实践指导、有效监督以及相应的处罚办法，其效果就大打折扣了。当前，我国学校体育政策存在目标、标准和边界含糊不清的问题，有的政策仅提出宽泛的指导意见和说明，没有涉及具体目标、标准和要求，或者目标设置笼统、要求阐述模糊，最终导致政策难以被执行，看似好的政策却变成了一纸空文。此外，政策陈旧、过时也是不容忽视的问题，如《学校体育工作条例》（以下简称《条例》）作为全面指导学校体育工作开展的一项政策，从1990年颁布直至2017年才进行修订，27年间我国社会、经济、文化、教育均发生了巨大变化，原《条例》中的一些理念、内容早已跟不上时代的发展，显示出明显的政策滞后性。对此，也有学者提出了组织赋权虚化运行或"失灵"的判断。[1]需要指出的是，在体育课被挤占与放羊式体育课双重挤压下，在场地、器材不能完全保障的情况下，强调体育活动对青少年身体素质、健康状况的支撑是无法实现的，缺少体育参与的载体与场域，理想的结果就成为"无本之木、无源之水"。把体育纳入升学或择校的评价要素，其初衷是在贯彻素质教育和促进学生全面发展教育理念

---

[1] 高鹏飞.青少年体育参与不足的文化惯习、代际传递与现代重构[J].体育与科学，2019（3）：48-53.

的同时,切实提高学校体育乃至整个体育行业的社会地位和认同度。相应的,学校体育的社会地位依托于"体育中考""学校体育工作实行一票否决"等刚性制度或政策性的文件所给予的外部维系和保障。通过外部的政策性赋权,进而内化为青少年体育参与的动机和兴趣,培养其运动爱好和习惯是学校体育的应然进路。[①]

二、学校体育、青少年健康问题的实践困境

借助于体育必修课、体育科目纳入中考测试以及学生体质健康测试等刚性制度,在一定范围和程度上确实有助于缓解青少年体育参与不足的现状,甚至在"体育应试"下催生出了青少年体育参与的"虚假繁荣"现象。无论是强化课程改革还是"自上而下"的政策,当前的实施效果仍停留在对"开足开齐体育课,保障基本的体育场地设施,专项化体育教学"的口号追逐层面。"应试体育"和学校体育惩戒政策的出台和升级,有效地改善了学校体育的硬件设施,但依然难以破解青少年体育参与的内生动力不足的问题。[②]除了文化学习,学生课余时间被网络游戏、碎片化娱乐讯息侵占的现象相当普遍,尤其是智能手机和高速互联网的普及,娱乐方式便捷化、虚拟化(一些虚拟体育赛事游戏,也会带来兴奋、着迷等心理体验),娱乐内容多元化、低俗化(海量的推送、便捷的获取,总有一款适合你),娱乐有理、娱乐至上(大家都在玩,谁能抵御这样的诱惑),网络与虚拟游戏的吸引力大大分散了学生参与体育锻炼的注意力和精力,体育的吸引力正一步步被蚕食,运动参与不足成为这一代人严峻的问题。没有硬性的规定、刚性的约束、严格的要求,已经很难把学生留在操场。

当前,手机屏、电脑屏、电视屏(简称"三屏")正深刻影响着人们的生活,尤其是人们对手机屏的依赖呈普遍化、低龄化、全天

[①] 高鹏飞."体育影子教育"的失范与现代重构[J].西安体育学院学报,2019,36(6):753-756.
[②] 高鹏飞.青少年体育参与不足的文化惯习、代际传递与现代重构[J].体育与科学,2019(3):48-53.

候趋势。当前以智能手机为源头的各种游戏、视频、图片、文字等海量信息实时更新、持续发送的时候,吸引并影响到各个年龄段的人。当前,网络的普及及其带来的久坐习惯,正深刻地影响着年轻一代的学习、工作、休闲方式。由此带来了课余时间的分配变化,最直接的影响就是课外体育活动吸引力减弱。由于对"坐姿"与"宅"式生活的影响和评估工作不足,使我们很难找出应对策略,这样的趋势随着智能手机向年龄更小的初中、小学生群体蔓延和普及的时候,由此带来的缺乏身体活动的学习、生活方式已成为基本事实。上述生活方式的变化应引起所有体育教师、学校、家长乃至全社会重视。

如毛泽东所讲的"鄙运动者之自损其体",人们已经看到了运动不足带来的后果。运动缺乏症已经是一种儿科疾病,如果没有明智的干预措施和人们认识的改变,像青少年体力活动缺乏这样的新的医疗问题将不断出现。[1] 尽管我国的学校体育具有法定性强制、规范性强制和规律性强制的特征,但学校体育教育的衰微趋势却不减反增,应唤起整个社会的共同认知。[2]

第三节 教育变革与学校体育理念之争

新时代中国特色社会主义教育理论体系中的新思想、新观点与新要求也引领和促进学校体育的理论创新与实践变革。党的十八大特别强调了要把立德树人作为教育的根本任务,品德是个人道德境界的标志,与个性、个体心理、人格发展息息相关。围绕学校教育的各个板块应当也必须对立德树人做出积极回应和支撑,体育作为伴随学生成长时间最长、跨度最大、身心协同性最

---

[1] Avery D.Faigenbaum, et al. 青少年运动缺乏症(EDD)研究的10大问题[J]. 北京体育大学学报, 2015(11).
[2] 刘阳, 何劲鹏. 学校强制体育合理推进的现实因由与实践价值[J]. 沈阳体育学院学报, 2015(6): 25-28.

强、实践特征明显的教育,对学生的影响也最为全面和深刻。充分发挥体育的"育人"功能,挖掘体育的"德育"素材;落实体育与德育、智育、美育、劳动教育的协同育人机制,彰显体育的"育体、育心与育人"的特殊价值,是每一位学校体育工作者义不容辞的责任。

一、学校体育发展理念的争议与革新

新中国成立之初,我国在苏联的影响下建立了统一性、单一性的基础教育课程体系。除音乐、美术(图画)、体育,以及少量特殊课程(如制图、劳作、课外活动)外,其他课程均为学科课程,且所有课程均为必修课程。[①]新中国成立初期,体育的健身功能、教育功能是和政治功能、军事功能紧密捆绑在一起的,"锻炼身体,保家卫国"的口号为体育的发展奠定了基础。体育在"锻炼身体,保卫祖国;锻炼身体,建设祖国"的口号中开始蝶变,中国版的"劳卫制"在青少年群体中广为推行。体育为战争服务,把体育作为进行社会主义教育的有力武器,成了我国体育发展的特殊符号。中国式的社会主义学校体育开始了实验,并得到了快速发展,这一时期,对学校体育的重视是前所未有过的。在大家普遍认同的学生"德智体"全面发展的培养目标中,体育教育被认为是青少年全面教育的重要组成部分。虽然也出现过"劳动代替体育、军事代替体育"的错误导向,但是整体而言,体育,特别是学校体育在相当长的时期内是得到普遍重视的。

自20世纪50年代,苏联学校体育"三中心"模式一直影响我国学校体育近半个世纪。期间也充满了争议,主要是学校体育教学中"技能派"和"体质派"之间的持续争论。具有标志性的事件是,1961年,在上海发生了一场关于"技能派"和"体质派"的争论,后来在《文汇报》和《体育报》的推动下,变成了一场全国性的学

---

① 龙安邦,余文森.我国基础教育课程方案变革70年的回顾与展望[J].中国教育学刊,2019(10):28-35.

第二章 学校体育发展的矛盾与困境

术大讨论。①这也直接导致了后来"两课两操两活动"学校体育基本模式的出现。1979年,徐英超在"扬州会议"的报告中明确指出,学校体育教学的任务是要使学生打好体质基础,由教师运用教材和教法对于学生进行体质教育,进行体质健康的教育。②这样的提法在当时获得了较普遍的认同。"扬州会议"前后,以徐英超、林笑峰为代表的学者提出"体育主要是针对青少年学生进行的体质教育,不能把体育与竞赛中争夺奖牌为目标的竞技运动混为一谈;技能形成和体质增强是不同的过程,反对把体质增强作为体育技能学习的副产品"③。直到20世纪80年代中期,学校体育目的依旧是强调"增强学生体质,与德育、智育相配合,促进学生身心发展,培养德智体全面发展的社会主义现代化人才"④。因此后来有学者指出,"体质淡出"的观点自然是站不住脚的。⑤

20世纪80年代以后,中国体育界开展了更为激烈和持久的讨论,其中影响最大的就是"真义体育"学派及其相关理论的主张,关于真义体育的讨论对学校体育的发展影响巨大。将增强学生体质定位为学校体育的根本任务,目的很明确,指向很清晰,完全符合学校体育工作实际。"以增强体质为中心"的观点得到进一步认识和深化,也引起了学术界广泛反响。

随着学校体育改革的持续深入,关于"体质中心论"的研究、讨论越来越多,许多学者开始对"体质中心论"的观点提出了质疑。认为教育面向现代化、面向世界、面向未来,培养德智体全面发展的人才,是学校教育改革的出发点和归宿,也是体育教学改革的目标所在。⑥学校体育课程教学应该以"三基"(基本知识、

---

① 罗时铭.当代中国学校体育的流派与争论[J].体育学刊,2015,22(6):29-36.
② 徐英超.两亿接班人的中小学体质教育需要调查研究[J].北京体育学院学报,1979(3):1-7.
③ 曲宗湖,顾渊彦."学校体育学"三十年历程[J].中国学校体育,2009(8):12-17.
④ 体育理论编写组.体育理论[M].北京:高等教育出版社,1985:66.
⑤ 陈琦,林笑峰.体育思想评述[J].体育学刊,2011(11):1-5.
⑥ 梁立启."扬州会议"的回顾和对当前学校体育发展的启示[J].体育学刊,2014,21(5):15.

基本技能、基本技术）的教育教学模式为主，尤其是应该作为中小学学校体育课程教学的基础，中小学体育"三基"教育水平高低，直接影响到学生"终身体育"的形成。从"体质中心论"逐渐演变成以"三基"为主体的学校体育价值取向，实现了学校体育价值取向改革和发展学校体育的又一次重大转换。在这一重要的转换历史时期，学校体育改革的价值取向更加趋向于关注"人本位"的自身发展及增强体质、增进健康的价值取向。但体质仍然是重要的内容，"增强学生体质，培养学生的运动能力和良好的思想品质，促使其成为具有现代精神的德、智、体、美全面发展的人"仍然是当时学校体育的根本目的。从关注学生本位的体质中心问题，到"三基"教学模式，都是学校体育理论深入、实践持续改革的结果。总而言之，从"体质中心"到"三基"的学校体育改革价值取向转换，符合教育事业改革发展的演进规律，在我国学校体育改革发展史上具有里程碑式的意义。

　　潘绍伟教授在回顾总结40年来学校体育思想与学校体育实践发展的变化中指出，1978—1992年为体质教育为主阶段。此阶段"体质教育"占主流地位。代表性的观点是"体育是增强人民体质的教育"，体育应"把着眼点放在人体发展上，以身体发展为目标，以运动行为为手段，讲究目的与手段的一致性，追求增强体质的实效"[①]。1993—2016年为体质教育与体育教育交错阶段。此时虽然体质教育思想深入人心，但体育的教育性逐渐被接受和认同。从1999年《中共中央国务院关于深化教育改革全面推进素质教育的决定》到2001年《体育与健康课程标准》，再到2002年开始实施《学生体质健康标准》[②]，以及2007年《关于加强青少

---

① 潘绍伟.从体质教育到运动教育——对我国学校体育的思考[J].体育科学，2018（7）：9-10.
② 《体育课程标准》，将义务教育阶段体育课更名为《体育与健康》。体育课坚持"健康第一"的指导思想，其中的"健康"便是依据世界卫生组织对"健康"的定义，而课程目标也因此划分为"运动参与、运动技能、身体健康、心理健康、社会适应"5个领域水平目标。2011年对2002版的《体育课程标准》进行了修订，三维健康观依然是学校体育始终坚持的基本理念。

年体育增强青少年体质的意见》（中央 7 号文件）等重磅文件的颁布,对学校体育工作产生了重大影响。此阶段占主流地位的是"体育教育",强调体育的教育性。代表性的观点是,"以身体活动中的大肌肉活动为手段而进行的教育,即体育。概括而言,体育不是有别于或是脱离精神的身体教育,而是包括身体在内的对人的全面教育(马启伟)。学校体育是为了"增强学生体质,促进学生身心全面发展,培养学生从事体育运动的意识、兴趣和能力,提高体育素养,为终身体育奠定基础"（赖天德）[1]。这一时期,学校体育实践过程中出现了明显的体质教育与体育教育交错与冲突。其间还夹杂着素质教育和应试教育的角力,出现了"素质体育轰轰烈烈,应试体育扎扎实实""素质体育喊在口头上,应试体育落实在行动上",造成了学校体育思想与实践的争议与困惑。

值得一提的是,体育课程的学习者如果仅以增强体质、增进健康为最终目标,难免会导向一种极端,因为最有效的途径是可以忽略丰富的、作为实体性存在的运动项目(作为保留和传承的运动文化),寻求最简单、直接、快速的手段——体育课程只设置跑步(耐力、速度)、杠铃(力量)等内容,来达到目的。如此,体育课程将难免成为一门教学内容单一、技术含量不高、指导水平粗放的课程,其育人的功能也将大打折扣,学习者对于体育课程的体验和经历无疑也是枯燥、乏味的,也无益于终身体育思想的形成。[2] 总而言之,上述讨论和争议区别对待了技能、体质、身心健康、育人、竞赛等问题,显示出我国学校体育理论的进步,也反映出理论界对学校体育基础问题的重视。学术争论是好的,但是长期争论、没有定论却是有害的,不能在一定时期达成有效共识,就不会形成合力,就没有向外传递的力量。关于学校体育发展理念的持续争论和变化,反映出学科基础的薄弱和不稳定。

---

[1] 潘绍伟.从体质教育到运动教育——对我国学校体育的思考[J].体育科学,2018（7）：9-10.
[2] 纪成龙.身体的重构：对当前体育课程问题的反思[J].上海体育学院学报,2018（2）：94-98.

二、素质教育改革与学校体育发展困惑

随着基础教育的不断发展,竞争也愈加激烈,尤其是对文化课分数以及升学率的追求,学生投入到文化课学习的时间精力越来越多,体育活动越来越少,由此带来了学生体质状况不断下降的严峻问题。面对这样的问题,国家在1999年6月出台了《中共中央国务院关于深化教育改革全面推进素质教育的决定》(下称全面推进素质教育的决定),该决定明确提出"学校教育要树立健康第一的指导思想,切实加强体育工作",实际上是对学校片面追求分数,忽视学生体质与健康状况的强力纠偏。全面推进素质教育的决定强调在促进人的全面发展过程中,身体、心理、社会的和谐统一的人才培养理念,也被称之为学校体育的"三维健康观"。该决定对增强学校体育地位,重视学校体育工作意义重大,影响深远。进入21世纪,学校体育"三维健康观"进一步明晰,也更深入人心,突出表现在体育课程标准的设置和修改上。在"三维健康"课程理念的引领下,三维健康观成为学校体育理论研究与实践领域的热点、焦点。指向"健康"的"快乐体育、兴趣体育、淡化技术、淡化甄别"系列课程改革及"体验式教学、情感式教学、鼓励式教学"等系列教学模式改革不断推陈出新,新观念、新模式不断涌现,一时间令人眼花缭乱。不过,最近几年,对学校体育三维健康观的质疑日渐增多,最突出的是在"三维健康"课程改革的成效上:经过10多年的改革探索,学生体质下降的趋势并未得到有效遏止,心理健康与社会适应能力的评判标准也语焉不详,说到底,"三维健康"的标准无从得到真正评判,这为新一轮学校体育改革提出了全面的新要求。[①] 甚至有专家尖锐指出:"40多年的体育教改不是没有成绩,但是成绩更多地停留在理念的更

---

① 杨文轩.论中国当代学校体育改革价值取向的转换——从增强体质到全面发展[J].体育学刊,2016,23(6):1-6.

第二章 学校体育发展的矛盾与困境

新、理论的创新、概念的翻新、说法的变新上。"[1]

20世纪90年代以后,在综合国力不断提升,对外交流不断增多的情况下,我国学校体育工作者通过在国内或有机会走出国门,学习、考察先进国家的学校体育工作。经过学习、考察和对比,以及不同文化背景的思想碰撞,许多先进的理念被引进国内。特别是美国和日本的学校体育思想被大量引入我国学校体育的研究、决策和实践中,对促进我国学校体育发展起到非常大的作用。但由于我国学校体育界理论创新能力不强,自身缺乏能够经得起推敲的、比较系统的理论支撑,因而,对于国外的学校体育指导思想,缺乏根据我国实际进行改造的能力,出现了盲目照搬的现象。各种国外学校体育思想你方唱罢我登场,影响着我国学校体育发展。几十年的苏联学校体育指导思想、新引进的欧美和日本等国的学校体育指导思想,百家争鸣,相互交融,同时又莫衷一是,甚至互相否定。[2] 理论层面上的争论和对国外经验的盲目照搬,对实践工作造成了很大困扰。素质教育改革本来是学校体育大显身手和正本清源的机会,然而,实际状况是,学校体育工作并未有所起色,关于学校体育的发展理念、落实学校体育工作的实施路径等工作并未取得实质性突破。

综上所述,学校体育的理念之争导致了学校体育目标的摇摆与动荡,也带来了学校体育实践层面的无所适从。作为一线体育教师,感受最深的就是,学校体育的新理念一直在路上,理念更新带来的教学改革一刻也没有停止,轰轰烈烈的教学改革在学校体育内部产生了持续的争议,也伴随着学生部分身体素质指标持续下降,体育课吸引力越来越低,这样的理念之争与实践困境,如何对外传递声音并产生影响?进一步分析,之所以出现这样的理论之争,也从另一角度印证了学校体育基础理论的薄弱,学术界对学校体育基本问题的研究还处在初级阶段,学校体育理论引领学

---

[1] 毛振明. 改革开放40年中国学校体育关键词[J]. 体育教学, 2019(1): 4-6.
[2] 张金桥, 王健, 王涛. 部分发达国家的学校体育发展方式及启示[J]. 武汉体育学院学报, 2015(10): 5-20.

校体育实践的效果还未显现,学校体育实践中的问题,在理论层面还未有清晰的认知和应对策略。

第四节　体育的价值,协同育人机理不清

　　有研究认为,体育理论建设的薄弱以及青少年体育参与乏力都凸显了追问体育价值的重要性。而价值多指涉"有用性",因此在学校体育教育中给学生灌输的多以体育可以这样,也可以那样等。在"有用性"的引领下,出现了把手段当目的的功利体育,当此种异化的目的一旦达成甚至连手段都不要了。把体育纳入中考,运球上篮或排球垫球本该是一种项目测试的手段,但在"体育应试"下逐渐沦落为"考啥就练啥"。[①] 因此就出现了在排球项目的学习过程中只学会了垫球技术,但不会扣球、发球,不会位置轮转,更谈不上参加排球比赛。除了应对考试,甚至从未到排球场地练习排球技术和进一步为参与比赛而主动学习,这样为考试而教、为考试而学、为考试而练,不考不教、不考不学、不考不练,考完完全丢弃、完全遗忘的体育教学意义何在?价值何在?目的何在?效果如何?这需要所有体育教师反思。单一运动技术的测试无异于身体素质测试。当排球课变成自垫球课,篮球课变成三步上篮课,羽毛球课变成发高远球课,运动项目的技术、战术、比赛、规则、竞争、乐趣被完全割裂。体育课变得枯燥乏味,其趣味性、吸引力大幅降低。本来是推动素质教育、对抗应试教育的工具,最后却被素质教育的洪流淹没和同化了。

　　此外,当前学校体育中出现了足球操、篮球操、武术操。运动项目的"操化"本质上是"广播体操"的另类变种。以培养学生的运动兴趣为名,在实践中大搞广播操、球类操甚至武术操的表演,有悖于运动项目情境的真实性,不利于甚至会扼杀青少年体

---

① 高鹏飞.青少年体育参与不足的文化惯习、代际传递与现代重构[J].体育与科学,2019(3):48-53.

第二章　学校体育发展的矛盾与困境

育参与的积极性。近代教育和思想家梁启超早就对功利体育做出了"为游戏而游戏,游戏便有趣,为体操分数而游戏,游戏便无趣"的论断。因此,学校体育教育中一定要强化体育场域的独立性,远离和纠偏"体用异化"现象,让青少年在体认运动项目乐趣中促发高效习得行为发生以及运动兴趣和习惯的自主生成。[1]

有学者指出,应试教育的"功利主义"和"实用主义"成了主流教育,素质教育虽然强调和推行了很长时间,但我国应试教育还未得到根本性扭转,基础教育择校风以及在小升初、初升高和万众瞩目的高考影响下,学校体育工作常常流于形式,轻视学校体育是我国学校教育一个长期的结构性缺陷。即便我们一直标榜"德智体美劳五育并重育人观",但实际教育内容"德智体美劳"的偏颇使整个教育偏离了培养全面发展人的主轴,甚至以青少年健康成长为代价换取考试分数。出现上述情况其根本原因在于:(1)人们对体育价值、功能的认识并不充分,主要表现在体育对身心健康的促进、对学生人格的塑造、意志的锤炼、不良情绪的管控和释放、行为习惯的约束和养成、对团队意识的培养、规则意识、集体荣誉等特殊价值,在学校体育实践中还没有引起教育界广泛认同和重视;(2)体育对学生身心健康的影响、对人格的完善、对意志的锤炼是长期和潜移默化的,没有立竿见影的效果,也很难用统一标准来衡量;(3)体育对学生体力活动日趋不足的弥补、对不良身体姿态的矫正、近视的预防等价值并未有效发挥;(4)体育与智育、德育、美育、劳动教育的协同育人作用、机理还存在理论空白与实践阻隔,尤其对体育的"育人"作用挖掘不够。

---

[1]　高鹏飞.青少年体育参与不足的文化惯习、代际传递与现代重构[J].体育与科学,2019(3):48-53.

第三章 学校体育价值的多学科认识与再出发

面对某个事物,人们常常会想到它的用处,对体育也是如此。"价值这个普遍的概念是从人们对待满足他们需要的外界物的关系中产生的。"[①] 体育的价值映射着人们的需要,这也就是体育对人的意义。价值是在客体属性与主体的选择发生肯定性关系中生成的。主体的需要形成了价值尺度的核心,那么,像体育这样已经深入人们生活中的事物,到底满足了哪些方面的需求呢?

胡小明教授把体育满足人们主要需求的价值分为三个区域:自然价值、社会价值和人文价值。即参与体育活动所集中反映的身体自然物质材料积极变化的价值、体育竞赛等组织形态辐射到其他社会领域的价值和体育对促进人终身发展的精神文化价值,因此构成人类有意识利用自己的身体活动所需要的效果、功能和导向。据此,把体育的视角缩小,聚焦到学校体育层面,我们认为,学校体育的价值主要体现在对学生身体成长发育、脑发育、预防肥胖等生物学价值;提高学习成绩、促进心理健康、情绪控制与预防犯罪等教育价值;锻炼意志品质、感受运动乐趣、完善人格以及满足情感需求价值方面。

第一节 学校体育的价值判断与梳理

体育是人类发展进程中形成的灿烂文化,是古老的本初教育

---

① 马克思,恩格斯.马克思恩格斯全集:第19卷[M].北京:人民出版社,1963:406.

第三章　学校体育价值的多学科认识与再出发

内容,是人发展中不可或缺的素养。终身体育更是每个人的幸福生活内容;但是,被逐渐歪曲成为"跑跑跳跳、玩玩闹闹"和"玩物丧志",这正是因为体育学科在一些错误的实践中逐渐丢失了原本的"生命""德育""健康""精神""规则"等宝贵的内核。体育必须加强体育哲学、体育人类学、体育社会学、体育教育学、体育美学、身体健康学、体育心理学等学科的内涵,以正本清源,回归体育的文化核心和科学精髓,以此逐渐端正对体育认识的偏差。[①] 学校体育教育的逻辑起点是学生对体育行为的具身生命体验认知,即帮助学生认识自己的身体,包括对生理身体、心理身体与社会、生命体验的具身认知。体育的核心价值在于:强健体魄、愉悦身心、健全人格、锤炼意志。

一、学校体育价值的认知沿革

几个世纪以来,解剖学、生理学等自然科学的发展使人类对体育自然价值的认识逐渐透彻,目前已经达到分子生物学水平,使体育健身效果成为常识。20世纪下半叶,社会学、管理学、经济学等社会学科的介入,使体育社会功能的研究也达到了前所未有的高度。而21世纪将是人文学科推动体育研究的黄金时代,使人类对体育的关注由服务社会转移到以人为本的价值中枢。

现代西方体育在文艺复兴运动后期到18世纪末,随现代教育而形成。到19世纪末,学校体育逐步经过科学化、课程化的改造,确立了自己独立的文化形态,进而重新扩展进入社会文化生活之中。在夸美纽斯的泛智主义体育教育中,体育思想已经带有科学主义的萌芽色彩。文艺复兴之后的培根,提出"知识就是力量",成为科学主义思想的核心。[②] 裴斯塔洛齐(1746—1827)则提出了科学主义体育观,他第一个用要素的观点去分析人体运

[①] 查萍,毛振明,李海燕.体育教师素养之绊与解决之策:对全面深化新时代体育教师队伍建设改革的建言(2)[J].首都体育学院学报,2018(5):428-431.
[②] 胡小明.体育价值论[M].成都:四川科学技术出版社,2008:60.

动。在他的和谐发展教育课程的体系中，体育成为一类，其任务是把人身上天赋的生理力量全部发展出来；没有各种体力的发展，劳动的教育、劳动的习惯、技能的培养训练就谈不上。①裴斯塔洛齐认为人体运动的基本要素是关节活动，因而主张按照关节活动的难易程度安排体育活动的教学顺序，奠定了体育的生理学基础。

19世纪自然科学研究取得巨大进步，斯宾塞构建了科学主义课程理论的完整体系。在他所构建的五类教育内容中，其中第一类（直接保全自己的活动——保持和维护身体健康）和第五类（在生活中的闲暇时间，满足爱好的情感活动）中，体育都占有重要的地位。他严厉地批评了传统社会不重视儿童健康的社会风气，指出家庭养育和学校体育都应该符合科学原理，在其著名的《什么知识最有价值》一文中详细讨论了体育课程的性质、任务与内容，论述了人的养护与锻炼。斯宾塞之后，西方形成了鲜明特征的科学主义体育观。

在科学主义体育观的指导下，人们对体育的功能认识越来越深刻，例如，持体育的身体补偿功能的观点认为，人体运动如果存在一定的局限，就会造成"用进"与"废退"的结果。因此，体育能够很好地补偿那些"废退"的功能，各种新学科理论和方法进入体育的研究之中，并形成了许多体育的科学理论，推动了体育的科学化发展。了解和掌握体育的基本运动知识、运动技能和运动能力，成为19至20世纪初，现代体育发展的新潮流。②

进入21世纪，以信息化、网络化、自动化、智能化为显著特征的生产生活方式得到全面普及，其结果是，将过去习以为常的各种身体活动逐一"消灭"。曾经必要的身体活动被汽车、电梯、自动化家电、互联网、智能手机所取代。人们只须静静地坐着，便可工作、学习、出行、通讯、娱乐……除了睡觉，在椅子和沙发上度过自己的一天，成为越来越多人的生活常态。坐姿生活方式在世界

---

① 张焕庭.西方资产阶级教育论著选[M].北京：人民教育出版社，1979：192.
② 胡小明.体育价值论[M].成都：四川科学技术出版社，2008：61.

第三章　学校体育价值的多学科认识与再出发

范围攻城略地,势不可挡,其伴生物"身体活动缺失症"(Physical inactivity)成为新的流行病,迅速在全球蔓延。[①] 在此背景下,"身体素养"作为体育目的之一,被写入 2015 年联合国教科文组织新版宪章——《国际体育教育、体育活动和体育运动宪章》(*International Charter of Physical Education, Physical Activity and Sport*)。执国际体育牛耳的体育学术组织和政府间组织的这些举措表明,"身体素养"已为国际体育主流所认可并大力向全世界推行。社会需要是任何具有生命力的新理念获得广泛认可的必要条件。"身体素养"在当今世界迅速流传的根本原因,是其针对今天人类社会难以应对的健康危机,提出了新的应对思路。作为体育大家庭的重要分支,学校体育的发展理念也应在"身体活动缺失症"的社会背景以及国际体育运动宪章的修订双重背景下做出应有的调整与回应。

二、学校体育的认知误区与价值逃逸

在学校体育教学、课余训练和校园体育竞赛中,有关体育的基本观点都会涉及体育价值的认知问题。例如,在学生成长过程中,体育课、体育锻炼的价值是什么?应该发挥什么样的作用?实际发挥了什么作用?这些问题与答案是影响学校管理层以及体育教师价值判断的基础,这些问题既是学术性问题,又是实践性问题。例如义务教育阶段有体育课程标准,而体育课程标准首先要回答"体育的价值与功能"问题,这不单纯是抽象的理论问题,还是满足学生成长的需求问题,只有这样,体育的价值、功能才会产生实际效果。每一个人回顾在学校成长的过程,有哪一个课程传授给我们在人生道路中最为珍贵的意志力、坚韧、团结协作、永不言败等优秀品质?答案就是体育课。

正如有研究指出,学校体育是实现体育社会化和生活化的有

---

① 任海.身体素养:一个统领当代体育改革与发展的理念[J].体育科学,2018,38(3):4-11.

效途径,是推进社会体育和提高人们生活质量的重要载体。体育运动不仅仅是为了强壮身体,更是实现德智体美育多层面发展不可替代的教育手段。体育不仅教会人们生存能力,也教会人们应对人生的挑战;只有具备生存能力,不畏人生潮起潮落,自立、自强、正义和善良的人,才能承担起社会的责任。古兹姆茨认为体育教育有几大功能:一是通过身体练习,增长对机体的认识;二是通过身体练习,学习一种技能;三是通过身体练习,增加青少年社会性的娱乐活动;四是通过身体练习,让孩子们不仅学会运动中的相互协作,更重要是懂得社会发展中的相互依靠性。①

对学校体育价值与功能的传统认知,在学校教育不断发展变化的大背景下表现出种种困惑与不适。具体表现在:体育课对学生的吸引力不足;体育教师面对其他强势课程的挤占意见较多、办法不多。长期以来中小学对学生分数、考入重点初高中和大学的比率的过度关注,以及由此带来的心照不宣的学校评价体系,导致了非重点课程的价值逃逸与退缩,也造成培养"德智体美劳全面发展的人"这一目标的落空。必须承认,当前及过去相当长时间内,在我国各级各类学校体育工作中,尤其是体育课、体育锻炼的价值与功能被其他"更为重要的课程"完全遮蔽了。

学校在智育方面的高度重视进一步影响到家庭教育,学生课余时间充斥着文化补习的安排,父母往往以抑制孩子玩耍与体育活动的方式争先恐后地进行"智力抢跑",唯恐输在起跑线上,起跑线上的"抢跑"和"偷跑"随处可见。这种急功近利的"智力开发"带来严重的副作用,青少年用脑、用眼过度,体育锻炼严重不足、近视低龄化、普遍化。研究认为,之所以出现这样的局面和结果,是因为非体育教师以及学生家长对体育锻炼的认知仅仅停留在好玩、锻炼身体层面,运动促进生长发育、促进脑发育、预防肥胖、提升学习效率和学习成绩、促进心理健康与预防心理疾病、健全人格、锤炼意志等更为深刻和特殊的价值与功能并没有引起足

---

① 缪佳.论德国近代体育之父古兹姆茨对学校体育发展的贡献[J].体育与科学,2011,6(32):107-109.

够的重视。

以体育锻炼与学习成绩的关系来说,家长普遍认为,课余体育锻炼会挤占文化学习时间,会影响文化课成绩,很少有家长清楚和认同运动与学习相结合的"7＋1＞8原理",即7小时学习加1小时体育锻炼,其效果远远大于单纯8小时的学习。不仅仅是家长,相当比例的其他任课教师也并不理解和认同"7＋1＞8原理",否则就不会出现体育课变自习课,体育老师"生病了",体育课由班主任接管的例子。当前以及过去一段时间,其他任课教师对体育课的挤占随意且普遍,学生运动权利被侵占的情况已经常态化。具有讽刺意义的是,学生上体育课、参加课外体育活动的基本权利却需要国家层面发文,并作为硬性规定"开齐开足体育课""每天锻炼一小时"来保障。这说明,在学校教学过程中,体育的价值和功能无论从理论层面还是实践层面,都没有获得广泛的认同,更无从体现,由此造成了学校体育的价值逃逸。时至今日,我国学校体育的价值和功能在学校内部的价值认同与外部的社会认同方面还有很长的路要走。

三、学校体育的价值与逻辑起点——人的全面发展离不开体育

"体育"一词在汉语里既专指体力教育(physical education)也被用来指更大范围内的与人体发展有关的身体活动(physical education and sprt),本书中兼指二者,因为现代体育最初是在学校教育内形成和发展起来的。[①] 毛泽东指出:"我们的教育方针,应该使受教育者在德育、智育、体育几方面都得到发展,成为有社会主义觉悟的有文化的劳动者。"人的全面发展是社会主义的终极价值和根本指向,但人是社会中的人,人的全面发展程度不可避免地会受到社会发展状况和时代条件的制约,因此不同时代造就了人的全面发展的不同状态。中国特色社会主义进入新时代,

---

① 潘绍伟,于可红.学校体育学(第三版)[M].北京:高等教育出版社,2015:6.

意味着在新的历史方位上人的全面发展达到了一个新阶段。[1] 人的全面发展的教育,从内容上来看,即身心和谐的教育。身体的教育就是体育,而心的教育就是知、情、意相对应的智育、美育和德育,这就形成了德育、智育、美育、体育"四育"并举的思想。劳动教育是身心和谐发展教育的实现途径和手段,是"四育"的基础。它既渗透于学校教育之中,又超越学校教育的范围,需要扩展到、渗透到整个人的社会教育之中。[2]

在学校教育中,体育是所有学科中与人的身心双重发展最为密切的学科,而其对发展身体本身的独特作用又是学校体育区别于其他学科的重要特征。因而,我们需要全面把握身体这一主体。[3] 吴光远从主客体矛盾运动的哲学角度指出:"体育是人类在长期活动中逐渐形成和发展起来的改造自身的一种特殊的社会实践活动。在体育实践中,'主体我'与'客体我'达到了高度统一。这种高度统一是主体的自我改造和自我超越。通过体育实践的自我改造,人的肉体和状态,将逐步趋向主体所期望和追求的某种目标。这种目标的追求正是促使主客体双方合而为一,人类不断向自我挑战的缘由所在。"[4]

运动中的吃苦耐劳是司空见惯的,运动中的坚持与拼搏是淋漓尽致的,运动中的抗压与绽放是如影随形的,运动中的情绪释放是彻底但有所节制的,运动中的消沉和激情是相伴左右的,运动中的情绪波动是剧烈和刺激的,缺少了这些体验,人的成长是有缺憾和不完整的。因此,教育不能没有体育,人的全面发展离不开体育。越是激烈的对抗,越是精彩的配合,身心体验的丰富程度越高,人们在未来人生中面对各种挑战、压力、机遇,以及各

---

[1] 杨少雄,李静亚.体美劳协同推进新时代育人的实现路径[J].毛泽东邓小平理论研究,2019(11):27-32.
[2] 陈理宣,刘炎欣.劳动教育与德智体美教育的基础关联和价值彰显[J].中国教育学刊,2017(11):65-68.
[3] 汪全先,王健.我国学校体育中的当代伦理问题及其消解路向[J].体育科学,2018(1):79-89.
[4] 罗时铭.当代中国学校体育的流派与争论[J].体育学刊,2015(6):29-36.

种精彩时,就会多一份从容不迫和淡定,少一些焦躁不安和焦虑,也少一些欣喜若狂后的肆意放纵,这都是人成长过程中最为宝贵的体验。

四、体育的特殊价值——体认与超越

功能主义、冲突理论、过程理论、结构理论、组构理论等宏观社会学理论在体育研究中大行其道时,一些学者开始用解释的、批判的、解构的思路寻找认识体育的新突破口。他们感到以社会宏观理论来解释体育已经无法深入地解释哪些新的、层出不穷的体育现象。在后结构主义思潮引导下,他们把关注体育的目光从"社会"回归到了"身体"。[①]

任何体育运动的载体都是身体。身体承载着人们的认识观念和运动的技术表达,反映着人们的生活理念和运动追求。[②]因此,身体的回归与复位是认识体育的核心要义,重视身体、认知身体也成为体育价值彰显的必由路径。有学者指出,身体是教育实践组织与建构的意义纽结,从学校教育时空的制度化运作、纪律的有效实施、各种教育教学实践活动的组织安排,到知识的内化、个性的养成、品德的培养、自我的建构等,都离不开身体,因为教育过程实质上是外部影响借助于受教育者身体得以实现的过程。然而由于教育理论中身体的生理化、工具化定位及进一步研究中的"缺场",致使教育实践在处理"成人"与"修身"、"治人"与"治身"、"身体"与"存在"时,突出并强调的只是身体物质化、工具化的意义。回归身体,以身体为出发点的体育教育,不仅可以看到身体已经被铭刻的伤痛,还可以让包裹着层层文化衣衫的身体轻盈。当前教育实践对体育教育的轻蔑与忽视尤甚,在一定程度上助长了青少年体质健康的下降、体育锻炼的不足以及学校体育的

---

① 熊欢.身体社会与体育西方社会学理论视角下的体育[M].北京:当代中国出版社,2011:18.
② 杨海庆.身体觉醒:17、18 世纪欧洲体育发展思想动力研究[J].成都体育学院学报,2016,42(6):67-73.

边缘化,应该进行深刻反思并发生改变。①

诸如生命、活力、激情、力量之类积极而极具感召力的语汇愈发频繁地被用于形容体育之于人的感受,似乎也在不断强化着人们对体育本质那内在而深远的生命力的感知与认同。②正如古希腊德尔菲神庙入口处镌刻的"认识你自己"这句流传千古的名言,它带给人类几千年来关于自己的无尽思索。思想家(哲学家)执着地从本原的角度破解身体之谜,医学家希望从生理结构上去解答生老病死之惑,艺术家则用文字、符号、图象等刻画出身体的各种形象……在人们寻求各种答案时,往往忽视了体育。如果我们重新审视体育之于身体的价值,而不是简单地停留在"生命在于运动"的层面上,也许可以获得一个人类认识自己身体的新视角。③研究认为,教育的真谛在于帮助被教育者为未来生活做好准备,以及对个人、家庭、国家甚至是整个人类做出卓绝贡献的某种可能,而非在统一要求和单一评价标准下的知识和技能的获得。其中,学生的身心健康是衡量教育成败与优劣的首要标准。越来越多的例证表明,知识和能力、成绩和成长、分数和快乐幸福之间并无直接关系。学习是一个不断认知自我的过程,除了知识技能的掌握,还在于体悟到自己最独特生命体的存在价值。因此,体验、感知、认识、超越自我的教育才是理想的教育。

学校体育是学校教育中唯一关注学生身体、身体运动、身体发育、健康的课程、教育活动和生命体验的教育。理所当然,学校体育应该关注学生的身体。但是,学校体育不仅仅是为了发展身体和身体能力,学校体育的重要追求是引导与帮助学生形成体育健康素养。④在体验教育、感知教育、超越自我的教育方面,体育

---

① 王军利.身体规训与生成:青少年体育锻炼不足的学校体育实践反思[J].青年教育,2018(1):113-119.
② 杨韵.游戏冲动:席勒美学思想观照下体育的审美本质[J].体育科学,2013,33(1):89-93.
③ 谢光前.古希腊体育与身体意识的觉醒[J].体育学刊,2006,13(2):79-81.
④ 潘绍伟.从体质教育到运动教育——对我国学校体育的思考[J].体育科学,2018(7):9-10.

具有天然的优势,这正是学校体育的特殊价值。由于学生对体育的长期漠视,对自己身体的长期冷落,某种意义上说,现在很多学生的身体甚至是不受自己意识控制的,有时候,老师发出的一些简单指令,做出的一些简单动作示范,许多学生竟然无法完成,就更无法体验运动的乐趣,也就进入不了体育最最核心、最有价值的部分。运动技能的掌握需要意识和身体完美结合,运动还具有感知和触摸更为复杂的意识和潜能,例如不放弃的意念,面对痛苦的坚持,忍受肌肉的酸楚,克服心肺器官的惰性,心中燃起的胜利渴望,超越自我和战胜对手之后的自信、满足、释怀,等等。德国实存哲学的大师雅斯培斯(K.Jaspers)在他的名著《当代的精神处境》辟专节讨论体育时,从这如何克服"人与自然疏离化"的角度出发,抉发出"现代人已将体育运动变成一种哲学"的卓识。他认为,透过属于意志控制的身体运动,不仅精力与勇气得以持续,更重要的是它使"追寻接触自然的个人拉近了与宇宙自然力量的距离"[①]。我们都非常清楚坚持、毅力、坚定、拼搏等都是非常宝贵的意志品质,无论对在校学生还是已经工作的成年人都极其重要。但是获得上述优秀品质的路径是什么?怎样才能更坚定?怎样才能有毅力?怎样才能让我们具有拼搏精神?最优答案是体育锻炼,因为体育锻炼随时伴随考验意志品质的机会,持续的体育锻炼不但能强健体魄,更能健全人格、锤炼意志。

第二节 学校体育的价值——基于生物学的视角

一、体育锻炼与青少年儿童身体生长发育

当前,无论是学校体育政策、文件,还是指导思想,存在过多

[①] 司马容.体育游戏:人类生存的辩证法——现代哲学家对体育本体多维反思[J].体育与科学,1994(10):19-22.

聚焦学生身心健康的倾向，并未充分挖掘学校体育对青少年身体生长发育、生命认知等特殊功能。无论是医学、生物学、遗传学的角度，都有大量的运动促进青少年儿童身体发育的确凿证据和运动建议。研究表明，均衡的营养、充足的睡眠、合理的运动是青少年儿童生长发育最关键的三大因素。其中，在我国整体生活水平不断提升、营养状况持续改进的背景下，影响青少年儿童生长发育的因素主要是睡眠与运动。当前基础教育阶段学生家庭作业负担偏重，家庭作业以及各种补课占据青少年课余时间的状况尤为突出，学生自由支配时间、运动时间不足，沉重的家庭作业还会影响学生的睡眠时间。

我们都知道，运动对青少年儿童的生长发育有着特殊的、不可替代的作用。首先是身高的增长，运动对促进钙的吸收、骨骼生长的作用是经过科学验证的事实。其次，运动对心肺机能的提高、肌肉力量的增加、身体成分的调节、肥胖的预防也是证据确凿的。尤其是在青少年生长发育最快的青春期，加强体育锻炼的好处甚至可以使其终身受益。无论是生长发育，还是基本身体素质，其增长过程不是线性的，而是具有黄金期或称敏感期的，错过生长发育的敏感期，后天不可逆转。同样，只关注青少年儿童身高指标也是片面和错误的，当前肥胖型和豆芽型身材的学生比例越来越高，身体结实、强健的比例越来越少，间接反映出学生整体缺乏体育锻炼的事实。没有运动量的累积，缺少高强度的运动刺激，心肺机能不可能提高；缺少深度肌肉刺激，没有机体的超量恢复很难拥有结实强健的体魄。因此，学校体育的功能与价值首先应体现在促进学生的生长发育上，这一点有大量的科学依据，但并未成为学生、家长的共识，需要加大宣传和教育。在学校体育各项工作中，需要反复强调和体现体育对青少年儿童生长发育的意义，这既能引起学生的关注，更能影响学生家长的体育态度和行为，只要体育锻炼促进青少年儿童生长发育的观点深入人心，学生、家长体育锻炼的积极性就能充分调动。

二、体育锻炼与青少年儿童脑发育

越来越多的证据表明,运动对促进大脑发育、感知觉训练的作用是独特的。运动所引发的生物学上的变化,可以促进脑细胞彼此之间的连接,如果大脑要从外界获取知识,就必须依赖这些链接,而且这些链接还反映了大脑应对各种困难的基本能力。随着时间的推移,更多的神经学家发现了这个过程,对这个过程的了解也越来越深入和清晰:运动给身体提供了某种独一无二的刺激,而这种刺激为大脑创建了一种环境,这种环境使大脑能够做好准备,愿意并且有能力去学习。

现代神经科学之父拉蒙·卡哈尔(Ramony Cajal)提出中枢神经系统由独立神经元组成,在被他称为"极化结合点"的地方完成交流。拉蒙也因此获得了 1906 年的诺贝尔医学奖。推崇其观点的科学家提出学习与突出变化密切相关的理论。尽管这一理论受到赞扬,但大多数科学家起初并不接受,直到 1945 年,加拿大麦吉尔大学(McGill University)的心理学家唐纳德·赫布(Donald Hebb)偶然中首次发现了可作为证据的迹象,唐纳德·赫布的工作与运动密不可分,因为至少就大脑而言,体育活动算是新奇的体验。20 世纪 60 年代,加州大学伯克利分校的心理学家把一种叫"环境优化"的实验模型,作为测试"使用—依赖可塑性"的手段。运动的老鼠海马体中新干细胞的数量是不运动老鼠的两倍。实验结果表明:细胞总数和老鼠进行复杂任务的能力之间有显著关系。体育课为大脑提供学习所需的最佳工具,而课堂上学习刺激又促使那些新生的神经细胞链接到神经网络中,只有在那里,他们才能成为信号传递系统中的重要成员。神经元被赋予了一个使命。随着加州大学伯克利分校的研究结果不断被复制,"运动影响大脑"的观点有了立足之地。哈佛大学的一个小组也用类似的研究从反面证实:环境的缺失会使大脑萎缩。通过手术将猫的一只眼睛缝合起来并饲养一段时间,研究人员发现猫的视觉皮层明显缩小。整个研究证实,用肌肉比喻大脑以及用进废退的观点是成立的。

运动可以增加体内血清素(serotonin)去甲肾上腺素(nerepinep)和多巴胺(dopamine)的水平——这些都是传递思维和情感的重要神经递质。大脑和肌肉的反应一样——用进废退。[①]大脑内的每个神经元(也称神经细胞)通过树状分支上的"叶片"相互接触,而运动可以促进这些分支生长并发出许多侧枝,因此能从根本上增强大脑的功能。神经学家正在研究运动对脑细胞内部的影响——基因本身所产生的影响。在生物学层面,神经学家也发现了身体对大脑产生影响的迹象。研究已经证实,肌肉运动产生的蛋白质经血液运送到大脑,这些蛋白质在我们最伟大的思考机制中发挥了关键作用,它们不但有胰岛素增长因子(IGF-1)、血管内皮生长因子(VEGF)之类的特殊名字,还为身心练习提供了前所未有的见解。仅用短短数年,科学家就开始着手描述这些因子以及它们如何起作用,而且每一次的新发现都进一步加深了人们对它们的敬畏之心。儿童认知学领域也有许多实证的案例说明运动对儿童脑发育的作用。在幼教领域,越来越多的科研人员揭示了运动对儿童感知觉、平衡觉、空间方位觉,以及姿态控制、身体认知的价值,且上述研究还在不断深入,并以此形成了和大众认识截然相反的结论"四肢很发达,头脑不简单"。

对优化大脑功能来说,运动是唯一最有效的工具。这个观点是根据数百篇研究论文而得出的。

根据最新的研究成果,高水平体育人的智力要略高于正常人的平均智力。因此,从现代心理学的角度看,"四肢发达,头脑简单"之论从一开始就是错误的。现代体育人拿起进化论的武器对此类观点作出了回应:"事实上,这种对体育运动停留在表面肤浅的认识,缺乏深入的了解,根本无法领略体育功能的强大和对于人体健康的重要贡献。社会发展至今,人类'头脑发达、四肢简

[①] 约翰·瑞迪(John Ratey),埃里克·哈格曼(Eric Hagerman).运动改造大脑[M].杭州:浙江人民出版社,2013:231-232.

第三章 学校体育价值的多学科认识与再出发

单'的问题严重性已经大大超过'四肢发达、头脑简单'的状况。根据达尔文'物竞天择'的理论,人类其实已经逐渐把自己引向'物种灭绝'的深渊,目前中国人同样面临肢体功能退化、再生能力下降的局面,其中重要原因就是头脑过于发达,歧视体力劳动而导致的亚健康体质大比例存在。"

纽约大学神经生理学家鲁道夫·利纳斯(Rodolofo Linas)在其2002年出版的著作《漩涡中的我:从神经元到自我》(I of vortex: From Neurons to Self)中提到,只有移动的生物才需要一个大脑。他以海鞘(一种类似水母的微小生物)为例阐明观点:刚出生时,海鞘有一条简单的脊椎和300个神经元组成的"脑",海鞘幼虫在浅海附近游来游去,直至找到一块儿满意的珊瑚,便会在上面安家,它只有12个小时寻找一块礁石,否则就会死去。事实上,在安全附着后,海鞘就会吃掉自己的脑。海鞘一生的大部分时间看上去更像是植物而不是动物。因为既然它不再运动了,那么脑也就没什么用处了,利纳斯解释道:"所以我们称思考是由进化产生的内化运动。"

在20世纪50年代末,美国心理学家哈利·哈洛(Harry F. Harlow,1905—1981)和他的同事们所做的一系列恒河猴实验,是心理学史上最伟大,也是最具争议的实验之一。恒河猴实验包括"代母"实验、"面具"实验、"铁娘子"实验,以及"绝望之井"实验等。其中"代母"实验是最出名的一个。实验结论证明了爱存在三个变量:触摸、运动、玩耍,也揭示了运动和脑部发育的关系。哈洛让新生的婴猴从出生第一天起同母亲分离,以后的165天中同两个母亲在一起——铁丝妈妈和布料妈妈。铁丝妈妈的胸前挂着奶瓶,布料妈妈没有。虽然当婴猴同铁丝妈妈在一起时能喝到奶,但它们宁愿不喝奶,也愿同布料妈妈待在一起,而当它们遭到不熟悉的物体,如一只木制的大蜘蛛的威胁时,会跑到"绒布母猴"身边并紧紧抱住它,似乎"绒布母猴"会给婴猴更多的安全感。哈洛后来将"绒布母猴"转移到另一间房间,然后让发条玩具熊打鼓刺激小猴,小猴即使害怕也不选择"铁丝母猴",而是隔着门缝眼巴巴地望着另一边的"绒布母猴"。更为残忍的是,哈利·哈洛让布偶妈妈放铁钉、射水柱来攻击小猴,而它们还是义无反顾地要抱抱妈妈。而小猴的这一行为更加佐证了婴猴在成长过程中需要温暖、抚慰。哈洛又进一步地深入实验,并对实验进行了改进,他制作了一个可以摇摆的布偶娃娃。最终这样哺育大的猴子基本上正常,它们每天都会有一个半小时的时间和真正的猴子在一起玩耍。在接下来哈洛对恒河猴的一系列实验中,他得出了以下结论:

（1）接触带来了安慰,而安慰感才是人与人之间产生爱的最重要的元素。

（2）如果父母不能满足孩子的情感需求,将会对孩子的心理造成极大的负面影响,甚至可能会形成自闭、反社会人格。

（3）只给食物和拥抱,不给孩子充足的运动和玩耍,脑部控制运动和平衡的感官系统,与触觉及运动相连的情感系统等,都会受到非常大的影响,因为运动和玩耍能够促进脑部发育。

"哈利·哈洛恒河猴实验"对西方当代的育儿理论产生了极大的影响。实验证明了爱存在三个变量：触摸、运动、玩耍。正如他说的那样："如果你能提供这三个变量,那就能满足一个灵长类动物的全部需要。"

儿童心理学家皮亚杰指出,身体活动是思维认识发生的先导和基础。苏联每年从养殖场孵化十多亿尾鱼苗投放江河,然而成活甚少。经研究发现,同体重的鱼苗,人工孵化比自然孵育者脑量要小得多。在养殖场内设置假天敌等环境条件迫使鱼苗进行"游泳训练"以后,情况就根本改善了。上述例证说明,运动对脑容量的影响是至关重要的,脑子是智力的物质基础,它也要靠身体活动来促进建设,身体活动也是脑子充分发育的必要条件。[①]

人类在进化时,从生理技能发展出许多抽象能力：预测、排序、评估、计划、复述、观察自我、判断、纠错、转变策略,以及记住

---

① 茅鹏.体育与人类的自我发展[J].体育与科学,1990（10）：10-12.

我们为生存而做的每件事。我们的古代祖先钻木取火的大脑回路,和我们今天学习英语的大脑回路并没有两样。小脑能够协调运动,使我们做到从网球接发球到抵抗重力作用的任何事。有证据表明,链接人类小脑和前额叶皮层的神经细胞主干要比猴子更粗。现在看来,这种运动中枢神经对思维、注意力、情感,甚至是社交技能同等重要。小脑又被称为节奏蓝调(R&B)中心。当我们在做运动特别是复杂的运动时,我们同时也在锻炼与一整套认知功能密切相关的大脑区域;我们能促使大脑发出的信号,沿着相同的神经细胞网络传导,巩固神经细胞之间的联系。[1] 上述神经学研究深刻揭示了运动与大脑的关系,阐明了运动对大脑认知、记忆、思维等有学习高度相关的能力的促进作用,也从体育学之外的学科佐证了运动的价值,尤其是对于大脑开发以及文化学习的促进机制。脑科学、神经学的相关研究成果,对建立科学体育观、正视学校体育价值具有重要意义。

三、体育锻炼与青少年儿童肥胖

2010年,在美国的医疗费用中,治疗肥胖症的费用占9.1%。到2018年,该项费用高达3 440亿美元,占卫生总开支的21%。[2] 数据显示,过去30年,美国青少年肥胖率翻了四倍还多。其中,1999—2004年间美国儿童青少年的超重率显著增加,2003—2004年美国17.1%的儿童和青少年超重,到2011—2012年,美国儿童青少年的超重、肥胖率达到惊人的31.8%。有研究显示,目前美国超过32%的学龄儿童体重超标或过度肥胖,其中15%属于体重超标,17%属于过度肥胖。也就是说,每三个孩子中就有一个存在体重问题。作为一名体育教师,必须考虑扩展自己的角色,致力于改革和补充目前教学目标,引领孩子选择积极健康

---

[1] 约翰·瑞迪(John Ratey),埃里克·哈格曼(Eric Hagerman).运动改造大脑[M].杭州:浙江人民出版社,2013:32-33.
[2] 斯蒂芬.J.维尔吉利奥(Stephen J·Virgilio).儿童身体素质提升指导与实践(第二版)[M].王雄译.北京:人民邮电出版社,2017,12:3.

的生活方式,很多教育专家认为,学校为我们逆转青少年整体健康水平下降的趋势提供了绝佳的机会。

在我国,儿童青少年超重肥胖问题也日趋严重。数据显示,1981—2010年,我国儿童青少年的超重率从1.8%增加到13.1%,肥胖率从0.4%增加到7.5%。无论从比例还是趋势上,我国儿童青少年的体重超标问题都不容乐观。当前,随着生活条件的改善,儿童青少年过多摄入高热量、高脂肪的食物,越来越高的手机、电视、网络使用频率,以及久坐少动不良生活习惯的影响,儿童青少年超重和肥胖已成为一个十分严峻的问题。研究表明,体育活动是解决体重超标与肥胖问题的重要举措,这就对学校体育提出了新的要求。学校体育的主要目标不仅是为青少年提供必要的技能、知识和能力,而且更重要的是通过学校体育,青少年有机会体验各种体育活动,在增强体质的同时保持身体成分的健康与合理。这些运动体验会对他们在各种环境和年龄段的体育参与起到重要影响,从而有利于形成一种健康的生活方式。

儿童是所有年龄段人群中运动量最大的群体,绝大多数儿童好动活泼,喜欢玩耍、奔跑、跳舞以及学习新的技能,这可以理解为人的天性。但是研究发现,当他们到了小学高年级和初、高中阶段,他们的运动量开始下降,肥胖率开始上升。那么这个阶段到底发生了什么?一项研究统计,当前很多孩子从6岁开始,每天有大量的时间面对各种屏幕,例如智能手机、电脑或平板电脑、电视。更糟糕的是,上述情况越来越低龄化,4岁甚至年龄更小的孩子也开始出现这些行为。在过去5年,网络科技以及相关软硬件的发展日新月异,孩子本该利用最新的学习工具来拓展其学习能力,掌握更多的知识。然而,我们当前却需要对他们进行约束和限制,以免其因过度面对屏幕而损害健康。

科技的进步和信息化经济体的发展在给人们带来生活便利的同时也导致一个普遍问题,即体力活动的减少和久坐行为的增加。这不仅是我国青少年面临的问题,也是全球面临的共同难题。据世界卫生组织(WHO)报告,全球约有1/4的青少年运动量不

第三章　学校体育价值的多学科认识与再出发

足,超过4 500万的青少年出现肥胖,比例高达15%,有些国家甚至达到了1/3的青少年肥胖率。(人民网,2014)我国调研数据结果显示,只有29.9%的青少年达到了每日60分钟的中、高强度体力活动要求,大多数学生将更多的时间用在了学习、上网、游戏和看电视等方面。另外,我国60%以上的学生因受到城市化进程的影响而造成运动条件不足。所以,生活方式的转变和运动场地条件限制造成青少年的运动意愿不足。①

医学研究表明,青少年超重和肥胖会造成成年之后的重大健康隐患。在心血管疾病中,许多指标都与肥胖和超重有关,青少年儿童的肥胖和超重问题已经成为许多国家一个十分紧迫和严峻的健康问题。如果青少年儿童超重和肥胖的状况持续存在,会对健康和未来生活质量产生极其不利的影响。与正常体重孩子相比,超重和肥胖的青少年儿童,如果将这种状态持续到成年,其发生各类心血管、脏器以及其他慢性疾病的风险高4~5倍。

研究证实,造成超重或肥胖的一个重要原因是缺乏运动,青少年时期身体活动水平的降低特别值得关注,预防和解决少年儿童肥胖问题的切入点应该在学校体育,重点在于加强体育锻炼。由于儿童肥胖症的流行,美国学校所有与健康相关的儿童身体、体质问题受到了关注。高质量的学校体育课程,能让青少年有机会学习维持身体活跃的生活方式所需的基本运动技能。促进儿童和青少年的身体活动,以抵制肥胖水平的上升并促进一系列生理和心理健康益处,一直是学校体育的重要目标。来自哈佛大学医学院超过20年潜心研究,美国运动医学会、美国医学会、美国卫生部特别推荐的,约翰·瑞迪(John Ratey)、埃里克·哈格曼(Eric Hagerman)所著的《运动改造大脑》一书介绍了一个典型范例:一个具有突破性的体育教学项目(零点体育课②)展现了

---

① 陈长洲.改革开放40年我国青少年体质健康政策的回顾、反思与展望[J].体育学刊,2019,39(3):38-47.
② (Zero Hours PE)一种通过运动提高学生意识状态,为一天的学习做好准备的新型体育课。该课程因其被安排在第一节文化课之前而得名。后更名为"学习准备型体育课(Readiness PE)。

令人振奋人心的结果。在伊利诺伊州的内珀维尔市（Naperville）203学区，体育课让这个地区1.9万名学生成了全美体质最强健的孩子，二年级学生中只有3%的学生体重超标，而全美平均有30%左右的学生体重超标。

根据美国疾病预防控制中心发布的体重指数（Body Mass Index）显示，2005年春天，一项对内珀维尔203学区学生体能的独立评估得出了更好的结论。班尼迪克大学（Benedictine University）的运动生理学家克雷格·布勒德（Craig Broeder）和他的研究生小组也加入这个项目测评中。他们从6年级到高中毕业班中随机抽取270名学生。布勒德是美国运动医学会（American College of Sports Medicine）的前区域主席，他说："我可以告随你，要比美国国家标准领先很多，而且他们甩开别人一大截。130多个男生中只有1个男生过胖，这简直不可思议，按照美国疾病预防控制中心（CDC）的身高和体重标准，内珀维尔的学生身体脂肪比重远远低于全美标准。"[①]

第三节　学校体育的价值——基于教育学的视角

一、体育锻炼与认知发展水平

正如卢梭在《爱弥尔》中的探讨："若要养成儿童的智力，必将先养成智力的体力，要养成儿童的正直与聪慧，必常常使他运动、锻炼身体，使他强硕，任他做事、跑步、运动、叫喊……使他成为有体力的人，不久他就会成为一个有理性的人。"

运动让大脑做好准备，提高了大脑记录和处理新信息的潜能。达尔文告诉我们，学习是我们适应瞬息万变环境的生存手段。

[①] 约翰·瑞迪（John Ratey），埃里克·哈格曼（Eric Hagerman）.运动改造大脑[M].杭州：浙江人民出版社，2013.11：12-13.

第三章 学校体育价值的多学科认识与再出发

在大脑的微环境中,意味着大脑细胞之间会建立新连接以传递信息。当我们学习某个知识时,无论是英语单词还是萨尔萨舞步,细胞会以多样化的形态来编码信息,让记忆自然而然成为大脑的一部分。尽管这样的观点作为理论已经存在一个多世纪,但直到近代才在实验室得到验证。现在我们知道大脑很灵活,用神经学家的专业术语来讲就是具有可塑性(Plastic)。大脑更像是培乐多(Play Doh)彩色橡皮泥而不是瓷器。大脑是一种有适应能力的器官,就像可以通过举杠铃来锻炼肌肉一样,输入信息也可以改造我们的大脑。越是使用频繁,它的适应能力越强。运动最显著的一个特征,就是能提高学习效率,但人们经常会忽略这一点,2007年,一项人类学的研究中,德国研究人员发现,人们在运动后学习词汇的速度比运动前提升了20%。[1]

过去15年,一种重要的分子极大地改变了人们对大脑神经细胞相互联系的看法,解释对那些联系是如何产生和发展的认识。这就是被广泛称为因子的蛋白质家族,而其中最有名的就是脑源性神经营养因子(Brain-derived neurotrophic factor,简称BDNF)。神经递质执行信息传递,而像BDNF这样的神经营养物质则建立和保养神经细胞回路,即大脑自身的基本结构。哥伦比亚大学神经学家埃里克·坎德尔(Eric Kandel)凭借一个令记忆研究感到震惊的发现获得了2000年诺贝尔奖,这个发现就是,不断重复激活或者练习,会让突触自发肿胀,建立更强的联系。一个神经细胞就像是一棵树,突触就是生长的分支,而树干会长出新的分支,即会有更多的突触进一步巩固相互间的联系,这些个变化是突触可塑性(Synaptic Plasticity)这一细胞适应机制的一种表现形式,而BDNF则在其中起到重要作用。[2]BDNF是思想、情感和运动之间至关重要的生物学纽带。上述神经学权威发现,

---

[1] 约翰·瑞迪(John Ratey),埃里克·哈格曼(Eric Hagerman).运动改造大脑[M].杭州:浙江人民出版社,2013.11:37.
[2] 约翰·瑞迪(John Ratey),埃里克·哈格曼(Eric Hagerman).运动改造大脑[M].杭州:浙江人民出版社,2013.11:31-32.

将运动、思想、学习之间的相互关系和影响机制理解并阐述得清楚明了,也进一步证实了运动对智力开发以及学习是高度相关和极其重要的。

2007年,有一个著名的对比实验证实,在完成35分钟,达到最大心率60%至70%的运动后(在跑步机上跑步),测试者的认知灵活性会大大提高。在这个对比实验中,研究者要求40名成年人(50—64岁)迅速说出普通物品的另一些用途。比如报纸是用来阅读的,但还可以用来包鱼、垫鸟笼、包盘子等。研究人员让一半的测试对象看电影,而让另一半测试者做运动。他们分别在此之前及之后立刻接受测试,并且在20分钟后再接受测试。结果表明,观看电影的一半测试者前后没有变化,而运动组在锻炼刚结束后,讲述速度和认知灵活性都提高了。认知灵活性是一个很重要的执行功能,它反映出我们改变想法的能力以及源源不断地产生创造性思维和答案的能力,而不是照搬常见的回答。在一些要求高智商的工作中,这种特性与高效率有关系。[①]

运动生理学研究证明:从事体育运动能够促进大脑相应部位神经系统的发达,改善和提高中枢神经系统,特别是大脑皮层的工作能力。使兴奋和抑制状态更加集中突出,使神经系统更加均衡和灵活,使思维、注意力、视听、记忆、判断、分析、综合感知觉等大脑综合能力得到提高。有学者指出:学习的过程是一个脑力劳动的过程,大脑皮层处于积极活动的状态,会引起一系列神经和心理紧张。体育活动可以加速血液循环,增强心脏功能,改善大脑供氧状况,提高大脑的工作耐力和效率。体育活动对学生的学习活动来讲,还有一个积极性休息的效果。根据高级神经活动的副诱导规律,在大脑皮层中,运动中枢的兴奋可以导致学习中枢的抑制,优势兴奋中心愈集中,临近区域的抑制愈强。运动中枢的兴奋可以使思维、记忆中枢得到完全的休息,很快消除疲劳,

---

① 约翰·瑞迪(John Ratey),埃里克·哈格曼(Eric Hagerman).运动改造大脑[M].杭州:浙江人民出版社,2013.11:46.

第三章　学校体育价值的多学科认识与再出发

恢复精力。[①]

(一)劳逸结合的好处

体育是消除智力和其他心理疲劳、调节心理状态的手段之一。与成人相比,处于生长发育期的学生往往精力旺盛甚至不知疲倦,但这并不意味着持续地用脑是他们可以承受和喜欢的。从学生对音乐、美术、体育课的欢迎程度就可以看出,除了紧张的学习,他们也需要放松大脑的调节活动。常言道,太厚的秧苗只能结出干瘪的稻穗,同理,过于紧张的学习必导致效率下降。学生的学习如果安排得太紧、太满,学生就会感到疲劳和厌倦,也会慢慢失去兴趣与专注。对学生而言,劳逸结合不仅意味着既会学又会玩,学的时候要专,玩的时候要野,同时也意味着"有张有弛""团结紧张、严肃活泼"。学生在学习的时候既要有必要的紧张水平,又要有足够的自然无为与闲暇,要有足够的调节身心的活动,只有劳逸结合,才能发挥最佳学习效果。

(二)劳逸结合的效果与实证

劳逸结合的做法在四川绵阳的一所学校取得了优异的结果。绵阳市是四川省第二大城市,有非常优秀的基础教育,绵阳中学、绵阳南山中学有悠久的办学历史和深厚的文化底蕴,还有绵阳东辰国际学校等多所近些年异军突起的高质量学校,上述几所学校每年考取清华北大的学生有100名左右(2019年绵阳中学清华北大录取46人,绵阳东辰国际录取30人,绵阳南山中学录取16人)。上述学校在川内、西南地区乃至全国都有相当的知名度和影响力。其中绵阳中学的一名普通地理老师(带平行班班主任,高二文科组有6个平行班,人数大致一样,学业水平根据高二分班考试均分在各班),从高二开始,该班主任要求学生每天坚持跑步(至少跑800米),除了要求跑步,他还要求学生每周在其他时

[①] 杨文轩.当代大学体育[M].北京:人民体育出版社,2007:32.

间段至少参加三次体育锻炼。在他的带领下,他所带班级的很多学生睡觉前养成了在宿舍健身的习惯。除了积极参与课余锻炼,该班级在校运动会上的表现是最积极、最团结、氛围最好的。体育锻炼不仅增强了体质,还凝聚了人心,学生心态也更加轻松乐观。两年下来,该班高考成绩非常优秀,一方面,高分学生异军突起,在所有平行班名列第一,其中4名学生还考取了特优分数(文科600分以上),其他平行班没有特优分数学生。另一方面,一本上线率大幅领先其他平行班级(其他班级一本上线学生平均34人,他所带的班达到43人)。在采访中得知,对于这样的成绩,该班主任得出了以下结论:坚持体育锻炼让学生的身心状态更好,能承受更高强度的文化学习,体育锻炼提升了学生的心理健康水平,让学生心态更好,有利于水平的发挥。他还提到,他自己在学生时期就有长跑的习惯,经常在校运动会长跑项目中获奖,并且他感觉跑步以后大脑非常清晰和敏捷,学习效率明显提升。由于深刻的运动提升大脑状态的体验,他把当年的做法沿袭了下来,同样取得了非常显著的效果。

二、体育锻炼与青少年心理健康

20世纪后50年以来,许多无可争辩的医学证明和其他科学证明,说明有规律地进行体育活动具有长期效益,青少年时期我们就应在这方面打好基础。行为医学也清楚地揭示,适量且有规律的运动对增强身心健康有显著的效果,反之,缺乏甚至不参加体育锻炼则会导致一些生理健康(如肥胖、高血压)和心理健康(抑郁症)等问题。《基础医学与临床》期刊在2014年第7期介绍一篇国外研究成果时指出,荷兰提姆布斯研究所(Trimbos Institute)调查了7 000名11—16岁的荷兰籍学生后认为,经常锻炼对青少年的心理健康有益,具体表现在体育锻炼对于自我形象、自尊、快乐、减少焦虑、人际交往等方面有明显益处。类似全面清晰的大样本量调查实证与阐述,对运动促进心理健康是具有

第三章　学校体育价值的多学科认识与再出发

显著说服力的。例如,我的身高不如你,但在篮球场上我并不输给你,可能还能经常在你头顶完成各种动作,这样的优越感、自信心会弥补现实生活中身高劣势导致的自信心不足的问题。同样,体育游戏、比赛除了获胜还有失败,不断的输赢会反复体会挫败感与成就感,长期积累,我们的心理承受能力会变得越来越强大。这正是我们强调但未真正重视的运动对心理健康的重要性。

《临床心理科学》编辑,耶鲁大学儿童心理学家阿兰·卡兹廷(Alan Kazdin)表示,调查结果显示,青少年参加锻炼的好处真是妙不可言。他说:"如果我说这是治疗一切的灵丹妙药,那可能有些过了。但锻炼的确具有类似的作用。"在这次调查中,研究人员发现,参加有组织的体育活动的青少年,和那些不爱活动的青少年相比,具有更积极的自我展现力和更强的自尊。

卡兹廷表示,经常锻炼的青少年相比之下更快乐,情绪更稳定,也更少的表现出错误的行为,比如社交恐惧和焦虑,招惹麻烦,以及侵犯他人的行为。该研究还发现,那些参加锻炼团队的学生有更多的朋友。这个研究并不是说每个青少年都需要参加锻炼团队,因为任何形式的锻炼对青少年都是有益的。不过,随着学校的预算削减,人们经常首先砍掉体育课。卡兹廷表示,这是一个很大的错误。他说:"体育课在任何一所学校的课程表中,都应该是最重要的一类课程,而不是一个可有可无的课程,即使你不喜欢锻炼。因为我们现在知道,锻炼能够提高学校的教学质量。"[1]

人的精神和智力发展取决于身体的健康发展,身体健康能促使心灵健康。只有健壮的身体才提供敏锐思维,身体越锻炼,人体的器官发育得越正常,身体越锻炼,人体就越拥有精神力量。德国近代体育之父古兹姆茨认为,古代奥运会是德智体美全面发展最理想的教育模式,是实现人全面发展不可替代的教育手段。古希腊通过道德、艺术与精神发展,赋予体育无限的价值,丰富人

---

[1] 佚名.锻炼身体有益青少年心理健康[J].基础医学与临床,2014,34(7):944.

类身体与灵魂谐调统一的内涵。古兹姆茨在《青少年体操》中写道:"我们国家的一些节日里,缺少一种教育的手段,如果能像古代奥运会那样就有意义了。"①

不仅仅是促进心理健康,2000年10月,杜克大学(Duke University)的研究人员向《纽约时报》介绍了一个研究项目。这个研究证实,用运动治疗抑郁症的效果要好于抗抑郁药物舍曲林(商品名左洛复,Zoloft)。这也向人们揭示了运动用来治愈心理疾病的特殊功能,这也进一步印证了运动与心理健康之间的因果关系。耶鲁大学的研究人员在罗纳德·杜曼教授的领导下,终于发现了运动抗抑郁背后的原理。原来,它掌握在一个叫VGF的大脑基因中。杜曼教授和同事一起对运动过的小鼠大脑和静止不动的小鼠大脑进行了比较,结果发现,一个叫VGF的基因在运动过的小鼠大脑中格外活跃,而在没有运动的小鼠大脑中则不活跃。研究人员在研究中进一步发现,VGF发挥作用时会在小鼠大脑中产生强劲的抗抑郁反应。而对小鼠中的VGF进行基因变异,令其不够活跃,则会产生相反的效果。这一研究提供了揭示运动抗击抑郁原理的直接证据。有媒体称,这一发现不仅强调了锻炼的重要性,而且,为抗抑郁药的研制提供了与以前截然不同的全新思路。杜曼教授指出:"利用锻炼激活VGF基因并将其用于抗抑郁药的研制比目前的化学抗抑郁药更好,因为它已经存在于大脑中。"②大量的神经学、医学、生物学证据表明,运动对人的认知能力和心理健康有着极其深远的影响。体育可以调感情、强意志、陶冶性格情操,是促进身心协调的重要手段,体育与儿童、青少年、老年各个时期的心理建设都有密切的联系。

清华大学金融系主任、哈佛大学经济学博士李稻葵分析,运动员背景的人为何能在社会中脱颖而出?他的分析是,运动员背

---

① 缪佳.论德国近代体育之父古兹姆茨对学校体育发展的贡献[J].体育与科学,2011,6(32):107-109.
② Malberg JE, Monteggia LM. VGF, a new player in antidepressant action[J]. Science Signaling, 2008, 5, 1(18):19.

第三章　学校体育价值的多学科认识与再出发

景的人,一定具备特殊的心理素质,他们有难以击垮的信心和号召力。他们懂得如何去竞争,懂得团队合作,这恰恰是一个成功者应该具备的素质。他指出,在孩子成绩过得去的基础上,让孩子学一点儿符合身体特长的技能,多参加一些体育比赛,将能够最大限度地拓展他们的心志禀赋,孩子会终身受益。他还提到几年前令人难忘的一个场景,在瑞士达沃斯世界经济论坛上,一帮国际大公司的企业家轮流与一拨一拨的国际政要以及个别学者见面。他被请去谈经济走势。上一场刚刚结束,大家都站着交谈。"我一进门就吃了一惊:会场内的人个个都是高个子,我一米七九的个子几乎是最矮的! 我马上想起一个熟悉的事实:国际上很多领导人,都是职业或业余体育运动员出身! 练体育的,大个头为主。"IMF主席拉加德曾是法国国家花样游泳队队员,俄罗斯总统普京是柔道黑带水平。资料显示,普京13岁开始学习柔道,曾在家乡圣彼得堡获柔道比赛的冠军。

这样的例子还有很多,在欧美发达国家,在政商界,运动员背景、运动参与是极其普遍的事情,其原因在于,运动除了对人的身体素质有积极的影响之外,更重要的是对参与者的心理素质提升更为有益。越是专业的运动员,心理素质越过硬。那么,运动员具备怎样的心理素质呢?首先,体育、游戏天然带有竞争性,比赛和游戏参与者要不怕竞争、善于竞争,因此,运动员是最懂得竞争的一群人。其次,运动员要懂得团队协作。即便是单人项目,如体操、乒乓球、田径、跳水等项目,同样也需要团队支持与配合,团队里有教练、陪练、队友、队医等,只有每个角色、每个环节都做到优秀,齐心协力才可能达到最终理想的竞技状态。在现实生活中,合作与竞争是永恒的主题,这就是体育精神。国家与国家之间、企业与企业之间、人与人之间都有竞争,也存在合作,靠单打独斗是无法取胜的。在运动员身上,竞争意识、合作意识两者兼备。为什么运动员出身的人在社会中容易脱颖而出?是因为他们有难以击垮的信心和号召力,一个能赢的团队一定也是经历过许多逆境的团队,不可避免有过失望、质疑、懊恼、恐惧……尤其在千变万化的比赛场上,在竞赛落后的情况下,核心人物必须摒弃杂念,千万不能纠结在"真惨、真倒霉"的心态上,也不能妄想一举定乾坤,而是集中精力想好下一个时刻,只有这样才能把握住赢回来的机会。这种机会往往转瞬即逝,必须保持住高度的注意力,才能捕捉到。这恰恰是一个成功者应该具备的素质。

正是因为了解运动员这些特征,国外商学院特别青睐有运动背景的学生。哈佛大学曾经做过一项调研:毕业20年后,哪些校友群体为母校捐款最多。结果出人意料,捐款最多的并不是学习最好的学生,反而是那些有校队背景的学生,这些学生无论当年还是现在都是最有集体荣誉感的。牛津大学有个久负盛名的"罗德奖学金",这项创立110多年的奖学金有四项招生标准,其中一项就是喜爱体育,最好有运动成就。他们认为,这样的人往往具备优秀的心智,是值得栽培的未来领袖。美国最负盛名的大学联盟——常青藤联盟最早就是哈佛、耶鲁、哥伦比亚等若干所大学的美式足球运动体育联盟,而非学术评比,比如奥数竞赛的联盟。而中国也曾经有过一段颇有特色的高中教育,像清华附中早在"文革"前,就有约三分之一的学生加入校队,活跃于各种比赛,他们中大多成了后来中国社会的精英。然而,现阶段我们的教育还是太关注孩子的学习成绩,太注意奥数、钢琴等等。在全球化时代下,只懂得奥数,不懂得与人博弈,似乎不太能适应时代变化。

运动与心理健康息息相关,丰富的运动情感体验是多样且复杂的,在瞬息万变、错综复杂的情感体验过程中,我们得到了锻炼、收获了成熟,获得了丰富的身心情感经历。这样的经历对今后的生活、学习都是有所裨益的。比如在足球、篮球、排球等集体项目中,场上队员的参与感、胜利的喜悦、失败的挫折、渴望进球、得分并战胜对手的暗自决心、同伴配合完成漂亮进攻后的满足、同伴的支持、心有灵犀、默契、共鸣、兴奋、愉悦等丰富体验随着攻防进程不断涌现。此外,进攻过程中的紧张,甚至是担忧与急切,与同伴共同阻击对手的进攻,瓦解对手进攻后的长舒一口气,得分后涌上心头的喜悦、自豪、信心爆棚,一次精妙配合却在最关键

第三章 学校体育价值的多学科认识与再出发

的临门一脚或者出手投篮或者大力扣球中失误了,顿时沮丧、捶胸顿足、懊恼,以及随着比赛继续进行,迅速调整心绪完成接下来比赛的调整能力,都在双方激烈的竞争中得以充分体现。这样短时间、高强度、变化快的丰富运动情感体验是体育所特有的,对参与者形成集体荣辱、团队协作、抗压、竞争、坚韧等优良心理品质是非常重要和珍贵的。

长期以来,我们习惯性地宣讲运动对身心健康的好处,却鲜有人真正把运动对心理健康讲明白,更甚者,干脆避而不谈,为什么?因为我们只明白耐力性运动可以增强意志品质,酣畅淋漓的运动会达到放松身心、舒缓压力的功效,但是这只是个效果,原因是什么?注意事项又有什么?有没有附加条件?这些却很少提及。不告诉注意事项和"药理",更没有"服用说明"的"药"怎能达到疗效?体育的心理功能,舒缓和释放不良情绪,提升自信、坚持、毅力、抗压、拼搏等优秀心理品质,但这样的心理体验是暂时的和具有消退效应的,即长期不体验,良好的心理体验会逐渐消退。但这样的健康不是绝对的,更不是永久性的,需要不断坚持并加以强化,否则,运动带给人们的身心健康影响会逐渐消退甚至完全消失。我们的所有宣传过程中,对运动身心效应的消退效应没有明确说明,有误导宣传之嫌。

我们总是赞扬孩子的成功,习惯为孩子的"赢"而鼓掌。这样就导致很多时候,就算不是比赛,只是伙伴们之间的一场嬉戏,孩子们也会较劲,非要争个输赢,因为孩子们看重输赢背后连带着的教师、家长甚至同学的态度。其实受挫也是一种能力,在学校以及今后的社会中,每个人都会遇到不同程度的挫折,从小培养抗挫折能力,是老师、家长与学生自己一个不容忽视的任务。体育比赛中有失败、成功的体验,投篮进球、投篮不进,射门球进、射门不进,胜了一局、输了一局,胜了一场、败了一场,场上队员时刻体验着成功、失败的感觉,只要体验足够丰富,内心也就逐渐强大起来。尤其是要让孩子在经受挫折的时候,知道有光明。为什么有些孩子会用极端的方式轻生?就是经受挫折后,他觉得就完了,觉得就一败涂地了。人生不是这样,我们必须要让孩子知道,败了不要紧,败了一定还有光明,前提是他在一次次失败中,直面失败、接受失败、承认失败,并憧憬成功、希望成功,通过自己努力去实现,去改变。在这一点上,体育提供了最佳练习场。

三、体育锻炼与情绪控制和预防犯罪

正如埃利亚斯和迪宁在著作中的主要论点:运动中允许兴奋和冲动,但同时又必须克制和收敛这种冲动,一定在合理和可容忍的范围内正常运行,这样的安全阀装置对于情绪控制、行为控制至关重要,缺乏这样的情绪管控与心理体验,看似风平浪静的社会交往,往往会因为一些"小问题和矛盾"瞬间点燃和喷发,造成不可控制的局面。身体的对抗释放出激情,社会主张抑制这种激情。准确地说,就是运动中的激情已被定位,它必须保持在能够被容忍的状态下,可以说不同的时代有不同的社会容忍度。运动最大的功能是替代那些最不可或缺但有危险的攻击类型,加上一个健康而安全的阀门。[①]

诗人马雅可夫斯基这样描述:"世界上没有更美的衣裳像结实的肌肉和古铜色的皮肤一样。"体育所展示的是一种形体之美,活动之美;体育运动的群体性使其具有了社会性,增加了个体社会交往的机会。因此,体育运动属于主流文化所倡导的传统活动之一,具有催人奋进的特点。在体育运动中对超越自我、战胜他人的渴望,对获得优秀成绩的期盼,对更高、更快、更强体育目标的追求,增强了青少年行为的稳定性。追求的目标越高远,越排斥越轨行为的破坏性,这无形中增强了个人行为的稳定性。可见,通过打球、游泳、武术、跑步等活动不仅丰富了青少年的业余文化生活,帮助青少年形成健康、科学、文明的生活方式,更为重要的是将他们的时间和精力引向了有利于社会稳定的活动当中,从而

---

① 胡小明,陈华.体育人类学[M].北京:高等教育出版社,2005:133.

第三章　学校体育价值的多学科认识与再出发

达到了预防青少年犯罪的功效。[①]

任娇娇在《预防青少年犯罪的新思维——以体育运动为视角》中指出：在体育参与预防青少年犯罪的理论构造层面，透过心理学和社会学两个学科维度，在复演论、精力过剩论、人格论、紧张理论和标签理论等9个理论层面，探讨和分析体育运动预防青少年犯罪的理论预设。在实践运作层面，体育运动的开展已成为促进社会稳定的一种有效手段。西方各国积极开展各种体育项目计划和课后活动计划，以控制和预防青少年犯罪，这些计划的实施有效降低了犯罪率和再犯可能性。[②]

引导青少年参加体育锻炼，既释放了剩余精力，充实了闲暇生活，又将个人从犯罪行为的潜在诱惑中隔离开来，使个人没有时间和精力感知诱惑，考虑和从事犯罪活动。体育锻炼增强了青少年行为的稳定性。体育比赛与对抗为他们带来精神上的快慰与满足，但不正当的娱乐，如酗酒、赌博、吸烟以及模仿成年人的一些行为则可能促发犯罪。犯罪学研究表明，只有具备适合于生理、伦理、美术、社会等条件的娱乐，才是社会所倡导的传统活动，才能有助于预防犯罪。美国曾经开展一项专门的教育活动，为了避免青少年加入黑帮和贩毒、吸毒，而在黑人区专门组织体育活动，以黑人擅长的运动项目，如田径、拳击、篮球等，吸引青少年，以正面的教育跟黑帮争阵地。这就是体育为社会的健康发展所做出的贡献。美国通过体育运动来对青少年进行犯罪疏导和预防的例子，在赵瑜老师的《篮球的秘密》一书中也有体现，他提到的是法国。法国政府在采纳了体育社会学家的意见后，通过大力发展社区体育，修建体育场馆，吸引青少年来锻炼、交往，把他们的注意力从不良社会现象拉到日常体育活动中。我们常说要疏堵结合，以疏为主，这算是一个很好的减少青少年社会犯罪的方法。

[①] 雍自元.预防青少年犯罪的新途径：体育运动[J].安庆师范学院学报（社会科学版），2011，30（9）：97-100.
[②] 任娇娇.预防青少年犯罪的新思维——以体育运动为视角[J].武汉体育学院学报，2014，48（11）：45-49.

1990年以后,美国的青少年体育娱乐供给方式开始转型,以预防社区问题青少年(尤其是黑人)犯罪为主的体育干预方案逐渐普及,并得到了政府的大力支持,体育也随之被包装、改造成为预防犯罪的战略工具之一。"午夜篮球"便是其中一个典型的实例。"午夜篮球"这一设想最初由美国马里兰州乔治王子县的一位镇长在20世纪80年代后期提出,他认为解决内城那些贫穷青年所带来的社会治安问题的关键在于建立社区内部的安全感,方法便是在夏季晚上10:00至凌晨2:00这一高犯罪率时段组织篮球联赛。这个方案有三个核心要素:第一,目标人群是17—21岁的青少年(这个年龄段的青少年较易受到外界诱惑,而且是社区犯罪的主体);第二,所有的比赛和娱乐活动只在晚上10:00后才开始(将青少年集中起来,预防深夜社区街头犯罪);第三,必须有两个身穿制服的警察留守现场(维持秩序,处理冲突)。在"午夜篮球"计划实施的数年里,马里兰州一些治安混乱社区的青少年犯罪率逐渐下降,并得到了当地执法部门和诸多学者的支持,这一预防青少年犯罪的体育工具模型甚至开始引起美国政府的重视,在全美各地不断普及实施。"午夜篮球"计划之所以产生如此巨大的影响,关键在于这个干预方案是以体育运动为基础所实施的人性化犯罪预防举措,而体育在西方被视为一种能够促使青年亲近社会的积极力量,它可以帮助青少年走出流浪街头的困境,塑造他们的良好品格,培养其自律精神,为其实现社会化提供道德引导和支持。另外,以体育作为干预手段相对而言投入较低且易于实施,所占用的社会公共资源亦较少,并容易吸引基金会、非营利组织和企业的支持,从而获得资金和其他赞助,因此一直被认为是一种符合成本效益的政策实施方式。[①] 委内瑞拉首都加拉加斯地区曾经犯罪率奇高,在当地建设了社区体育馆后犯罪率大幅下降;韩国《中央日报》也曾报道过,世界杯使得韩国国内的犯罪率减少12%,而在韩国比赛时减少了31%;美国的"午夜篮

---

① 漆亮,周泽鸿.体育预防青少年犯罪的正功能论析——以美国"午夜篮球"计划为例[J].吉林体育学院学报,2005,31(1):28-32.

球"计划以及英国的"SBI 项目"都是通过体育运动对青少年犯罪加以预防的成功运用。① 在体育锻炼与情绪控制、减少青少年越轨行为、预防犯罪等议题上,我国相关研究与实践还显得匮乏和薄弱。

第四节 学校体育的价值——基于人格的视角

一般而言,认知、情感、意志三种心理成分是人格的最基本的构件。将体育仅视为一门课程而不是育人的基础,弱化了体育的地位。将育人的任务弱化为体质的增强,萎缩了体育的功能。和其他的教育内容相比,学校体育"育人"的任务更加明显。这个"育人"不仅包括对身体的培育,也包括通过体育活动实现学生精神成长和人格的健全。

健全人格是近代教育领域具有实际效力的重要教育宗旨之一,也是当今学校体育所秉持的重要理念。② 回应并落实学校体育对健全人格的要求,首先,要深刻认知体育的迁移价值和育人功能,在此基础上树立"育人至上、体魄与人格并重"的体育教育观;其次,高度重视体育课堂中竞赛的组织与安排,体能、技能的对抗、胜负的较量都是不可或缺的。体育竞赛展现勇敢顽强的性格、迎接挑战的意志、承担风险的能力,学会竞争与合作,理解胜利与失败,甚至胜败的情绪体验都是健全人格所必须的。

一、体育锻炼与意志品质

在国内任何一本心理学教科书中,我们都能找到这样的定义:意志是指一个人自觉地确定目的,并根据目的来支配、调节

---
① 徐翔.体育运动预防青少年犯罪机制的设想——基于体育运动的安全阀效能探析[J].山东体育学院学报,2018,34(5):49-54.
② 王荷英.健全人格教育宗旨的形成及其对近代学校体育的影响[J].中国体育科技,2019(6):1-7.

自己的行动,克服各种困难,从而实现目的的心理过程。习近平总书记指出:"青年时代,选择吃苦也就选择了收获,选择奉献也就选择了高尚。青年时期多经历一点摔打、挫折、考验,有利于走好一生的路。"在青少年成长过程中,成熟心智的表现就包含意志品质的成分。抗压能力、抗挫折能力、志向与动力、意志力都是学业保证以及未来工作生活不可或缺的。体育课中开展意志品质教育因为其存在的潜在风险让体育教师缩手缩脚,不敢动硬。久而久之,意志品质教育成为名副其实的感动教育、说教体会,而非真切的身心体验。在学校整体上对校园体育进行风险管控基础上,进行运动量、运动强度的硬性要求,进行必要的刚性教育,是实现学生意志品质提升的最佳路径,这也是体育在意志品质教育中独特功能的体现。

意志教育也被称为刚性教育,即"苦其心志、劳其筋骨"的磨炼教育或挫折教育,其主要目标是培养勇猛果敢、刚毅坚卓、能吃苦不抱怨的男子汉气概。意志既关乎人的身体力量,更崇尚"内心强大"的人格力量。无论尼采发动的"权力意志"还是陈独秀推崇的"抵抗力"都指向人的内心强大并以此克服身体与精神的苦痛。"有志者事竟成"既是提醒志向的重要,更是对意志与之相关的勇气、冒险、刚毅等人格品质的呼喊与期待。国与国之间的较量,经济与军事实力固然重要,但是,更为重要的是"大勇毅"与"大决心"。培育人的意志,简单来说就是训练人的"吃苦精神"和"坚持品质"。①

关于意志力的研究已经进行了几十年,当前我们已经越来越清楚和认同,意志力对于学习、工作、生活的重要作用。关于意志力的研究,有一个举世闻名的"棉花糖实验"。20 世纪 60 年代,美国斯坦福大学心理学家沃尔克·米歇尔研究了孩子们如何学习延缓对需求的满足的实验,在实验中,每次让一个小孩子单独待在房间里,房间里有一张桌子和一把椅子,桌子上放着一个棉

---

① 刘良华.教育哲学[M].上海:华东师范大学出版社,2018:11.

第三章　学校体育价值的多学科认识与再出发

花糖,实验对象是四岁的孩子,测试人员告诉孩子们规则,可以马上吃掉桌子上的棉花糖,如果等待 15 分钟,就会获得两个棉花糖。测试人员对孩子说明规则后就离开房间。研究发现,面对棉花糖的诱惑,以及表现出自控力后的奖赏条件,有的孩子的自控力已经很强大了。实验结果显示,大约有 1/3 的孩子立即伸手拿棉花糖,另外 1/3 孩子在 15 分钟等待时间内吃掉了棉花糖,还有 1/3 左右的孩子等待了 15 分钟,最终获得两个棉花糖。该实验看似平淡无奇,然而真正让"棉花糖实验"举世闻名的,是实验完成多年后一个偶然的机会,米歇尔女儿就读的学校里面有一些曾参加过调查的孩子,然后他了解到,那些当年能够坚定地坐在小椅子上,等待获得两个棉花糖的孩子,他们在学校出问题的概率也比较少。于是米歇尔做了更多的研究,他调查了数百个当年参加过"棉花糖实验"的孩子,希望找出测试的背后是否隐藏着一种规律模式,研究结果让人感到非常奇妙。实验精确地表明,在那场"棉花糖实验"中,等待越久的孩子无论在学业还是事业上,在其今后的人生中获得成功的概率都更大。[①]

"棉花糖实验"的背后反映出的是,成功者和失败者的差别不在于力量的强弱和智商的高低,也不在于知识的储备,而在于是否拥有意志力。此外,在心理学界,有一个"无所谓就这样"效应的概念。研究发现,"无所谓就这样"效应是对意志力的最强威胁之一,缺乏自我控制—懊悔—更加缺乏自我控制的恶性循环。在现实生活中,许多人在节食过程中非常容易出现缺乏自我控制的行为。例如不小心多吃了一个冰激凌或薯片,然后非常自责,觉得自己的节食计划落空了。按照正常思维,我们应该更加克制,少吃一点儿以抵消之前多吃的冰激凌和薯片,然而,事与愿违,相反的事情时常发生了,那就是"哦,无所谓,已经这样了,反正节食计划已经被打乱,今天就这样吧,我放弃了,现在我可以再吃一个鸡腿了"。同样的例子在久坐和健身方面一样存在,当人们在

[①] 文思·伦巴帝.意志力心理学[M].北京:中国人民大学出版社,2018:31.

沙发上坐得越久,就越不想起身运动,健身的念头没有被立刻执行。过了一会儿,当我们再次想起之前跑步或去健身房的计划,这时就会意识到,时间已经过去这么久,无所谓了,已经这样了,今天就在沙发上好好休息吧,明天再开始健身计划。为什么总是放弃之前的节食减肥与健身计划,是因为我们缺少意志力。当意志力变强,我们开始立即执行并付诸努力;当意志力变弱,我们首先想到的是改变计划和放弃行动,实质上,大多数人都是如此。

　　和计划妥协,放弃立即行动的念头,这种消耗意志力的感觉会持续很长时间,直到你确切地需要开始进行另一项活动。在这段过程中,大脑正在努力节省能量,并且会迷惑心智,让你觉得自己的意志力正在消耗耗尽,这并不意味着你没有更多的意志力了。你还得鼓起精神上的力量持续使用自己的意志力,如果没有这种能力,马拉松运动员不会到达终点,登山者无法登顶,学生无法完成学业,员工无法进步成为管理者。培育人的"意志"就是训练人的"吃苦"精神和韧劲、坚持等品质。体育的精神是什么?其实核心就是拼搏、坚持、不服输、超越。因为无论是100米短跑还是5 000米乃至马拉松,或者是排球、篮球、足球、乒乓球、羽毛球、网球或者武术、跆拳道等,这些运动项目本身是千差万别的,技战术以及对身体的要求也各不相同,但在这些千差万别的背后却有一些共性和一致的地方,那就是要想熟练地掌握这项运动,需要千锤百炼、反复实践,精益求精,其过程是漫长和艰辛的,需要付出汗水甚至伤痛。既然如此艰辛和疲惫,甚至需要忍受伤痛,那么到底是什么力量支撑和推动我们一直前行呢?研究认为:正是生命体验与探索的好奇心、身体感知与唤醒的自省与觉知、精神慰藉与依赖的快感。正是体育的拼搏、坚持、不服输、超越自我等宝贵品质包含着对自己潜能的好奇,以及不断超越自我展现出非凡能力之后那一瞬间的快感,并且这种快感是会上瘾的。体育是锻炼意志品质最有效的方式之一,只要坚持下来,你便完成了超越;只要坚持下来,终点就在眼前;只要坚持下来,即便输了也心悦诚服。

二、体育锻炼的具身情感体验——乐趣与快感

众所周知,运动参与、运动着迷、运动快感都是真实存在和感同身受的。运动能使人愉悦和快乐,但其中原理是什么?一般的解释,运动能释放压力,增加内啡肽(endorphin)进而产生愉悦感。其实,运动中的气喘吁吁与大汗淋漓是令人不适的,甚至有时候气短胸闷、肌肉酸痛的感受是极其痛苦的,但是什么原因导致我们义无反顾地参与运动呢?或者说运动乐趣的来源和机理是什么?脑神经科学的研究表明,运动使我们的大脑处于最佳状态,而且,运动不仅仅对身体有益,还有更为重要和吸引人的优点,强健体魄和增强心肺机能只是运动最为基本的功能,运动最关键的作用是强健和改善大脑。

在人体内有一种激素称为内啡肽(endorphin),亦称"安多芬"或"脑内啡",是一种在持续有氧运动刺激下由脑下垂体和脊椎动物的丘脑下部所分泌的氨基化合物,属于内成性的类吗啡生物化学合成物激素,俗称"脑内吗啡"。内啡肽能与吗啡受体结合,产生跟吗啡、鸦片剂一样的快感,等同于人体在运动负荷刺激下可以天然分泌的"快乐激素"。有实验证明,由内啡肽所诱导出的行为表明,可能会参与感情应答的调节作用。对于任何一个生物人来说,长时间的运动刺激使中枢神经系统对肢体运动产生对内啡肽大量的"适应性记忆",机体一旦产生这种生理上的适应性记忆便会"尚动而避静",即所谓的"习得性运动快感"。另一方面,剧烈运动后属于自主神经系统的肾上腺髓质分泌肾上腺髓质激素,机体接受肾上腺激素刺激而产生兴奋性。长期、持续进行运动训练的人长时间沉浸在这种高度兴奋的本体体验之中,会产生"路径依赖"。

什么才是运动的乐趣?兴味者运动之始,快乐者运动之终;兴味生于进行,快乐生于结果。运动所以注意者三:有恒,一也;注全力,二也;蛮拙,三也。所以我们必须要清楚,"乐趣"是活动

结果而不是过程。体育活动过程非但不快乐还很"痛苦",在具体的体育教学中,尊重学生兴趣是必要的,但这绝不意味体育课就是无系统、无规范、无内容要求的"三无"课程。体育运动发展至今,已经形成了自己独有的规律和体系。如果误以为学生愿干啥就干啥,学生就会获得快乐,那是对快乐体育的庸俗化理解,是"懒教"。学生"兴趣"是需要培育的,学校体育教学把满足学生"快乐"作为目的,忽略自身的系统性和科学性,只能"捡了芝麻丢了西瓜"。另外,如果为了规避运动风险,让体育课成为"放羊式"的教学,会丢失体育课最宝贵的价值,这也是现在体育课教学中面临的巨大考验。[①]

"帮助学生在体育锻炼中享受乐趣",这是习近平总书记在学校体育论述中提出的明确要求。享受乐趣看似简单实则有着很高的要求,对体育锻炼而言,享受乐趣是运动的高阶回报和复杂条件的身心体验,有充分的科学依据和独特的实践价值。关于运动中的乐趣,毛泽东《体育之研究》中的解释十分到位:兴味之起,由于日日运动不辍;运动既久,成效大著,心中无限快乐。但是体育活动是"痛苦与快乐"伴随的过程,无论你追求何种目标,没有这个"痛苦过程",就实现不了目标,就不能获得快乐的结果。要想享受运动的乐趣,首先要承受运动的苦。

没有青少年阶段三五年以上沉浸在篮球、乒乓球、足球、羽毛球等某一项的热衷和积累,就很难终身保持这样的习惯,以至于在闲暇时间信手拈来。对每个孩子来说,体育活动都应该是有趣且愉快的,而不仅仅是具有天赋的孩子才会有这种感觉和权利。我们发现,"熟练"和"厉害"的运动技能背后,都是经过千万次的反复练习和精心打磨出来的,在此过程中的艰辛和汗水只有练习者才能清楚感知。每一项技能的掌握和熟练运用,无不包含着练习者身体、精神、意志的全情投入和孜孜不倦。这样的过程本身就是最有价值的教育与成长体验,且这样的教育过程相比单纯知

[①] 白莉莉,冯晓露.立足体育本质,反思当代学校体育误区——熊晓正教授学术访谈录[J].体育学刊,2016(2):1-4.

识性学习更为立体和丰富,因为需要身心的全面参与。当运动技能达到一定的水平,运动参与中的趣味感、游戏感就会显著提升,其过程中的"沉浸""心流""成瘾"等高阶体验会如约而至,这时,运动参与、运动习惯便自然形成。

三、体育锻炼中的"巅峰体验"

在竞技赛场上,优秀运动员不断挖掘自己的生物性潜能,冲击身体极限的竞技行为已经发展到前所未有的阶段。探索身体潜能与体能极限的努力,不仅仅是优秀运动员的事,也是每个个体,特别是每个青少年的人性基本需求。我们乘坐汽车、火车等交通工具来替代走路,我们坐在教室目不转睛地学习文化知识,课余时间也常常坐在沙发上、椅子上盯着屏幕、玩耍手机。但是,每个人也需要在运动场,在户外试试体格强健的程度,感觉激烈对抗中超越自我、赢得比赛、酣畅淋漓的巅峰体验。我们每个人都有好奇心驱使探索自己的生物潜力和了解自己的身体极限的冲动,尝试跳跃宽阔的水渠、尝试跳起摸到高处的树叶、体验举起他人不能举起的重物,我们需要这种巅峰体验。在此过程中,动作本身并无特殊意义,然而激发身体潜能的冲动却充满吸引力,过程也独具魅力,其乐无穷。

在QQ表情包里,有一个非常流行的,我国女排主攻手朱婷扣球得分后的表情和手势,人们对这个表情和手势有非常多的解读,有人体会到了霸气、自豪、信心爆棚,有人说这是在求点赞,也有人说这是在蔑视和威慑对手。总之,这张图片表现出的信息是非常丰富和有趣的,以至于我们经常会用朱婷表情来表达和调侃我们对某事、某人的心情。从专业的角度分析,当时的比赛非常焦灼,朱婷用一记暴扣得分点燃了队友斗志,压制了对手的士气。通过视频分析,朱婷当时的"夸张怪诞表情"折射出运动员的一种心理状态,只有经历过巅峰体验的人才能做出这样复杂的表情。除了和队友的肢体语言(激励、鼓劲)以外,表情语言则形象地向外传递了自信、自豪、藐视对手的讯息。

在正式以及业余体育比赛中,酣畅淋漓的胜利、克服困难后的逆转都会有巅峰心理体验,这样的心理体验对树立自信心、提升自我满足感都是弥足珍贵的。在比赛进程中,扣球得分、盖帽、射门球进、扑出必进之球、胶着对抗中的制胜一击都会产生瞬间的巅峰体验。对于普通运动参与者而言,与身高、力量、身体素质的自信不同,运动技能的熟练带来的自信心也是非常特殊和不可替代的。"长期运动者都有一个强大的心脏。"这句话除了说明运动对心脏健康的益处之外,还有心理强大之意,因为经常参加体育锻炼的人,当达到一定水平后,其优于普通参与者的自信心是非常明显的。体育所独有的对抗与竞争氛围,能够给予人们充分而积极的外在阻碍以及与之相应的人的努力应对。[1] 如果超越自我展现出非凡技能的一瞬间,除了自己体验到以外,还被一群人欣赏和欢呼的时候,这种加持的力量更为显著和持久,这就是我们能经常看到,当观众很多、有人摇旗呐喊、加油助威的时候,队员的表现会更积极、更拼搏,甚至超水平发挥,很多人非常享受这个过程,这股力量又成为比赛之外推动他不断前行的更为强大的力量。这样的情形并不局限于竞技体育赛场,在小朋友的体育游戏中,在街边三对三的篮球赛中,都有这样场景,参与者也都有这样特殊的心理体验。

四、体育教育中的团队协作精神与爱国主义教育

蔡元培说:"完善人格首在体育,运动不是别的,只是灵魂的操练。"从文化特征分析,东西方文化最大差异之一是体育,一个主静、一个主动。西方国家把体育当成国家精神的认同和人格塑造放在最突出的位置。英国顶尖男校伊顿公学有句名言"运动第一,学习第二"。那什么是体育?在他们的理解中,体育的要素是

---

[1] 杨韵.体育的生命冲动与意识绵延——基于柏格森生命哲学的体育本质解读[J]. 体育科学,2011,31(3):87-91.

第三章 学校体育价值的多学科认识与再出发

团队合作,是顽强拼搏,是坚持不懈,是崇尚荣誉。所有这些都是社会化指标,体育的核心就是人格塑造,这就是西方崇尚的贵族精神。[1]

重大体育赛事为体育迷提供了集体参与和认同的机会,进而成为颂扬和强化共同的文化内涵的一种方式。正因为体育是一个将日常生活暂时搁置的领域,所以他们才能够颂扬由冠军所表达和体现出来的共同文化内涵。与体育比赛联系在一起的国歌、国徽和国旗强调了冠军代表的是一个国家。[2]体育具有振奋民族精神、增强民族自豪、展现民族气概的功能,每当五星红旗在赛场上升起,《义勇军进行曲》奏响的时候,亿万中华儿女的爱国热情被点燃了。体育具有极强的凝聚力、感召力,最刻骨铭心的记忆发生在改革开放之初。我国女排在奥运会、世界杯、世锦赛中连续夺得五连冠的时候,当时女排队员的每一场比赛,甚至每一次扣球,都牵动着几亿人的心。体育的象征意义以及冠军所起的作用,甚至比单纯的民族主义、爱国主义更深刻。

自20世纪80年代以来,由竞技体育中的摘金夺银,升国旗奏国歌所激发出的民族自信心和爱国主义热情,有力地凝聚了人心,鼓舞了士气,这一状况在2008年北京奥运会达到顶峰,虽然当前大众对金牌的重视与渴望之情不再炽热,但在女排、男篮、男足、游泳、乒乓球、羽毛球等项目上依然抱有极大的热情和希望。以"团结起来、振兴中华"为口号的中华体育精神在改革开放初期发挥了恢复民族自信心、振奋民族精神、提高民族凝聚力的巨大作用。爱国主义是千百年来形成的对祖国的"一种极其深厚的感情"[3],爱国也是一个人的立身之本。习近平总书记用"不论树的影子有多长,根永远扎在土里"这个比喻形象地表明了爱国的极端重要性。新时代的青少年成长于改革开放的年代,亲历了中

---

[1] 杨文轩.课程改革背景下学校体育改革与发展研究[J].体育学刊,2018(5):1-4.
[2] 约瑟夫·马奎尔,凯文·杨.理论诠释:体育与社会[M].重庆:重庆大学出版社,2012:111.
[3] 石国亮.论习近平总书记关于教育的重要论述——以新时代第一次全国教育大会为重点的分析[J].中国青年社会科学,2018,37(6):8-16.

国从富起来到强起来的历史性飞跃,对国家发展有着强烈的认同感。这是我们做好爱国主义教育的有利条件。但也必须看到,近年来诸如诋毁英雄的谣言、矮化精神的观点等不良思想给爱国主义教育带来了新的挑战。当前,有的爱国主义教育存在形式化、娱乐化等倾向,针对性和实效性不强。

培养什么人、怎样培养人、为谁培养人是教育的根本问题。习近平总书记在全国教育大会上指出:我国是中国共产党领导的社会主义国家,这就决定了我们的教育必须把培养社会主义建设者和接班人作为根本任务,培养一代又一代拥护中国共产党领导和我国社会主义制度、立志为中国特色社会主义奋斗终生的有用人才。这是教育工作的根本任务,也是教育现代化的方向和目标。对培养什么人的问题,不仅需要学校层面予以回应和支持,也需要学校教育的德育、智育、体育、美育、劳动教育五大核心构件均给予回应和支持。研究认为,学校体育工作的各个方面首先是要明确培养爱自己、爱国家的人。体育的身体实践、健康促进、人格完善、意志锤炼都是为更优秀的自己服务,是自爱的最佳体现。孙中山先生说,做人最大的事情,"就是要知道怎么样爱国"。我们常讲,做人要有气节、要有人格。气节也好,人格也好,爱国是第一位的。在发扬爱国主义教育、爱国主义精神方面,体育历来是责无旁贷和勇往直前的,无论是"团结起来振兴中华的时代强音",还是奥运赛场上升国旗奏国歌时的热血澎湃与民族自豪感,体育的拼搏精神、顽强的作风、敢打敢拼的气节,团结一致的气概,永不服输的斗志都成为激励中华儿女前进的力量。在国家层面,体育是爱国主义教育以及提高民族凝聚力和向心力的重要途径。从乒乓外交、女排夺冠、重返奥运会到成功申办 2008 年奥运会,体育所激发的爱国情怀和奉献精神已经成为中华民族时代精神的重要组成部分。[1] 在学校层面,体育具有丰富的爱国主义的教育素材,具有最具凝聚力的载体,最炙热的爱国情感表达。

---

[1] 陈小娅.加强青少年体育是全社会的共同任务——学习《中共中央国务院关于加强青少年体育增强青少年体质的意见》[J].求是,2007(12):15-17.

要充分发挥青少年热爱体育、关心体育、热爱祖国、国家荣誉感、民族自豪感的桥梁和纽带作用。

第五节 体育的育体、育心、育人与青少年未来生活

体育教学要在考量社会需求和体育价值的基础上实现"生物体育观"向"人文体育观"的转变，实现从"育体"到"育心""育人"的认知升级。在体育教学过程中，应将体育活动的技术、文化、教育融为一体，在培养学生运动技能的同时，提升学生的身体素养、心智禀赋、人格力量、意志品质。

一、体育的育体、育心与育人

经常参加体育锻炼，除了增强体质还可以提高心智。在运动过程中除了观察同伴、对手以外，还需要感知运动场地的线、网以及其他设施，需要遵守项目规则以及技术动作规范。几乎所有的运动项目都需要参与者有精准的时间、空间感知觉。比如篮球投篮动作、排球扣球动作，都需要精准的时空感。经常练习这些动作可以提高本体感受器的准确性，提升身体姿态协调与控制能力。投篮不进、扣球失误等失败体验会提醒下一次投篮或扣球时注意力要更集中，对过往错误动作作出相应调整。在技术动作完成之前，综合运用记忆、反馈、想象等思维，在失误的动作基础上重新建立正确投篮手型、力度、角度；重新调整扣球击球点、起跳时机、扣球手型。看似单一的技术动作却需要复杂的时间、空间、动作思维。所有长期运动后形成的流畅、优美、稳定的运动技能背后，都需要精细化的神经、肌肉控制训练。这样的精细训练串联起了眼、耳、皮肤等多重外界信号接收系统。在接收到外界信号后，通过神经指令传递给肌肉，并且这样的传递伴随外界信号的变化需要不断做出调整，有时候这样的调整需要非常迅速和准

确,否则就可能错失良机或造成动作变形和失败。

有研究指出,通过运动项目的教学、练习、竞赛等形式和过程,培养学生的价值精神、道德品质及社会适应能力,实现学校体育"育体"与"育人"的同构。这种结合和统一,包括兼顾运动技术形成的规律(如过程性和阶段性)、项目本身的规定和特征(如比赛的节奏),渗透各种育人方法和手段(如讲述性引导、榜样、鼓励等),形成张弛得当、动静结合,量和强度合理搭配的最佳模式。作为对医学模式和生物体育取向的超越,学校体育需要重温、回归体育的实质或真谛,即把学校体育视为体育——作为教育意义丰富的体育文化和体育社会实践在学校的投射或教材化,体育有何种价值、功能,都可以在学校教育语境下百花齐放或择其重点,其生物性、社会性、人文性都应该可以兼容,各得其所。① 社会人格的发展就是个体接受社会规范,内化社会价值,将外在的行为要求内化为自己的行为需要,从而建构主体内部的社会行为调节机制的过程。② 培根把解剖学、生理学等知识列为身体教育的重要内容。他认为,人生哲学是协调心灵和身体的研究;身体的完备包括四种:健、美、力、乐。有关身体的知识有医学、体育、美容学和享乐术。体育既是有关身体的知识,也是实现人类身体完备的重要手段,与身体的健和力的保持紧密相关。③

大多数运动项目对稳定的情绪、高度集中的注意力、个人成就感、集体荣誉感、耐受挫折、勇于拼搏、战胜自我等成熟的心智有良好的促进作用,尤其是集体类项目所需要的团队协作、技战术配合对每一位参与者都是全方位的提高和锻炼。体育运动带给参与者的不仅仅是健康的体魄,还关系到参与者的心智发育、健全人格、个性气质的综合发展。清华大学邱勇校长曾说过:"体育是发挥育人作用、实现价值引导的最直接最有效手段之一,一

---

① 熊文.辨误与厘正:学校体育"健康第一"理论立足点检视[J].体育科学,2019(6):89-96.
② 陈琦,刘儒德.当代教育心理学[M].北京:北京师范大学出版社,2012:407.
③ 杨海庆.身体觉醒:17、18世纪欧洲体育发展思想动力研究[J].成都体育学院学报,2016,42(6):67-73.

流的本科教育离不开一流的体育育人工作。在我的体育课堂上我要充分体现出清华是一个培养人的地方,体魄与人格并重。我要把体育精神与清华精神交汇融合,育体、育心、育人,提高学生的自信心,这样我们的学生无论走向何方,都会创造出属于自己美轮美奂的世界大舞台。"

二、体育与青少年未来生活

青少年作为身心发育尚未完全成熟,正接受教育的个体,由于还未真正踏入社会,主要是通过类似的教育情境而非真实的社会环境完成对社会规范的学习。体育作为一种规范的、合作的、有组织的身体文化活动,每一项成熟的运动项目都有严格、详细的比赛规则和要求,这些竞赛规则与比赛要求正是对于公平、公正、诚实、守信、责任、奉献等一定社会规范的体现,体育课程也因此历来被视为社会人格发展的重要途径之一。[1]某种意义上,体育课为学生未来的社会生活做出了相应的准备。体育课对发展学生社会人格价值的实现,前提是学生能够利用所学运动知识与技能完成专项竞赛活动,只有较正式的体育比赛,其比赛情境的竞争性、激烈性、比赛结果的真实性,才会触动参赛者强烈的情感;与竞赛相关的仪式、规则、判罚的教育意义才能充分体现出来;以体育竞赛为载体引导学生认识、接受并践行社会规范的教育价值才会得到最大程度的发挥。

除了学习文化知识以外,学会生存的技能、学会生活也是学校教育的重要内容,分数代表着知识的掌握程度。但是,无数的案例证明,决定孩子未来生活品质、格调、雅致、品位、情趣的教育无关知识,旨在音、体、美。因为除了工作,人生还需要诗和远方,还需要有健康的体魄去感知和享受生活,也需要有丰富的精神生活点缀和丰富人生。这也是理想教育所期望达到的效果,然而这

---

[1] 彭小伟,毛振明."专项体育课"的发展过程与学理依据[J].体育学刊,2016(4):1-5.

些全然、彻底地败给了功利,全然的败给了分数。某种意义上,这样的教育无关生活,只关生计。在学校教育中,一直处于"副科"地位的音体美从未走进教育的中央,这样的教育理念从人的全面发展的角度、人的幸福追求的角度看,已经完全落后和不适时宜了。

正如理查德·贝利(Richard Bailey)与托尼·麦克法迪恩(Tony Macfadyen)的观点,"体育教育不应仅仅关注它的内容——'成绩'善,而且还要关注被忽略的、包含在体育教育环境之中的学习特征,即有机会获得或者形塑人际交往能力。"[1]体育教育不仅应该关注"成绩",也应该促进学生关系善与人文善的形成,即也要关注体育教育的"价值"善。体育教育担负着发展人的身体的首要任务,但如果看不到体育教育包含的人文教育价值内涵,片面追求体育教育对人的生物性改造,将导致学生的畸形发展。[2]体育课是学校课程中与人的生命体悟、生命感知以及未来福祉直接相关的课程,更是学生追求人生快乐与幸福的应然的领地。从体悟生命、具身认知、愉悦身心的视角促进学生技能、知识、身体素质、身心健康以及养成良好的生活习惯,这也是学校体育的根本意义所在。

体育的另一项重要功能一直被忽视,那就是社交功能,这也是社会适应的重要内容。运动过程中,尤其是集体类项目,分工与协作、相互支持与配合都是未来社会适应的重要内容,这也是区别于语文、数学、历史等抽象知识学习的显著特征,也是体育的独特功能。当然,关于集体类运动项目对人的合作精神、集体主义、团结协作的培养都已经老生常谈,然而,其原理、路径依赖、条件乃至优化策略等问题则需要深入和系统的阐述,而不是泛泛而谈和广宣般说教。目前,体育的"育人"价值并未深入人心,也并未引起足够的重视,只有当体育的育人功能在学理层面得到阐述

---

[1] RICHARD BAILEY, TONY MACFADYEN. Teaching Physical Education5-11[M]. London·New York: continuum, 2000: 6.
[2] 汪全先,王健.我国学校体育中的当代伦理问题及其消解路向[J].体育科学,2018(1):79-89.

第三章 学校体育价值的多学科认识与再出发

和验证后,学科自信、体育教师地位等问题才会迎刃而解。

在学校教育中,体育作为生命教化的终身绵延,而非时刻间歇的瞬间断点,如同"西西弗斯的石头",只要它始终在推动,体育之于生命的意义就会有永无言尽的话语。学校体育作为学校教育中身体动态的唯一形式,其使命就是对于生命的救赎,因此,有必要探讨在技术时代的学校教育中,学校体育完善生命历程的思想原貌、价值归属和本真意涵。[①]音乐直击心灵、实现心灵慰藉与感召;体育彰显活力、认知身体潜能与掌控;美术渲染色彩、满足视觉渴求与想象。只有,音乐、美术、体育课真正开齐、开足,不被肆意挤占、不被轻视,我们的教育才更具有人文情怀和生活气息。这样的教育才是全面发展的教育、贴近生活的教育,才是为了未来生活的教育。

---

① 刘欣然,黄玲."单向度"的教育规训与体育超越——技术时代学校体育的哲学省思[J].天津体育学院学报,2019(4):306-314.

第四章 学校体育面临的具体问题

严格讲,学校体育并不是一个单一概念,而是包含在学校开展的所有体育活动的一个概念集合,因此,学校体育的问题具有多样性与复杂性。在学校开展的最重要的体育活动当属体育课,体育课的问题也往往被人们习惯性地当作学校体育的问题。推动和落实学校体育各项工作的"人"主要是体育教师,体育教师的问题(含自身存在的问题、面临的问题)最终会直接反映在学校体育各项工作中,体育教师成为影响学校体育工作成效最主要的力量。学校体育工作的对象毫无疑问是学生,学生的体育态度、体育参与、体育表现综合决定了学校体育的质量。

学校体育的问题主要体现在体育课、体育教师、学生三个方面。学校体育的变革与发展也必须以体育课、体育教师、学生为主阵地。国家教育的宏观政策、人们(主要包括其他教师以及学校教育管理者、学生家长)对体育的观念与态度、学校体育场地、器材条件等也会影响学校体育工作。因此,学校体育的问题不能用单一思维解决,学校体育的发展也不是单一责任主体能决定的,需要统筹协调关联各方的力量。

第一节 应试教育的影响

当前,各级各类中小学都在关注追求分数与升学率,而忽视作为完整的、健全的人所必须的身体素质和能给人带来健康与快乐的体育活动。这种倾向已经持续了相当长的时间。应试教育

第四章　学校体育面临的具体问题

的裹挟与挤压,竞技体育优先发展的制度设计蚕食了青少年体育的发展空间。大多数家长们只关心孩子的期中、期末考试分数与排名,很少过问他们的体育成绩和运动兴趣,这也在一定程度上化解甚至消除了对青少年体质下降应有的担忧和警示。

一、分数、升学率——把学校体育推向边缘化

改革开放后,我国学校体育逐步步入正轨,但在"应试教育"的背景下,社会群体对教育的需要异化为过度追求升学导向的需要,在群体利益的胁迫之下,分数的功能被无穷放大。为了迎合这一群体需要,学校体育常被边缘化或成为其他所谓主要学科发展的隐性工具。学生身心归合发展的应然需要被群体的功利需求代替,功利化的教育倾向,导致人们在实践中注重智育而忽视体育,学生身体发展的削弱乃至缺失,割裂了学生成为完整人所应具备的身心归合发展基础,引致学生身心健康和谐发展的困难。[①]

我国当前高考制度和社会对学校的评价是以文化成绩代表学生一切的评价体系,一个一切为了分数、升学率的功利主义制度的必然结果。学生的生长发育水平、身心健康状况并不在该评价体系内,某种程度上反映出学校体育在学生成长过程中职责的缺失。在此背景下,各级各类学校体育的价值被漠视和低估;中小学体育课被随意删减或挤占;锦标主义盛行,由少数学校体育精英主宰的学校体育掩盖甚至取代了大多数学生的体育运动机会和权利。体育场地设施规格不高且数量不足;体育教育工作者的工作认同感较低,经常受到带有偏见和不公正立场的对待与评价,并间接导致其自信心不足。上述种种原因使整个学校体育工作处于可有可无、被边缘化的处境。

随着社会、学校、家庭对教育关注度的不断提高,分数、排名、

---

① 汪全先,王健.我国学校体育中的当代伦理问题及其消解路向[J].体育科学,2018(1):79-89.

升学等一系列反映教学质量的指标逐渐成了大众关注的焦点。从学生进入学校开始，考试就成了必不可少的检查学习效果、衡量教学质量的工具，但是学校、学生自己、家长对体育考试似乎都缺乏重视。运动能力出众，体育成绩优秀和文化课成绩优秀相比显得微不足道，在老师和家长眼里不值一提。体育课变成了玩耍课、放松课，而不是关系到学生身心健康、健全人格、锤炼意志的重要课程。在决定学生的升学以及将来的就业等重要人生转折点上，体育从来没有被认为是重要和必不可少的。尤其在中小学阶段，语文、数学、英语等必考科目，甚至是升学从来不考的绘画、书法、钢琴等，在学生的课余时间占据重要的位置。当前的学校教育似乎只教授为升学考试作准备的知识与技能，学校并不重视以学生身心健康发展为目的的体育锻炼。

在我国教育文件和学术界教育文章中，无一例外，都把体育与德育、智育放在同等重要的位置。对学生进行体育教育，以促进生长发育，提高身体素质与机能，增强学生的身心健康水平，被认为是培养学生德智体美劳全面发展重要的和必不可少的环节。这一点，在我国体育课程设置上可以明显看出，体育课从小学一年级到大学二年级都被确定为必修课，甚至大学三、四年级，以至于研究生阶段都开设有体育选修课。没有任何一门课程在学生成长过程中持续如此长的时间，这也显示出国家层面对体育课的重视与认同。

相当长时间内，人们对分数、升学率的过度追求与崇拜在一定程度上掩盖甚至消除了对青少年体质下降应有的担忧和警示，并任其在20多年内持续发酵。虽然当前学生体质状况部分指标有止跌好转的趋势，但学生体质与健康状况问题严峻的事实并未得到根本性改变，学校体育的"教学生态"并未明显好转，学校、家长、学生重视体育的意识还未形成。毋庸置疑，这样的教育存在问题。当整个教育界对学校体育给予漠视、挤占、敷衍、放任甚至是贬低的时候，它伤害的不仅仅是学校体育本身，某种程度上也是对培养"德智体美劳全面发展的人"这一国家教育目标的修

第四章 学校体育面临的具体问题

订与否认。

现在小学生近视率超过 50%,大学生近视率达到 87%。有调查发现,2012 年部队征兵北京市应征入伍的青年体检合格率不足一成,90% 以上的青年人入伍体检成绩不合格,而且体检的标准跟 10 年前相比已经有所下调。① 作为学生,体质状况、上体育课、参加课外体育锻炼,与其考试升学几乎毫无关系。因此,他们自身会重视体质状况和体育锻炼吗?有一些学生重视体育,喜欢体育锻炼,家长会支持和允许吗?老师会同意吗?越来越多的有识之士认识到:在应试教育日甚一日的今天,教育的真意被遮蔽了,教育的真正价值失落了,教育成为"训练"的代名词,成为塑造"单向度的人"②的工艺流程。我们的教育无助于学生生命尊严的提升,有愧于学生生命尊严的失落。③ 在全国各地,高中的体育课都在被不同程度地挤占,以便为高考科目让路。家长们以孩子考上重点大学而自豪,而不管他们的孩子们付出了近视、心肺机能下降、心理问题频出的代价,很少有家长因为孩子优异的体育成绩而感到自豪和满足。

体育教育对促进学生身心健康的重要作用、参加体育锻炼对促进青少年生长发育的好处在应试教育的浪潮下被遗忘和忽略。即便是在体育传统项目学校,校长和老师也不无担心学期末的文化课考试成绩和排名。需要指出,只要标准化的高考成了一种规范并以此衡量学校,那么标准化考试范围之外的体育课就成了可有可无的陪衬。只要一切以学生的分数和升学率为目标,学生的身心健康就得不到足够的重视和发展,促进身心健康的体育教学自然也就没有太多的生存空间。体育不仅是素质教育的内容,还

---

① 王登峰.学校体育的困局与破局——在天津市学校体育工作会议上的报告[J].天津体育学院学报,2013,28(1):1-7.
② 赫伯特·马尔库塞(Herbert Marcuse,1989-1979)通过对政治、生活、思想、文化、语言等领域的分析、批判,指出发达工业社会是如何成功地压制了人们内心中的否定性、批判性、超越性的向度,使这个社会成为单向度的社会,而生活于其中的人成了单向度的人,这种人丧失了自由和创造力,不再想象或追求与现实生活不同的另一种生活。
③ 肖川.教育的使命与责任[M].长沙:岳麓书社,2007:43.

是素质教育的重要手段,然而,在中小学优质教育资源有限,升学选拔机制影响下,各学校高扬素质教育大旗却认真践行应试教育之路,这一现象被戏称为"认认真真谈素质,轰轰烈烈搞应试"。虽然在小升初、初升高的节点设计了体育占一定分数的制度进行弥补,但因体育考核标准的原因,体育并未借此上位,也没有引起学校、家长以及全社会的重视。应试教育大行其道,文化学习攻城略地,不但占据学校学习时间,课余时间也被各种文化补习占据。

二、沉重学业负担——挤占了学生体育活动的时间

有调研数据显示,我国近 70% 的学生回家后不被允许参加体育运动,主要是家庭作业多,74% 的家长从不与孩子一起运动(慈鑫,2010)。上课、家庭作业、各种各样的培训班把处于青少年阶段的孩子完全淹没。一天到晚、从周一到周末,他们总有上不完的课,做不完的功课,无尽头的文化补习。当前,孩子们无疑是最忙碌的人,以中学生为例,周一到周五,六点起床上学、十点晚自习后回家,还得完成一大堆各科家庭作业,这远远比父母 8 小时工作辛苦。当然还不包括周末的数学、英语、钢琴、写作辅导与培训。如此紧凑、高强度的学习安排占据了他们本应休息和体育活动的时间,有家长抱怨:我们也不想这样啊,其他孩子都这样,我们有什么办法?毕竟,孩子不能输在起跑线上。

"减负"即减轻负担,多指减轻中小学生过重的课业和心理负担。以当前的形势,要想有效实施减负,困难是较多的。首先要从考试制度入手,就目前高考制度而言,并没有把考查学生全面发展作为选拔人才的标准,偏重文化知识的考察,导致基础教育应对高考的教学安排,这样的现状已经持续多年。近年来,国家层面一直推行和引导开展素质教育,然而效果并不明显。研究认为,只有对高考选拔机制做出根本性的改革,才能真正降低基础教育的课业负担,才能真正"减负"。如果高考的机制不做出相应改革,减负就成了口号和宣传,甚至有些学校在减负过程中还出

现了"负负得正"。因为要对家长负责,对家长的期望负责,对学生的未来负责,因此不能减、也不敢减。

一方面文化课要减负,体育课却要加负,要让学生有时间运动,有时间体验身心的放松与紧张,只有劳逸结合才能提升学习效率,只有排空、玩疯、精疲力尽才能有高质量的睡眠,才能一觉醒来满血复活。在锻炼的过程中,提升的不仅仅是身体素质、意志品质,还有兴趣、乐趣。有相当比例的学生由于长期缺乏体育锻炼,稍微运动便气喘吁吁、脸色苍白,生理极点过早到来。极点的痛苦体验会不断冲击和考验运动参与者的意志品质和生理承受能力,在此过程中,轻微的主观放弃念头都会使其停下脚步不再坚持。久而久之,因身体素质不佳导致的过早生理极点考验,会进一步蚕食本就薄弱的意志力,由此引发出越不爱运动身体素质越差,身体素质越差意志力越差,意志力越差越怕运动的死循环。因此,破解上述死循环的唯一办法就是身体素质的强制性要求,不断在练习中增强意志品质的韧劲,提升毅力、坚持、拼搏等心理品质,进而达到身体素质提升—意志品质得到锻炼—意志品质的坚韧—保障运动的质量和负荷,进入两者相互支持与促进的良性循环轨道。

三、支离破碎的体育课

为其他课程让路,挤占、削减体育课是义务教育阶段和高中阶段常见的事情。大学规定了四学期 144 学时的体育课学时,大学体育课程也没有其他课程的挤占,但是以笔者亲身体验得知,大学的体育课和中小学一样,甚至更支离破碎,因为下雨了,场地湿滑不能上,国家法定节假日放掉的课程没有时间补课、学生因为丰富的大学校园文化活动、科技活动、表演、参加学术会议等可以请假不上体育课的理由实在太多了。经过十几年的"教育熏陶",在大学其他活动和体育课时间冲突的时候,学生基本上会"用脚投票",体育课请假,去参加其他更有意义、更重要的事情。

统计显示,和大学体育课冲突的理由丰富且广泛:实验课临时加课、外出实习、迎新晚会彩排、演讲比赛、团干培训、买回家的火车票、同学从外地来了要陪同、感冒了、肚子不舒服、辅导员临时叫开会、陪同学看病……各种各样的理由,层出不穷。

即便大学体育课被种种原因冲击的支离破碎,但临近期末考试,学生好像个个都来了精神,学生求情给高分现象屡见不鲜,诸如为了评先进、拿奖学金,保研等都是求情给高分的理由,因为体育成绩不能成为学生"追求进步"的绊脚石。除了学生向老师求情以外,甚至会发动自己的资源来游说老师给高分。在种种"要求""需求""求情"影响下,许多教师也就顺水推舟做个人情,把考试难度降低,最终体育成绩竟然大面积优秀,其中不乏满分的学生。一个学生基础最薄弱、上课被挤占最多的课程,最后成了学生在校成绩最高的课程!是体育教师教得好还是学生运动天赋出奇的好?我们不禁唏嘘。

第二节 体育教师的责任放逐与危害

体育课最广受诟病和质疑的就是谁都可以代替,随意合班、随便托管、疏于监管、轻率顶岗的问题。随意上、随便上、都能上是体育教学的顽瘴痼疾。健美操专项老师上篮球课,足球专项教师顶替体育舞蹈课,一位体育教师临时有事,打个招呼给另一名体育教师,两个班一合并一起上,这样的现象比比皆是。教学的严肃性、规范性,对学生负责的态度,教学使命感,教师对待上课的重视程度等关乎教育教学生命的问题,在体育教师眼里,在体育课堂上完全走样。体育课成了名副其实的"水课"。有时候体育教师在履行"放羊式体育课"过程中,连基本的看管责任也丢弃了,这样如何称之为在教学?这样的体育课还能称之为"课"吗?这样的教育如何让人满意,如何让人信服?

第四章　学校体育面临的具体问题

一、放羊式体育课——典型的水课与责任放逐

近年来,有关学校体育的批评主要集中在学生体质下降方面,体育内部则有放养式体育课、跑步体育课、应试体育课的批评声音。例如,体育课不能成为随随便便的托管课、看管课、放羊课,成为没有任何技术含量的"水课"。

关于顶替上课的问题,有的体育教师并不以为然:不就是体育课吗,我篮球、排球、健美操样样精通。的确,体育教师培养过程中需要掌握多项运动技能,但必须承认,不同项目之间有着巨大差异,不同体育教师之间也存在巨大的运动技术水平差异。跨项教学虽然可行,但往往会给学生留下体育课"很水"的感觉。随便来一个教师都可以上,也就意味着有没有老师都一样。在体育实践中,很难有一个体育教师在多个项目中都有深刻运动体验的情况,对运动项目的规律、技战术、规则、动作要领的把握需要长期的积累,对教学组织与安排也有明显差异。同一个人,没有精力、也没有能力同时在多个项目上都达到熟练精通的水平。常言道:没有一桶水,怎能倒出一碗水?不熟练精通,很难上好体育课。胆敢"接不同项目的活儿",自信能上好任何一堂体育课,这样的盲目自信非但不能让学生佩服,还可能降低教学质量,有损教师权威。

长期以来,体育课堂存在这样的现象:上体育课时,体育教师集合整队,然后发给学生一些体育器材,比如一个篮球和一个足球,以及几副乒乓球拍和羽毛球拍,然后老师就不管了,快下课了,吹哨子集合,收回体育器材后下课,这就是我们称之为放羊式教学的典型。有学者对放羊式体育课有这样的描述:体育课好像只是对学生玩耍的管理,教师上课时经常离开,仅在下课的时候回来,并把器材收回。这种教师被称之为"遥控教师",他们只提供一个球,然后坐在树荫下或办公室,在课程结束时,他吹响哨

子,然后学生们就返回教室。[①] 放羊式体育课是让学生自由活动的一种无序、随意、放任的教学过程的形象表述。其主要表现为无须备课,上课不组织、不教学、不要求的三不管状态,一般认为,放羊式体育课在农村和教育落后、体育教师缺编严重的学校多见,但是调查发现,放羊式教学在我国各级各类体育课中都很常见,是普遍现象。在部分体育教师内心深处,是正常的、理所当然的教学方式。在另一些体育教师看来,放羊式体育课甚至成为学校不重视体育课,体育教师地位不高的一种报复性行为(反正你们都不重视,那我就破罐子破摔)。需要指出,越是放羊式教学,学校体育、体育课、体育教师的地位越得不到提高。这不仅仅是损害了学生的利益,还包括体育教师本身的利益。体育课上,学生或被"放羊"、或被请回教室自习,总之,操场、运动似乎离学生越来越远。也难怪到了大学,体育选项课中选择篮球的学生不会三步上篮,甚至连基本的行进间运球都不会;排球选项课学生不会垫球、更不要说传球、扣球;选择乒乓球的不能完成基本的推挡。不禁要问,中小学体育课,学生都学会了什么?难道动作技术仅仅只是班上凤毛麟角的体育尖子生的专属?此外,一些家长不懂体育,偶然听说因运动受伤甚至猝死的新闻,对体育产生畏惧感,怕孩子吃苦受累,更怕孩子受伤,不愿让孩子从事大强度的体育活动,致使体育教师在开展体育活动中畏首畏尾。结果是体育教师为了迎合家长的"需要",一味降低体育强度与难度,在体育课堂上让学生"自由玩耍",进而导致学校体育育体、育人宗旨的严重弱化。初心本是爱孩子的"教育爱",因为爱的过度投射或爱的不当而形成了畸形的"功利爱"与"溺爱",映射到学校体育之中,却是对孩子体育自由的剥夺以及体育权利的侵蚀,成为人道放逐的行为表现。[②]

---

① 金季春,等,译.世界体育教育峰会主报告论文[M].北京:北京体育大学出版社,2002:31.
② 汪全先,王健.我国学校体育中的当代伦理问题及其消解路向[J].体育科学,2018(1):79-89.

第四章　学校体育面临的具体问题

边缘化的地位、可有可无的处境、常常被挤占的现实,使原本担负培养德智体全面发展重任的体育课变得愈发微不足道。许多体育教师甚至持自暴自弃的态度。我们大都有"被放羊"的经历,或许没有老师教学我们依然玩得很开心,但是缺少了老师的指导和组织,往往存在较多的问题,以至于习惯了"被放羊",真正遇到负责人的老师,认真地组织教学反而不适应了。许多学生喜欢体育不喜欢体育课的另一层意思就是喜欢自由活动,不喜欢组织起来练习。放羊式体育课凸显了体育教师作为教育者、师者的一种不负责任状态,这不但降低了其工作价值,其在学生、其他教师心中的印象也偏负面,长此以往,不负责任的体育教师成为共识,体育教师整体形象受损成为必然。

二、体育理论薄弱、学科认同感低

作为一种知识体系和社会建制,一门学科的产生、发展和独立与学科共同体内外的承认密不可分,承认是学科认同以及学科主体性形成的必要条件。霍耐特认为:"实践自我的形成依靠的是主体间的相互承认;其承认过程受到源于政治、经济、社会以及学科共同体自身诸多因素的影响与制约。"假如一门学科不被学术界承认,其学术影响力乃至学术地位就无从确立,社会重视也就无从谈起,相关从业者的地位也就难以提高。体育部门职级的矮化,体育课时的打折、体育评优评先、体育教师职称晋级的区别对待都显示出体育在学校教育的地位问题。例如,有的高校把体育和其他部门合并,成立基础部,有的高校认为体育课上课容易,课时打七折,体育教师职称晋级道路相比其他学科更为困难等问题。

回顾体育学的学科发展史,教育学、医学、社会学自始至终都是体育学学科发展的理论依据与重要支撑,自体育学作为独立的一级学科以来,其地位、属性、价值、功能、学科体系等基本问题依然存在争议,在学科内部缺乏深层共识。在我国,体育学的学科历史较短,学科积淀有限,学术思想尚不成熟、体育的学术贡献与学术衍射力仍然缺位,体育学学术成果被其他学科引用、指正的不多。时至今日,一个研究体育问题与规律的"体育学"依然未能建构起自身的理论体系,不能不说是一个较大的缺憾。虽然国家制度层面给予体育学学科地位的承认,然而这并不必然导致学术界对体育学学科承认的结果,学科偏见依然存在,体育学的学科分化与学科独立之路依然漫长。

从世界范围看,体育学已经演化为以健康为核心要义的一种跨学科知识体,这种跨学科特征决定了学科的发展需要借助多学科,尤其是医学等自然科学的推动。体育教育、运动训练以及教练员科学等反映体育自身的逻辑,具有典型的应用性和经验性特征,这使得这些专业本身呈现出较低的学术性。例如,体育老师和教练员都会经常说到的"球感""意识"等概念,且这样的概念在大部分体育项目中被公认为非常重要且使用频率颇高的,但即便如此,教练员或体育老师却很难精准表达类似"球感""意识"等重要概念的内涵,倾听者也很难全然理解,这些重要概念成为名副其实的只可意会不可言传。当概念和想法难以在教、学主体间实现有效碰撞和沟通时,理解偏差和人云亦云就成为可能。并且,这种表述与理解的隔阂长期存在,消除这些隔阂实现贯通的难度很大,因为需要扎实的基础理论和深厚的文字功底。实用功能主义的盛行和基础理论的薄弱使得真正的体育学问难以产生,更难在体育领域盛行。

此外,系统反映体育学科内容的教学用书"体育教材"更是乏善可陈。教材又称课本,它是课程标准的具体化。有学者指出:我国高校体育教学改革运行了三十年,全国各高校所用的大学体育教材版本不尽相同,但这些教材都缺乏体育学科基础的指导,缺乏学术归属的支撑。

为什么在人们眼里,体育不像一门学科?就是因为体育学缺乏属于自己的话语体系,缺乏对体育问题的深层思考。我们的体育理论与实践还是过多地停留在"必须""应当"这样的认识水平,

第四章 学校体育面临的具体问题

实际上,没有实然命题,何来应然命题呢？"必须""应当"告诉我们的是如何去做,很难告诉人们怎样去想。它告诫我们的常常是指示、指令、规定等必须遵守的话语,很少有理论、原理、思想,而恰恰理论、原理、思想这些才是影响人类更为深刻的东西。[①] 分析认为,学校体育工作边缘化,体育教师职业认同感低,其中一个重要的原因就是体育基础理论研究的薄弱。我们缺乏一些有基础理论支撑、有实践数据佐证、在学校所有教师群体达成深度共识的研究。长期以来,无论是官方还是学术界,均以健康第一作为学校体育的指导思想,这样的宣传和价值引领无可厚非。然而,对体育与健康高度关联的宣传与强化,在大众认知中形成了简单的体育与健康的因果结论,当遇到青少年身体素质下降和健康问题突出的时候,这种简单捆绑健康以凸显体育价值的做法,非但没有彰显出体育价值的本真,反而成为大家质疑的对象。

有研究指出,体育行业存在体育自身内在的不可替代性理论建设薄弱、内在系统性差、理论与实践的脱节以及行业内部的共识性断裂等失范行为。[②] 缺乏理论思维,就难以应对和解决各种体育实践问题和困难。除了在实践层面的应用研究,对体育原理、原则、规律的深刻理解与把握是基础更至关重要。我们在向大众宣传体育运动的好处、健身的益处时,往往是基于经验,而非原理。当前学校体育领域中的问题日益严峻,这些问题很大程度上源于学校基础理论研究滞后,对学校体育工作的支撑不够,且学校体育的价值、功能在学理层面深挖不够、彰显不足。此外,大部分体育教师对体育的价值、功能阐述不清也是形成课程偏见、学科偏见、身份偏见的重要原因。

[①] 马卫平.体育哲学[M].北京:北京体育大学出版社,2015:27.
[②] 高鹏飞,周小青.社会距离与行业失范:学校体育课程价值的反思[J].体育与科学,2016,36(3):63-68.

第三节　错误的体育评价导向

在体育中考,初升高体育考试的要求下,体育教学也落入应试教育的俗套。在增加中考体育的分值、学校体育工作校长问责制、大学生学生体质测试达标与学位挂钩等一系列刚性文件政策要求下,学校体育的地位似乎有所提高。但是,体育作为批判和解决应试教育的有力武器,最后也难逃应试教育的窠臼。为了备考,中小学生在家长陪伴下刻苦锻炼的场面一度火热,学生在体育考试前突击训练排球垫球技术、篮球三步上篮等。这些学生所在的中学甚至连一个排球场地都没有,也从未参加过排球比赛。这种割裂运动项目完整技战术体系,以及复杂心智、身体、技能体验的练习成了彻头彻尾"应试体育"。

一、也谈应试体育教学

普及九年义务教育,基本消除文盲对拥有14亿人口的国家而言是非常了不起和伟大的成就。但是,在教育教学领域长期存在的"应试教育"问题却没有得到较好的解决,在某些地方和学校,甚至愈演愈烈。有人讲我国基础教育有几个奇怪的现象:一是高考升学从娃娃抓起,二是素质教育在向"应试教育"转轨,三是学校异化成了训练考试熟练工的"工厂"。"素质教育"愈讲愈空,"应试教育"愈改愈烈,学生负担愈减愈重。[1]

曾几何时,体育课是纠正和改变应试教育的有力抓手,是提倡给学生减负的重要手段,然而,随着体育锻炼"越来越被重视、越来越重要",自身的应试化倾向也不容小视。特别是"中考体育"以及现在呼吁的"高考体育",体育考试似乎成了学校体育改革的良药,导致学校体育重心偏离,从体育锻炼的本身转移到应付考

---

[1] 郭振有.改变"应试教育"倾向之我见[J].中国教育学刊,2006(6):14-16.

第四章 学校体育面临的具体问题

试上。中考体育虽然在一定程度上可以强制学生增强体育锻炼，但也"抑制体育课改"并催生出"考试体育"。很多学校从应试教育或者中考体育成绩出发，一切为了分数，考时临时集训、超负荷训练等，在短时间内会提高学生的体育成绩，学生也会通过集训获得考试项目的高分，学校体育陷入了功利主义中，出现"短期效果"凌驾于"终身体育"的现象。[1] 考试体育的出现不但降低了体育的趣味性，割裂了运动技术与比赛运用的通道，最终影响到学生的运动体验，降低了体育课的吸引力，体育的"育人价值"大打折扣。正如教育部体卫艺司司长王登峰（2017）指出的："在中国很多学校出现了非常奇葩的体育课上法。体质健康水平测试什么项目，体育课就教什么项目。体育课变成让孩子活动活动，然后达到体测标准就行了……从目标上来讲，学校体育绝不仅仅是提高学生的体质健康水平。"这种异化现象其实也是"形式主义"的另一种表现，其不仅导致学校体育的目标简单化，而且忽略了学生的情感体验以及运动兴趣的培养，需要引起高度重视。[2] "应试体育"之风蔚然成型，凸显着"考什么"就"教什么"的弊病。[3]

应试体育的僵化刻板模式一味地将体育等同于简单的身体活动，甚至于等同于一种与智育无关的躯体运动，更使得体育在智育备受重视的前提下显得更加的次要而不值一提。[4] 我们一边用体育、音乐、美术、劳动课程来抵制和打破单纯的以分数为纲的应试教育，却一不小心自己也陷入了"应试体育"的漩涡。出路在哪里？为什么会这样？带着疑问、困惑，我们试图用反省、思辨的方法去探寻答案。这些学校体育问题表面上是体育课、教学乃至教育问题，其背后是体育价值的问题。我国学校体育价值长期

---

[1] 黄道名，杨群茹，张晓林."健康中国"战略下我国学校体育的改革困境与发展路径[J].体育文化导刊，2018（3）：103-107.
[2] 季浏，马德浩.新时代我国学校体育改革与发展[J].体育科学，2019，39（3）：3-12.
[3] 周建东，于涛.体育中考制度改革对学校体育的影响考量——以"青岛模式"为例[J].成都体育学院学报，2017，43（2）：107-112.
[4] 杨韵.被"应试"捆绑的体育：对学校体育发展困境的反思与批判[J].教育研究与实验，2014（5）：62-66.

以来在国家本位和人本位、体质论和技能论、目的与手段之间出现了模糊甚至错位，导致体育理论与实践之间严重脱节。

二、体育成绩评价与学生实际运动能力、习惯的割裂

通过设计固定的教学程序，选摘确定的评判标准与依据，学校、体育教师乃至学生都显得痴迷于客观化的体育知识与技能，热衷于标准化的运动结果与成绩。教师过于专注于客观体育教学，而对蕴含在学校体育过程中的主观道德及伦理品性欠缺发掘和释读。[①] 一般而言，对学生体育成绩的评价复杂性、主观性要高于其他课程，然而简单化、标准化的考试流程往往要求体育考试简单易行且公正准确，这些在周期性固定动作结构项目（如田径类）还比较好操作，毕竟距离、时间等标准一目了然。然而在以非周期性、开放动作结构为主的运动项目上，就非常难以简单量化和评判了，往往需要进行比较、考虑变量，最后给出技术评定，这样无形当中会增加大量的工作，且会导致人为误差和降低评价客观性。为了杜绝此类现象，把本应属于技术评定的项目简单化、统一化，会带来另一个问题，例如排球的自垫球、足球的颠球、篮球的无防守三步上篮，学生苦练这些考试动作，考前突击、专项练习，有的甚至最后得了满分，但是球类其他动作依然不会，在比赛中运用该技术的能力几乎为零，考完之后学生甚至就此和该运动说再见，这就是典型的应试教育，这个问题不能不引起重视和反思。在学校体育中，单个技术静态和孤立的单练状态比较普遍，不重视学生运动量的现象比较突出，对青少年体质止跌回升的作用不明显，对实践证明行之有效的教学方法和内容总结、继承和发展不够充分。学生通过12年学校体育教学掌握1~2项运动技能的目标基本没有实现。未能掌握终身体育的运动技能，成为学

[①] 赵富学，汪全先.论学校体育伦理品性的失衡与复归[J].天津体育学院学报，2019（5）：395-403.

第四章 学校体育面临的具体问题

校体育教学的一个突出问题。[①]

在重视学校体育、重视学生身心健康的呼吁下,学校体育工作得到了相应提高,在学生的体育成绩评价方面体现出巨大进步。有的省份将中考体育的分值提升到和语文数学相近的分数。然而经调查分析发现,仅提高分值并没有解决学校体育边缘化、学生不爱运动的问题。主要原因在于,由于体育考试项目选择多,需要平衡不同项目之间的难度系数。体育的重要性不在于提高到和语文、数学等重要课程的等同分值上,而在于评价标准和区分度,要有利于那些刻苦锻炼、身体素质好的同学,要有利于学生运动行为习惯的正确引导和促进,要注重由一次性结果考试向多次、过程考核转变,真正通过科学评价来引领学生的体育参与。体育课堂教学要能组织起教学比赛,让学生在运动中有丰富和较为深刻的身心体验。如果没有这样的顶层设计,就算体育成绩纳入高考,考单个技术,为了兼顾不同项目的差异,把考试标准定得很低,最终会导致体育考试成绩的区分度很低,这样的考试既不客观也不合理,甚至还存在漏洞,这有何意义?

有的省份在中考中把体育的分值提升到近乎和语文数学相近的分数,但是由于考试项目选择多,考试内容简单,标准过低,例如排球考自垫球,100个满分,许多学生突击练习一个月,很轻松就可以考满分。之所以把标准定低是因为担心文化成绩好的学生在体育考试上"吃亏"。试问,没有区分度的考试分值意义何在?单项技能测试的评价体系看似公平和便于操作,但是那些在排球、足球、篮球考试中获得满分的学生可能连基本的规则都不懂,都没有真正参与过篮球、排球比赛,这种考试前突击练考试技术的行为成为彻底的"体育应试教育"。当前的体育成绩评定体系不但不利于学生身体素质的提升,还会影响到学校体育工作的其他方面,而不仅仅是分值与权重的问题。

[①] 杨文轩.课程改革背景下学校体育改革与发展研究[J].体育学刊,2018,25(5):1-4.

第四节　课程标准竞技化、成人化,体育器材低质化的影响与危害

把竞技体育的标准、规则照搬到体育教学中是非常不妥的。课程标准竞技化的导向让学生严重缺乏成功体验,失败与挫折让他们远离体育,更多时候他们只是看台上自卑的丑小鸭。一个普遍的事实是,基层中小学体育器材成人化,授课内容竞技化,教学方法、手段训练化,场地简易化,器材低质化非常常见。这样的错位与误区必须纠正。

一、课程标准竞技化的影响与危害

体育教学内容竞技化,是体育强身观在学校体育教学中的集中反映。体育强身观根源于工业社会人与自然关系的对立。它片面地强调体育对人自身自然的改造作用,过分地追求对人自身活动能力的不断超越和自我精神意志的痛苦锻炼。在这种观念的支配下,学校体育偏离了体育健身的目的取向,并通过竞技化的内容建构,走向了注重强筋壮骨、崇尚肌肉力量、追求体能达标的重外不重内的强身之道。[1] 随便到一所中小学运动场地考察,无一例外,成人化的篮球架、排球网(高度),体育课提供成人篮球、足球。似乎只有标准篮高、网高才显得我们够专业,不然会被同行耻笑的。以竞技体育的技战术标准来教学本身没有错,但是教学内容、方法、指导思想要与学生身体素质、运动基础、投入时间相匹配,不然就脱离了实际。学校体育教学内容体系明显的竞技化特征,妨碍了学校体育目标的实现和任务的完成。

我们的体育课程内容过于注重项目的外在形式,而丢掉了项

---

[1]　王广虎.体育教学改革必须走出四大误区[J].成都体育学院学报,1998(1):52-56.

第四章 学校体育面临的具体问题

目的教化意义以及脱离了"生活"这一教育根基。纵览我国传统的学校体育课程内容体系,不难发现,在"技术中心"和"体质中心"思想的指引下,将一些完全竞技化、成人化、标准化、正规化的运动项目、运动规则、运动器械作为教学内容或教材照搬到体育课堂中。大多数普通学生面对高难度的运动技能和高不可攀的教材内容只能望洋兴叹,久而久之就会产生畏难、抵制和逃避情绪。而体育教师又为了能在规定的时间内完成教学计划和任务而不得不采取"填鸭式"的灌输教学,逼迫学生大量重复练习单一技术动作,增强体能,其代价和后果就是抹杀了学生的积极性、主动性和创造性。[1]

调查表明,在中小学广泛使用的体育器材、设施成人化现象非常严重。以普及较广的篮球为例,在中小学有97%的学校的篮球器具都是不适宜的,其中53%的学校使用成人球,99%的学校使用成人篮架和球场;在中学全都使用成人的球具。这种不符合学生特点的器材设施是难以发展学生的身体、增强学生的体质的。相反,有时甚至由于重量过大会拉伤肌肉,运动强度过大会损伤内脏,对学生肌体造成显性和隐性的损伤。教育部体卫艺教育司原司长杨贵仁在《体育教学》100期的讲话中指出:"中小学校体育器材、场地和安全标准的实施对学校体育是件大事,我们的中小学校一直沿用成人器材,运动体验差,失败、挫折感强,不利于运动技术的掌握,增加了运动技术的难度,对项目的普及推广不利,也不利于学生运动习惯的养成。"

以篮球项目为例,目前约占我国人口1/5的少年、儿童没有自己的篮球活动领域,器材和场地采用的规格是成人身体条件与运动能力的标准。由于不恰当的目标设置使得当前许多学校的学生失败体验非常严重。排球网高也一样,不管小学、初中,都是丈量好了立在操场上,甚至是固定好了高度,不能随便调整,以至于长期没有人动,球柱高度调节装置都生锈锈死了,排球场就那

---

[1] 范叶飞,马卫平.我国学校体育课程的"钟摆现象"管窥——基于学科向度与生活向度的二维视角[J].体育科学,2017(2):3-15.

样空着,偶尔有几个学生玩一玩,也都是个别身体素质优异的学生,慢慢地因为排球场利用率不高,干脆拆了,改造成其他场地。当前,学校体育设施中竞技化倾向普遍存在,篮筐高度、排球网高度往往是按照竞技体育标准修建的,甚至在校园体育竞赛中,竞赛规则的运用与判罚尺度都是完全和竞技体育接轨的,因为这些都是每一位体育教师在上大学时的考试内容,这些数据与标准被牢牢地记在了心里。遇到小学篮球场翻新,很多体育老师还会善意地提醒施工队,篮球场铺上了塑胶,篮圈离地面就变矮了,别忘了把栏高度重新调整一下。我们有必要反思:有多少学校的篮筐是按照学生的身高条件和身体素质条件设立的?有多少学校提供适合小学生、中学生的小篮球、小排球、小足球?

对此,有学者提出了竞技内容教材化、软化的思路,即对现有竞技项目进行改造,既保持这些项目激烈竞争、团结协作的特点,使其成为一种增强学生"集体主义感"的有效手段,又要具有健身、娱乐的功能。例如,低网排球、软式排球、低栏篮球、三人篮球、小场足球、球类游戏、健身走等项目都是从教学实践中改造而来。因此,活动课程的设置应从学生的兴趣与实际需要出发,从而实现学生全面发展,达到生理、心理、社会三维的健康。[①]

二、体育器材低质化的影响与危害

在体育课堂上提供的器材,除了大小成人化之外,其材料、质地、手感、性能却远远达不到竞技体育的要求。我们采用严格的竞技体育标准要求身高、身体素质与运动员有显著差异的普通学生,与此同时却提供质量远远低于正式比赛的运动器材。低质量器材、高标准要求的上下挤压效应,运动乐趣、良好体验、成功体验感大大降低。笔者记得第一次在室内木地板上拍打比赛篮球时的兴奋,富有弹性的光滑木地板和好听的篮球反弹声音令人跃

---

① 汪正毅,陈丽珠.21世纪我国高校体育教学改革方向研究[J].北京体育大学学报,2002,25(2):225-227.

第四章　学校体育面临的具体问题

跃欲试,比赛用球的"手感"绝佳,令人爱不释手,至今记忆犹新。但是在体育课上的篮球呢?生硬的手感、过低或过高的气压,水泥地面,远没有室内木地板的弹性,更没有比赛用球的性能。排球也一样,竞技比赛用排球其柔软和舒服的手感,与普通学校提供给学生的排球绝对是两个概念,不信大家去亲身体验,比赛用球哪里有垫球疼痛的感觉,何况比赛场地的温度是利于运动员发挥的人体舒适温度。不会有学生冬天户外垫球冰冷、生疼的感觉。体育器材的低质化带来较差的运动体验,对学生的技术掌握不利,还会延长学生的初学者状态,增加学习难度。在室外场地,生硬的排球与低温天气因素叠加,还会使学生产生抗拒心理。

我们都知道兴趣是最好的老师,然而兴趣究竟怎样被激发出来的?激发学生运动兴趣的要点是什么?往往众说纷纭,难有统一的观点,从事一线教学几十年的体育老师也说不清楚,激发兴趣往往只是停留在理论层面,没有真正付诸实践。分析认为,没有高质量的运动器材,只有生硬的手感、糟糕的弹性、过高或过低的气压甚至椭圆的球体,何来成功体验、怎能体会乐趣、如何激发兴趣?对比日本:室内运动场地是学校的标配,除了高质量的体育场地器材,还有不同高度的篮圈,体育器材的规格更符合学生的身心特点,场地器材的品质保证与技术参数的人性设计会提升运动体验,增强运动自信。在这样的条件下投篮的成功率与乐趣一定更高。看上去是改变了场地规格与器材质量的小问题,实际反映的是体育教学理念的大问题。当前,我国体育器材行业存在产品质量参差不齐、规格不统一的问题,低质、伪劣体育器材充斥市场,校园体育器材质量不容乐观。除了质量问题,体育场地与师资资源的供给不充分也是制约学校体育良性开展的刚性因素,也是限制学校体育满足学生美好生活需要的重要致因。[1]

---

[1] 季浏,马德浩.对体育教育专业假过剩真短缺现象的反思[J].体育科学,2019,39(3):3-12.

第五节　学校体育的趣味性、吸引力不足

体育课程内容竞技化使有趣的游戏、快乐的体育活动消失了,尤其在小学低年级的体育教学中,存在越来越明显的竞技化倾向,对小学生而言,游戏、趣味才是更具吸引力的元素,即便是中学阶段,有趣的体育游戏也是需要重视和保留的。回忆童年小学下课后时常参加的"丢沙包""营救""跳格子""跳皮筋"等项目是多么的有趣。在当前,从小学开始的以足、篮、排、乒、羽等竞技项目为主,以及为了考试而练习的实心球、立定跳远、跑步、广播体操等内容并不能激发学生的运动兴趣。

一、被舍弃的游戏——运动趣味性随之降低

正如罗杰斯与萨伊尔的观点:"游戏是生命的主要元素。"游戏除了有好玩的一面,它同时具有深刻而复杂的意义。在生物界,智慧越高的动物玩游戏的时间越长,与鼻涕虫和树木不同,人类对世界和自身的了解都是通过主动的探索和实践来进行的。有些学习,只要人活着就会自动进行,但许多学习只发生在游戏中,人类的童年期之所以越来越长,就是为了使人拥有更多的游戏时间、学习时间。游戏之所以重要,不只是因为孩子喜欢玩游戏,也是因为即使最平常的游戏,其中也蕴涵着层层深意。

举一个简单的游戏做例子,亲子间相互抛掷垒球,假如父亲能像用显微镜观察事物那样认真观察孩子的一举一动,就能发现一个简单的接球练习其实具有很多功能,孩子正在训练手眼和身体的协调性。经过苦练,孩子终于掌握一个新的技巧,还得意地露了两手,球飞来飞去,画出美妙的弧线,就像架起了一座亲子间的空中桥梁。父亲的夸赞,如"漂亮""接得好",都会给孩子带来自信,并让孩子对父亲产生信赖感。

第四章　学校体育面临的具体问题

一个简单的游戏也能隐藏着强烈的情绪暗流,有一位父亲曾描述,他儿子怎么用力掷球给他,他从儿子掷球的力道看出孩子很生气、很沮丧。分析后发现,孩子其实很可能在问:"你能接住我投给你的球吗？我对你是不是太情绪化了？我这样发泄情绪合适吗？你不会以为我是在发火吧？"另一位父亲提到,他的孩子很喜欢玩球,但是一旦他漏接了,泪水便会忍不住落下来,而且还会发无名之火,"我叫你投得低一点儿,但你从来不听！"这个例子中的孩子所发泄的情绪跟玩垒球毫无关系,他只是将别处积累的情绪借机发泄了出来。[①]

并非所有的游戏都包含以上那么多含义,但是通常,所有游戏都比我们想象的有更重要的意义,首先游戏是孩子尝试成人角色和技巧的途径。游戏具有特殊情景预设与角色进入,就像幼狮们从厮打中学习生存技能一样。不同的是,人类世界的儿童不仅学习相互争吵,也学习和谐相处。通过游戏,孩子们一边探索世界,一边尝试自己在这个世界中的能力,也正是在这个过程中,孩子变得越来越自信和成熟。

随着科学技术的不断发展,儿童游戏的内容也在发生着迁移,先前以体力游戏为主(丢沙包、捉迷藏、踢毽、跳绳、老鹰捉小鸡),逐渐被电子游戏(电脑、电视、手机)所取代,静力游戏和虚拟游戏成为主角。在图像和音像的虚拟世界中,成人都无法抽身远离,何况涉世未深的儿童,网瘾导致孤僻、呆滞和偏激,使得儿童分不清楚现实和虚拟。数字编码、符号拟像所带来的虚拟世界,使儿童混杂、交错于媒介信息的互联模式中,肉身受虚拟影像的羁绊,成为麦克卢汉所说的"无肉身的人",所有的一切都只是拟像世界的一个数字符号而已。儿童在虚拟的世界沦陷了,变得"四体不勤,五谷不分",导致童年缺乏摔打磨砺、欢声笑语和酣畅淋漓,童年在工业社会中被瓦解和分离。因此,想要找回童年的天真无邪,只能回到动态的身体中,在学校体育中找回集体消逝

[①] 劳伦斯·科恩.游戏力[M].北京:中国人口出版社,2018:7.

的童年记忆。身体的碰撞、涌动的活力、勇气的凝聚和自然的探秘，都是在身体运动中的生命实践感知，学校体育赋予的童年才能真实可信。①

对于小学生而言，儿时的游戏项目不但带给他们无限的快乐，其锻炼价值一点儿都不比竞技项目差。比如"丢沙包"能有效锻炼上肢力量、灵敏（躲闪，不被沙包击中）、反应与移动速度等素质，还包括对竞赛规则的理解和遵守（如果接住了对手丢向自己的沙包，自己则增加一条命，可以在下次被击中时仍然留在场上）。游戏情景与单一运动技术练习具有显著区别，游戏过程中的"沉浸""心流""成瘾"体验是单一运动技能学习无法替代的。

在小学体育教学内容竞技化趋势下，趣味性项目以及游戏在体育课堂上越来越少见，学校体育设施也并没有考虑到学生的游戏需求，操场上的篮球场、足球场似乎不适合开展这样的游戏，打篮球、踢足球才显得正式和正确。儿时的游戏已经不合时宜了，只有竞技项目才是体育课正确的选择，真是这样吗？笔者曾有幸参加了在苏州大学举办的一次"中美体育教学现场公开课"，美国体育教师教的内容是飞盘，就是我们经常在电视里看的美国人在户外休闲时，和家人、宠物狗玩耍的在空中飞行的盘子，本以为这就是游戏，又不是竞技体育项目，能有多精彩呢。但是就是这样一个以娱乐、休闲为主的项目，在一节课内使绝大部分学生深深喜欢并全身心参与进去（下课了，但学生们还是饶有兴趣地继续玩耍）。需要指出，这是一个由美国体育教师没有翻译，完全用英语给中国中学生上的一堂体育课，语言的困难（中学生全程接受英语教学，困难还是较大的），全新的内容（大部分学生此前从未接触过），都没有阻碍学生们快速喜欢上这项运动。从学生尽情地玩耍和满头大汗地奔跑、开心的笑声就足以说明这是一堂精彩、成功的体育课。相比我国中小学循规蹈矩的教学内容选择、竞技至上的思维定式、一成不变的组织形式，游戏化飞盘运动带

---

① 刘欣然，黄玲.动静的争辩：学校教育中的身体规训与体育挽回[J].武汉体育学院学报，2019（1）：30-35.

第四章　学校体育面临的具体问题

给学生的乐趣更直观、效果更佳。期间还有一个意外小插曲,组织教学过程中,一名女生不小心跌倒,躺在地上看似很痛苦的样子,我们分明看见美国教师觉察到跌倒的女生了,但他并没有处理这一突发状况,而是继续教学,当时我们都很诧异,这样的"教学事故"美国体育教师不怕吗？事后了解得知,他们对一般的跌倒不会理会,即便遇到严重事故,也会有保险公司处理,他们只是协助,只要没有教学组织的过错,学生受伤他们没有过错和责任。看似"冷漠"的背后却折射出体育教师对学生常见磕绊的习以为常和容忍,正因为这样的容忍,学生在小的磕绊后第一时间是"站起来"而不是等待"帮助",这其中的教育价值与内涵已经超越"磕绊"本身。

我们一边抱怨学生越来越不喜欢运动,一边把学生原本喜欢的游戏元素丢掉,只提供成人化、竞技化的运动项目。而那些丢掉的游戏、非竞技体育项目原本是非常具有健身、锻炼价值的。卢梭曾说过:"大自然希望儿童在成人之前就要像儿童的样子。如果我们打乱了这个次序,我们就会造成一些早熟的果实,它们长得既不丰满也不甜美,而且很快就会腐烂。"家长和教师恰恰忽视了学生成长的自由和自主性,他们是"被成人设计的一代"。我们往往把成人的意志强加给他们,以成人的眼光看待、要求并约束他们,忽视了学生的内心想法,使个体生命的发展失去了自主的力量和可能。

中小学生正处于活泼好动时期,他们热爱运动,更喜欢游戏,可是他们却不能尽情地享受运动与游戏的乐趣,在体育课堂上,不得不屈从于教师的权威之下从事并不喜欢的体育项目和内容。学生对身体的自我探索与满足、身体的自由舒展完全湮没在对运动技能、技术以及生理负荷的"完美"追求中。我们总在倡导教师的教学艺术不在于传授知识,而在于唤醒、鼓舞和激发学生的潜能,前提就是多给学生思考的时间和空间,尤其是给低龄段学生选择的权利。可是,为什么不能给学生从事体育运动的选择权呢？为什么孩子们乐此不疲的游戏项目不能成为体育课的主要内容呢？在教学过程中，我们不断地用竞技体育标准、体育升学考试等强制性办法来迫使学生参加体育活动，一味地对学生进行束缚和灌输，学生的意愿、兴趣与需要被漠视。体育教学过于偏重学生对知识和技能的掌握以及体质的增强，忽视了学生在体育课上思维的自由、心灵的自由以及个体生命的完整。学生不仅是"学习者"更应是"人"。倘若我们的教育失去了人，忘记人有思想、有感情、有个性、有精神世界，就失去了一切。

根据观察，学生在低年级的时候，在体育课上往往很积极主动，他们会觉得体育课很有趣，玩得也很开心，一些缺乏社交自信的学生在体育课上也可以和大家"打成一片"，这时，体育课中的玩耍、游戏、接触就为参与者提供了除身体技能练习之外的更多的社交机会，也会让学生在体育锻炼中提升自信心。随着年龄的增长，体育课的吸引力会下降，尤其是那些不善于运动的学生，体育课反而成为他们逃避和厌恶的课程，因为肥胖、柔韧、技巧上的欠缺会让他们"出洋相"，感到羞愧。那些具有运动天分、热衷运动的学生，会逐渐脱颖而出，最终"统治"和"霸占"学校体育资源。

二、体育课吸引力不足——学生身体活动水平低

从全球范围来看，许多国家的青少年日常身体活动状况都不容乐观。每天中等以上强度身体活动不足1小时的人数比例高达80.3%，其中女孩儿的比例高于男孩儿。[1] 在美国，不到20%的青少年符合身体活动指南推荐的活动量标准。[2] 研究显示，我国青少年在校期间课外体育锻炼在1小时以上的比例也偏低，仅为21.8%，小学生表现最好（27.4%），初中生次之（20.1%），高中

---

[1] Hallal P C, Andersen L B, Bull F C, et al.Global physical activity levels: surveillance progress, pitfalls, and prospects[J].The Lancet, 2012, 380: 247-257.
[2] Song M K, Carroll D D, Fulton J E.Meeting the 2008 physical activity guidelines for americans among U.S. youth[J].American Journal of Preventive Medicine, 2013（3）: 216-222.

第四章 学校体育面临的具体问题

生最差（11.9%）。[①]孩子大约在10岁以后，随着认知的不断增加，他们会发现一些新的乐趣，一般的体育活动已经不能引起他们足够的兴趣。儿时的游戏也慢慢从他们生活中消失，他们不想再被当成孩子，当我们询问稍大一点儿的孩子为何不参加体育锻炼时，大部分的回答是，我不想参加比赛或者没意思。这样的成长体验，对体育课提出了新的要求，越是高年级越明显，喜欢体育不喜欢体育课是因为体育课的教学内容和组织形式已经不能满足学生的需求。在此时，如果不能提升体育课的吸引力，提升学生参与体育的良好体验，他们就慢慢地和体育产生了距离，就会逃避体育课，甚至厌恶体育课。以美国、德国为例，传统的体育教学已经不能引起孩子的玩耍兴趣，学校体育的游戏性质已经弱化，相比之下孩子们宁愿选择电子游戏设备；同时，竞技体育的获得不能全然满足大众的需要，人的本能的运动属性在下降已是不争事实。

在体育教学中，过分强调动作的标准与规范，会增加学习的难度，对激发学习兴趣不利。常言道，兴趣是最好的老师，兴趣是吸引并触发学习行为的原生动力。央视节目主持人张越在一次节目中坦言不喜欢体育，因为体育成了她毕业的绊脚石。[②]

我们经常会听到学生喜欢体育不喜欢体育课的观点，是什么原因造成这样的结果？有没有办法解决？带着这样的问题，笔者以一名学生的视角观察和体验了几所学校的体育课（近距离观察、参与体验、赢得个别同学信任后的深入交谈）。结果发现，学生们不喜欢体育课的原因可能远远超出我们的理解。并不是学生不喜欢运动，而是不喜欢一群人抢一个球，有的学生表示，很少得到老师一对一的指导和帮助，对运动技术的学习没有信心，在不断失败的运动体验中（老是扣球下网、怕被水呛着、带球突破感觉没有信心、同伴传来的球总是停不好、乒乓球打不了两下就失

[①] 章建成，等.中国青少年课外体育锻炼现状及影响因素研究报告[J].体育科学，2012（11）：3-18.
[②] 毛占洋.学校体育的困惑与反思[J].教学与管理，2010（6）：104-105.

误了,等等)逐渐失去了耐性。学校体育场地器材并不能满足学生的实际需求,以网球、羽毛球为例,一片场地最多容纳 4 名练习者,人数再多就需要排队等待,以现在的班级规模,很难达到充足的体育场地供给,更难做到因材施教和个性化教学。

三、锦标主义——侵占了大多数学生的体育运动权利

受制于应试教育的功利性取向以及学生安全问题的羁绊,学校校长和体育教师在开展校园运动竞赛方面常常持消极态度,大部分学校除按教育部的规定开展"学校运动会"和"阳光体育活动比赛"外,其他类型的校园运动竞赛开展较少。事实上,即使是在"学校运动会"和"阳光体育活动比赛"的开展上,项目设置也比较传统,多为竞技性运动项目,缺少趣味性运动项目,更多地表现为少数体育"尖子"生的自娱自乐,忽略了更多普通学生的参与。[1]

有的体育老师只重视寻求"适合业余训练的学生",不去钻研"适合学生的体育教学",存在锦标主义倾向。学校体育锦标主义侵占了大多数学生的体育权利。学校体育资源的不合理分配不仅影响体育教学质量,也不利于普通学生体育素养的形成。学校体育竞赛成绩,尤其是官方组织的各级别学校间的体育竞赛的成绩,成为各学校、体育教师关注的焦点。某种程度上,在各级各类运动会上的夺标就能代表该班级、年级,甚至学校体育运动的开展状况。体育教师倾向于把工作重心转移到少数体育尖子身上,因为,只有体育竞赛才能体现体育教师的水平和价值,而体育教学不能。

学校体育以竞技运动为主体内容,从教学内容的选择、教学方法的运用到学校体育工作的评价,都是以竞技运动为主要标志,特别是运动竞赛成绩在很大程度上作为衡量一个教师、一所学校体育工作成绩的主要评价指标,使得体育教师和学校将大量

---

[1] 季浏,马德浩.新时代我国学校体育改革与发展[J].体育科学,2019,39(3):3-12.

的精力投入到运动训练和竞赛方面来。[1]锦标主义以其强大的表现力、张力掩盖和替代了本应属于全体学生的体育权利。学校对体育教师的评价更助长了这一趋势,在基层中小学,没有比赛成绩,再优秀的教学质量都难以达到晋升职称的要求,其原因在于对体育教师教学质量的评价是困难和复杂的,用竞赛成绩则可以量化,便于比较和评价。体育教师为了达到岗位、职称晋升的目的,"放弃"大多数学生,"培养"极少数体育尖子,在校外各级体育比赛中获得好名次,成了最明智的选择。

研究发现,校园体育的锦标主义还会演变成特权主义,体育设施在校代表队训练的时候是独享的,尽管校代表队人数很少,但大多数普通学生不得不给校代表队让路。有时候运动设施条件好一些的学校,体育馆、室内运动场是校代表队的专属场地,在不训练的闲置时间也不对普通学生开放。高质量的体育设施对普通学生实质上是一种摆设,他们偶尔也有使用机会,具有讽刺意义的是,并不是作为运动,而是参加庆典、集会或者其他活动,他们只是进来站队或坐一下。虽然校园体育的锦标主义有榜样、示范的作用,但不能牺牲广大普通学生的体育权益。积极开展校园竞技体育并不能给所有学生提供体育参与机会。体育是面向全体学生的,而锦标主义是面向少数具有运动潜质和专长的学生,不能用校园竞技体育的成绩来衡量学校体育的水平和质量。

第六节 学校体育发展的场域受限

中国以很低的投入支撑着世界最大规模的教育,学校体育场地资源短缺,效益低下,又面临着向社会开放的沉重压力。[2]生均

---

[1] 邓星华,杨文轩."健康第一"的理论依据与学校体育的新使命[J].体育学刊,2002,9(1):12-14.
[2] 杨文轩,卢元镇,胡小明.改革开放以来中国体育理论与实践的发展[J].华南师范大学学报(社会科学版),2003(4):135-143.

体育资源随着学校扩招、学校合并(尤其在农村地区非常明显)集中办学而出现负增长。除了数量不足,学校体育场地设施还存在项目单一、标准过低的问题。多数学校运动场以田径场、篮球场等室外场地为主,室内场地、综合体育馆、游泳池(馆)等高质量运动设施较少。除了体育场地设施问题,安全因素也是阻碍学校体育工作的巨大掣肘,当前,在学校体育发展过程中存在明显的场域受限问题。

一、不断萎缩的学生体育活动空间

2012年全国"两会"期间,民进中央有一项"农村小学十年减少近30万所"的提案指出,近年来随着学校布局的调整,整合了农村教育资源,提高了教育质量和办学效益,总体上是值得肯定的,但在撤并中存在工作简单化、程序不规范,以及撤并后办学条件没有跟上的问题。不少地方不顾客观实际,提出"小学进镇""初中进城",有的地方甚至提出要"消灭农村教育"。从2000年到2010年十年间,我国农村的小学减少了一半还多,从55万所减少到26万所,平均每天消失56所农村小学,初中从6.4万所减少到5.5万所。学校撤并和集中办学影响最大的就是生均教学资源的问题,其中体育场地资源不足的问题尤为突出。随着社会的发展,人们对提高教学质量的呼声越来越高,学校需要进一步完善教学设施,各级各类中小学特别是拥有优质教学资源的重点学校不断得到发展与扩张。升学率低的学校则被整合,甚至撤销。在此背景下,万人中学屡见不鲜,让更多的孩子享受优质教育资源,这本应该是好事。但是,许多学校的发展和扩张是以侵占体育场地设施、剥夺学生运动权利为基础的。伴随教育布局调整,部分学校撤校合并造成学生集中。部分优质教育资源学校不断扩大招生规模,虽然体育场地状况有一定改善,但与合并、扩招后增加的学生数相比,生均体育场地面积反而减少。

第四章　学校体育面临的具体问题

　　为了学校发展,新盖了实验楼、图书馆、微机室,只是盖楼的时候大都选择挤占体育运动场地,理由也很充分,运动场几乎不需要拆迁,成本很低、可利用面积大,也没有多少人反对。即便有体育老师反对,因其声音太过微弱,以至于常常被忽略。因此就常常出现了学校越来越发展,人数越来越多,学校的操场却越来越小的现象。比如十多年前,我的初中母校全体师生大约1 000人,有一个400米的跑道,4个篮球场,乒乓球台若干,高低杠若干。但现在,全体师生3 000人,跑道却变成了200米,篮球场变成了2个,乒乓球台和高低杠甚至没有了。学校人数增加了,体育设施却在变少,这种趋势在城市中小学中尤为明显。调查发现,许多中小学举办一年一届的学校运动会不得不租用周边高校、或者当地政府的公共体育场地,因为学校的操场只能满足升旗仪式全校师生集合站队的需要,举办全校的运动会,是不可能的。有研究指出,在所有教学资源中,生均体育场地设施在学校发展过程中成了唯一逐步下降的指标。教学楼、实验室、实验仪器设备、电脑、图书资料则不断增长。调查还发现,有学校甚至禁止踢足球,理由很简单,因为学生踢足球多次砸坏实验楼玻璃,甚至还伤到了人,因此,足球在这所学校作为危险运动而被禁止了。我们不禁要问:下一个被禁止的项目是什么?篮球?抑或是跑步?

　　由于大多数学校体育场地为室外平铺式布局,运动场地占地面积较大,学校土地存量难以有效增加,运动场生均面积不足的问题长期得不到解决。近年来,我国高校生均运动场(馆)面积也出现了不增反降的问题,主要是高校持续扩招造成学生人数增长幅度远远大于体育场地新增幅度。一方面,为数不少学校的体育场地设施供给严重不足,场地狭小,设施简陋;另一方面,部分资金比较雄厚的学校建起了并不适合学校体育教育教学活动的豪华场馆,这类场馆外观气派、宏伟,但建筑面积被看台和各种辅助设施占去大半,可利用面积小,利用率低,维护费用高。[1] 分析认

---

[1] 张金桥,王健,王涛.部分发达国家的学校体育发展方式及启示[J].武汉体育学院学报,2015(10):5-20.

为,体育场地资源不足是影响体育教学质量的重要因素。除了影响教学质量,学生课余体育锻炼的需求也受到影响。

在农村地区,有土地、有地方新建体育场地设施,但经费紧张,体育场地建不起来。在城市,很多学校有经费,但是没有场地。如北京很多特别好的学校都在胡同里,根本没有操场,也看不到什么时候能建成操场。师资情况更是如此,现在很多农村学校,要么不上体育课,要么请个语文老师上体育课,这些都是我们面临的非常严峻的挑战。包括体育器材、体育场地、体育课的课时、师资等,这些都是硬件的要求。体育教学硬件条件对体育课、课外体育锻炼的影响和制约是客观存在且普遍的,这也是学校体育工作长期不被重视的必然结果。《2016年全国教育事业发展统计公报》显示:小学、初中、高中体育运动场(馆)面积和国家标准相比均有差距,尤其是小学体育场地建设上仍需加强(教育部,2017)。[①] 有部分资金充裕、场地宽裕的学校,也新建和改善了一些体育场地设施,但是管理人员配备、运行维修资金等后续问题,使这些场地干脆成了摆设,或者作为上级检查时的展示,真正用于学生运动的少之又少。

在室外场地,因天气原因不能上课和参加课外锻炼的情况普遍存在。南方地区遇到梅雨季节,体育课和课余锻炼受到的影响更大。在学校经费不断加大的背景下,改造和新建室内场地是保证正常体育教学秩序的基础。对此,国务院副总理孙春兰指出:要优化支出结构,更多地用在实验室、运动场等教学需求的设施上,进一步提升教育教学质量。所以,新建立体多层综合运动场馆,提高运动场地土地利用率,是解决生均面积不足,室内场地欠缺、项目单一的综合解决方案。

---

① 季浏,马德浩.新时代我国学校体育改革与发展[J].体育科学,2019,39(3):3-12.

第四章　学校体育面临的具体问题

二、安全第一，学校体育活动的紧箍咒

当前，几乎所有体育老师在被问及体育课最重要的是什么时？相信一定会得到统一答案"安全第一"。为什么体育老师会有这样高的警觉性？主要原因是当前独生子女家庭越来越多，孩子成长过程中不允许有任何闪失，哪怕是受到轻微的皮外伤都会引起家长的严重关切，更不要说晕倒、骨折等严重事故。加之当前老师体罚学生、校园伤害事件等问题的过度曝光，家长和媒体变得异常敏感。一旦出现校园伤害事件，不分原因，社会舆论肯定一边倒指责学校，如果出现伤亡等极端事件，甚至会发生学生家属围堵校园、暴力围攻学校的情况。似乎只有校长下台、责任教师被辞退并担负法律，加上足够的经济赔偿才能平息事态。

运动中的冲撞、磕碰是无法避免的，耐力训练中的心力交瘁是必不可少的，谁也无法完全杜绝运动风险，如果不分缘由把风险与责任都落在体育教师身上，其结果就是体育教师在教学中不敢上量，更不敢让学生从事有风险的项目，只要看管好学生不出事故就行了。这样因噎废食的状况已经持续了相当长时间，体育课上排除一切安全隐患成了明哲保身之举。出现校园运动中的伤害事件可能有学校管理不善、体育教师组织不当的原因，也可能纯属偶然，还有可能是学生自身的因素，如体质状况、遗传性疾病等。由于相关法律制度滞后的原因，校园体育安全事故责任认定变得困难重重，同情弱者的大众心理常常使学校处于非常不利的位置。一旦发生严重安全事故，不管是学校还是当事老师都面临较为复杂的处理过程，体育教师因此也成为高危职业。因此很多体育老师的做法就是降低难度、不做硬性要求，长此以往，体育的刚毅、拼搏、顽强、斗志就无从谈起，健全人格、锤炼意志的功能也就基本落空。

无论课上得再好，出了安全事故，基本实行一票否决，没有制度层面给体育课托底，没有管理层面给体育课松绑，没有学校层

面给体育课加码,体育教师的工作如履薄冰,是真正的高风险、低收益教师群体。而降低体育课难度,减少体育活动时间,就难以达到增强体质的作用。试问,没有坚持不懈、超越自我的体育锻炼,哪来的拼搏、吃苦耐劳的体验?有调查显示,当前我国大部分大学生没有体验过"极点"和"二次呼吸"。我国青少年学生心肺功能、柔韧、耐力素质持续下降,与当前中小学体育教学取消艰苦、困难的练习内容有密切关系,这也是体育教学在安全第一警示下的必然结果。安全第一的紧箍咒让所有体育老师缩手缩脚,这是事实,也很无奈。学校要切实加强体育安全的管理,同时也要明确学校管理责任的边界,完善意外伤害的保险制度。在体育课刚性要求、加大负荷、强化体能的过程中,完善学校体育运动风险管控机制,进行定期运动安全教育,消除学校相关管理者、体育教师、家长和青少年开展体育活动的后顾之忧是非常重要和迫切的。

北京市教委出台《北京市推进中小学校体育工作三年行动计划(2013—2015年)》。从2013年秋季开始,北京市将出资700万元,为公办中小学投保无过失责任险。投保后,学生在校期间或者参加学校组织活动时发生意外,即使校方没有责任,学生也能获得一定赔偿。无过失责任险的推出,受到学校、家长和学生的肯定,一定程度上缓解了校园体育安全方面的后顾之忧。加上已经实施的校方责任险,北京百万公办中小学学生在校体育活动将享有"双保险"。校方责任险、无过失责任险意义重大,"两险"提供了双管齐下的保障,即学生万一在体育活动时出事,会得到外界帮助的许诺。这让校方、家长和学生都吃了一颗"定心丸"。在无过失责任险出台前,校方责任险是校方头上的"紧箍咒"。不少学校为了规避校方责任,不仅"稀释"体育课的质和量,减少学生课间活动,甚至撤销了高低杠、跳箱等"高危"设施。无过失责任险的落实则有助于化解这一无奈局面。它为学校织就了一张保护网,让学校不再为规避风险因噎废食;也为家长和孩子们织就了一道坚韧的保护网,让他们敢于尝试各种体育运动。值得注意的是,"双保险"是一粒以防万一的"定心丸",其主要目的在于护航。要想真正提升学生在校体育锻炼的质量,刹住学生体质持续下滑的趋势,重中之重仍在于校方、家长、学生在吃了这粒"定心丸"之后如何采取行之有效的措施。

第七节 大众健康误区与非体育路径依赖

当前,电视、网络等媒体有关促进生长发育、增进健康的产品广告呈铺天盖地宣传之势,比如预防近视的仪器、矫正姿态的工具、增加身高的产品、缓解疲劳的保健品,数不胜数。当然,有的产品对生长发育和健康的确有一定的效果,但大多数存在着明显的不切实际的宣传,有的甚至是虚假和欺骗性的宣传,这些产品无一例外,都是明星代言,都具有神奇功效。在强大的宣传攻势下,家长们几乎都信以为真,就这样,所谓的促进发育、增进健康产品取代了体育锻炼,取代了至少是被科学证明了的具有促进生长发育、矫正姿态、缓解压力等方面不可替代功能的体育锻炼。

似乎只有体育教师和经常参加体育锻炼的人才会相信运动的价值与功能,大多数人则更相信药品和保健品。甚至有的家长认为,只要给孩子加强营养他们就可以自然地健康生长发育,完全忽略体育锻炼的重要性。即便对运动的价值与功能持肯定态度的人,也因各种理由不参与运动,一个最为合适的理由:学习负担太重了,没时间运动。父母们已经习惯依赖药品、保健品来维系孩子们的健康状态。

现在的学生尤其重视自己的身高,女学生更在意身材的变化。当前,随处可见减肥、增高、促发育的广告,尤其当这样的广告宣传吸引到处于生长发育期的青少年时,我们不能不为之震惊和愤怒。因为经常能听到许多女生因减肥不当造成身心伤害的事故,更有男生几次故意断骨以求长高几厘米的荒唐个案,这反映出青少年追求"所谓美"的盲目、狂热与无知。面对这样的严酷现实我们不禁要问:这难道不是我们体育教师可以有所作为、也是职责范围内的事情吗？实践表明,以体育的视角触动学生最关心的发育问题可以简单有效地提高学生参加体育锻炼的兴趣。毫无疑问,除了教会他们运动的技能,让广大青少年深刻认识坚持体育锻炼对身高、体能、形态的积极影响,让他们参与运动的兴趣更浓、意识与动机更强烈。基于此,我们有责任也有能力对学生进行科学健身指导、有针对性地给出运动处方,再配合合理饮食与睡眠习惯,引导他们养成"健康的生活方式"[1],青少年学生一定能从中受益。这样一来,学生、家长肯定会对这样的体育教师刮目相看,学校体育的功能与内涵也会更健全和丰满。

第八节 校园"足球热"的"冷思考"

2013—2014年,国务院、国家体育总局先后出台文件要求加强校园足球工作。校园足球活动的开展具有重要现实意义,对增强青少年体质、促进青少年健康有深远影响。加之中国足球萎靡不振,足球进校园符合社会舆论的期盼,作为依托的学校体育也将摆脱"失责"之困境的希望寄托其中,校园足球活动理所当然成为社会各界聚焦的热点。然而,受管理部门的责权分配问题、非理性的社会期望以及布点学校具体工作的落实等因素影响,校园足球产生异化现象,原本以"增强青少年体质健康水平"为最终目标的校园足球异化为一味追求中国足球事业发展,以培养足球后备人才为最终目的的中国足球崛起工具。[2]

2014年7月,教育部提出了新修订的校园足球改革方案,力争实现校园足球改革。校园足球的发展始终是中国体育与教育改革的重要组成部分,校园足球改革的本质实际上是教育体制的

---

[1] 孙科.学校体育,路在何方？——专访教育部体育卫生与艺术教育司司长王登峰[J].体育与科学,2013,34(2):1-8.
[2] 李新威,李薇.我国校园足球的异化现象[J].体育学刊,2015,22(5):1-4.

第四章 学校体育面临的具体问题

改革。[①] 校园足球活动的开展虽然有益于提高学生体质健康水平，推动学校体育改革发展，但校园足球似乎已偏离以人为本的理念。2015年，国务院办公厅印发《中国足球改革发展总体方案》（下称《方案》），强调："要把校园足球作为扩大足球人口规模、夯实足球人才基础、提高学生综合素质等的基础性工程。"将校园足球定位为：夯实足球人才培养，让更多青少年学踢足球，这是振兴中国足球事业的人才根基；校园足球是推进学校体育改革的突破口。毋庸置疑，《方案》将校园足球作为提高学生综合素质的基础性工程、推进学校体育改革的突破点，体现了校园足球活动提高学生体质健康水平、打破学校体育"失责"窘境的立足点，但是《方案》中将校园足球作为"振兴中国足球事业的人才根基"等对中国足球事业发展、足球人才培养的过度强调，却易误导基层学校具体工作的开展，加重校园足球具体实践工作中现有的诸多问题，即仅关注少数足球水平较高的学生而忽视多数学生的发展，仅关注足球技能水平的提高而忽视学生的身心健康协调发展，仅关注足球的普及而忽视学生的个性发展等等，最终加剧校园足球的异化。[②] 校园足球的大跃进以及非常规发展，除了带来表面上的校园足球繁荣景象，并未实质提升校园足球运动的水平，足球对学生的吸引力并未显著提升，此外，还引发了校园体育资源分配不公，足球优先发展限制和制约其他项目发展的情况。足球专项教师收入、地位与非足球专项教师之间的差异，还会引发新的矛盾。

校园足球无一例外都是以校代表队为主要载体，这样以少数学生的发展、学生片面的发展为出发点，并未惠及全体学生，也并未为足球参训学生的长远发展提供合理路径，倘若上述问题得不到解决，其示范效应就得不到体现。足球作为校园体育的突破口、

[①] 沈建敏，应孜，高鹏飞.校园足球发展的顶层设计与底层回应[J].北京体育大学学报，2017（4）：83-88.
[②] 岳川.王登峰：校园足球将成推进学校体育改革的突破口[EB/OL].（2015-03-16）[2015-10-25].http://www.chinanews.com/ty/2015/03-16/7133594.shtml.

试验田,对校园足球的重视、发展校园足球的强制性要求、以及资金、师资力量对足球项目的倾斜等一系列做法接踵而至。重视足球、从基础做起的思路无可厚非,但近乎疯狂的一哄而上真的可以搞好足球项目吗?即便足球真的成功了,那么是不是每一个落后项目都要像今天的足球这样重复一遍?我们还有这样大的政策力度、资金支持吗?这样的成功如果没有借鉴和参考价值那就成了典型的"体育的形象工程"。

研究还发现,虽然校园女子足球运动开展得也如火如荼,但是相比其他项目,比如武术、游泳、排球、乒、羽、网来说,足球的男性化特征是最明显的,女子足球的参与人数、影响力、受欢迎程度在短期内不可能有质的变化。而乒、羽、网、排球、游泳、武术,甚至篮球对女生的吸引力都比足球强。花如此大的人力、物力、财力最后可能只惠及了占学生人数一半的男生,大多数女生并不能从足球运动中获得应有健康与快乐。

在足球热、一定要把足球运动搞上去的热切期盼中,短时间内体育院校把足球单列出来成立足球学院,基层中小学近几年突击招聘足球专项教师,更有甚者,近几年连续新近体育教师都是足球专项的,其他项目则暂缓。先不说这样的有失偏颇的政策导向问题,看看现有的学校教学硬件设施,有多少学校可以提供足够的足球场地,难道要把现有的篮球场、排球场都改造成足球场吗?这样统一齐步走的校园足球热是否有助于足球运动水平的提高?学生中到底有多少学生真正热爱足球运动?如果足球运动搞不上去是否说明中国竞技体育水平不行?想必类似有关校园足球发展热的疑问还有很多。虽然全社会都在关心足球、谈论足球,有时也会嘲讽足球,但过热的校园足球本身难道不是问题之一吗?总之,足球一直处在热潮中,以冷静、客观的视角提出不同意见,在当下显得很不合时宜,但是,正因为这样,作为体育人,作为学校体育工作者,才有义务和责任保持清醒头脑。

第五章　学校体育基本问题的再思考

进入新时代，我们面临着实现中华民族伟大复兴的历史使命，青少年是一个国家的未来，其受教育状况很大程度上决定了国家的未来和命运。我们耳熟能详的"少年强则中国强，强国必先强教"的口号准确诠释了青少年教育对我国未来的重要性。但是，我国应试教育还未得到根本性扭转，基础教育择校风，以及在小升初、初升高和万众瞩目的高考影响下，学校体育工作常常流于形式。轻视学校体育工作是我国学校教育一个长期的结构性缺陷。即便我们一直强调培养"德智体美劳全面发展"的育人目标，但实际教育过程中"德智体美劳"的偏颇使整个教育偏离了培养人全面发展的主轴，甚至以青少年健康成长发育为代价。基于这样的实际情况，对学校体育的功能、目标以及学校教育中"体育"的定位等基础问题需要再思考、再深入研究，对学生14年体育必修课为什么没有学会运动技能，体育教学中为什么组织不起教学比赛等现实问题也要有明确的答案，对中小学直至大学的体育教学内容的内在逻辑与体育专项化教学改革问题不能语焉不详甚至刻意回避。

第一节　学校教育为什么离不开体育

对体育的认识的深化，表现为体育观从单纯的"生物体育观"向由生物、心理、社会三方面因素构成的"三维体育观"的转变。体育观转变引导人们从更高的层次上看待体育，使人们认识到体育不仅仅是"强身健体"这样单一价值载体,而是具有多种功能多种效用的多元价值载体,不仅仅是一种健身技能,而是一种不可替代的健康生活方式。这种转变并不是体育本身的自然转型,而是人对体育的认识深化的结果,是认识上的一次飞跃。时至今日,仍然有很大一部分体育教师在指导思想上忽视体育理论教学对终身体育所具有的战略意义,认为让学生掌握了运动技能,就完成了教学任务。忽视理论教学的结果是造成学生对体育课认识不足,知识面狭窄、缺乏理论指导实践的基本能力。[1]要适应社会发展需求,尊重教育规律、体育规律和身心发展规律,以"体"为对象,以"育"为手段,以锻炼身心为特征,以培养人为中心和发展人的优秀性为目的,对学生所实施的身体教育或通过身体的教育。[2]

一、学校体育是学校教育的核心内容和载体

康德感叹,在前人看到一片混乱的自然界,牛顿破天荒地觉察出其中的秩序和定律。而在前人看来一片混乱的人类社会,卢梭第一次发现了其中的运作法则。卢梭的发现是:人生而自由,却无往不在枷锁之中。自以为是其他一切的主人的人,反而比其他一切更是奴隶。为何自以为是其他一切的主人的人,反而比其他一切更是奴隶。黑格尔后来提供的解释是:主人虽然享受不劳而获的快乐,但也因其不劳动而导致其精神与身体的衰败并由此失去对世界的掌控感和存在感。奴隶虽然承受劳役之苦,却也因其劳动而逐渐身强体壮、耳聪目明,主人与奴隶的力量对比走向悬殊之日,便是奴隶起义、主奴易位之时。

与之相关的问题是:现代人身体的衰落在多大程度上被黑格尔的"主奴辩证法"不幸言中?在强身健体的过程中,劳动曾经起了多大作用?而现代社会尤其是城市生活借助科技和艺术

---

[1] 阎风雷.不变的主题、不断拓展的视野和逐渐深化的认识——高校体育教学改革进程中的变与不变[J].武汉体育学院学报,2007,4(11):70-73.
[2] 徐正旭,龚正伟.当代我国体育教师"污名化"现象分析[J].体育学刊,2018,25(5):89-94.

的进步而减少体力劳动之后,为何运动以及相关的体育活动成为生命攸关的紧要事件?为何既要强调"生命在于运动"同时又要重视"生命在于静止"?如何通过动静结合的方式提升国民身体素质?[①]这样的问题不仅是哲学问题,也应成为教育问题。

用"主奴辩证法"来解释现代社会的人际关系早已不合时宜,但其阐述的哲学观点却对现代人有极好的教育和警示作用。尤其是当自动化、信息化、智能化越来越普及,越来越贴近生活的时候,从人的动物性的视角、生命质量的视角、生存繁衍的视角看,愈发感受到强健体魄的重要与体育锻炼的价值。但是现代科技提高生产率、解放体力劳动的趋势却并不会因"主奴辩证法"的存在而放慢脚步。越来越智能化的生活,越来越少的体力消耗,这样的生活方式显然是有悖于生命质量提升,并威胁人类生存和繁衍的,人们需要特殊的途径与之抗争。这也就不难理解,自工业革命以来,学校教育无论如何变革,体育的地位和分量从制度设计层面从未被削弱,相反,随着人们对体育认识的不断深入,其地位和重要程度愈发紧要,其功能和价值也愈发清晰。然而,什么是体育?为什么要上体育课?体育课教什么?怎么教?这样看似简单的问题实际上是需要每一位体育教育工作者认真思考并回答的基本问题,它们作为内在的体育教育理念或隐或显地支配着外在的教育行为。当一位体育教师宣称没有思考过类似问题时,表明他没有属于自己的对体育、体育课、体育教学的理解与认知。他只是把公共的、常规的、人云亦云的看法不自觉地纳入了自己的潜在意识中罢了。

二、"全人"教育离不开体育

研究表明,德育、智育、体育、美育、劳动教育在人的培养、成长过程中是紧密联系和高度统一的。人为割裂和有所偏颇只能培养"半拉子人",尤其是当前学校教育中,体育的边缘化、矮化造

---

① 刘良华.教育哲学[M].上海:华东师范大学出版社,2018:1-3.

成的危害不仅仅是学生体质健康问题,更重要的是学生的人格完善,意志品质提升,吃苦耐劳、团结协作、拼搏精神获得路径的缺失。由此带来学生抗压、抗挫折能力不足,意志薄弱、心理脆弱学生显著增多,因学生心理健康造成的校园极端事件频发。

柏拉图甚至认为:人生头十年,教育应以体育为主,竞技和运动应当是全部的教育课程。[①]这不是为了凸显体育之教育的价值,用哲学家、思想家的只言片语来为体育正名,而是体育的确具有特殊的教育价值。体育虽然不是教育的全部,却是教育的根本,健康不是教育的唯一目标,但健康是教育的基本前提。杨文轩教授指出:体育对于个人意志品质、健全人格形成有不可替代的功能。一个经过艰苦的,超越平时的,接近负荷临界的训练,才可能体验到其艰苦性、艰巨性,没有魔鬼式训练,不可能形成坚韧不拔的意志品质。当学校教育中把体育列为必修课程时,就确立和认同了专门性身体活动的价值。习近平总书记在"全国教育大会"讲话中指出:帮助学生在体育锻炼中享受乐趣、增强体质、健全人格、锤炼意志。尤其是健全人格、锤炼意志的提法显示出国家最高领导人对学校体育的深刻理解和重视,需要我们认真研究并予以实践。分析认为,无论是习近平总书记全国教育大会上关于学校体育的讲话,还是毛泽东"发展体育运动、增强人民体质"的题词,都显示出国家最高领导人对体育工作的关心与重视。

体育作为一个具有集合效应的文化活动,通过一定身体运动,将人的社会属性和生物属性统御在一个"全人"的教育过程中,且使这种体验式教育反馈为自身改良的反思和行动。正是基于这一价值认知和共识,在欧美以及日本等发达国家,体育在教育以及大众生活中占据重要分量,体育文化甚至成为社会主流文化。体育产业也发展成为国民经济的支柱产业。对体育的热衷和重视,代表着个体对积极生活态度的文化认同,是个体健康发展的社会生态要求所在。

---

① 杨韵.游戏冲动:席勒美学思想观照下体育的审美本质[J].体育科学,2013,33(1):89-93.

第二节　学生为什么没有掌握运动技术、组织不起比赛

一、小学直至大学的体育教学内容、目标衔接不足

九年义务教育,三年高中,大一大二,共14年体育必修课,到头来,大多数学生一项体育专长都没有。对此,中国青年报社会调查中心通过民意中国网和搜狐网发起一项调查,结果显示(2 473人参加),80.3%的受访者确认现在有体育专长的学生少,74.6%的受访者希望加强对学生体育专长的培养。受访者中,学生占4.1%,家长占55.5%,教育工作者占24.8%,其他身份的人占15.6%。李女士的儿子正在读高一。在她的印象中,学校开过乒乓球、篮球、排球、武术、轮滑等内容,可是最终他儿子能熟练掌握的一个也没有,课余时间,写作业、玩游戏和"宅"在家里成为一种常态,其结果就是他儿子的体质越来越差,有时上几层楼梯都会气喘吁吁,完全不像一个年轻小伙子应该有的状态。

在"全面发展"教育思想和"满足不同学生兴趣"观点的指导下,将大量体育运动项目搬进体育课,各运动项目技能学习统一按照"小单元"进行排列和设计的传统做法,也即"普通体育课"的课程模式得以延续。有学者对当时的运动教材数量做过统计,结果显示学生在每学年实际60学时左右的教学时间内,平均需要完成涉及十余个运动项目77项教材内容的学习,运动技能学习呈现出一种"蜻蜓点水""低级重复"的情况。①

据毛振明教授的研究,学生在小学、初中、高中阶段的12年内,用900学时来学习590项不同的必修运动技能,在这种超负荷的教学内容要求下只能进行蜻蜓点水式项目扁平化的教学,于

---

① 彭小伟,毛振明."专项体育课"的发展过程与学理依据[J].体育学刊,2016(4):1-5.

是出现了平均不到1.5学时学习一项运动技能。于是体育教师"啥也不怕、啥也敢教"这种大而全的项目教学最后直接导致了学生在校期间通过1 440学时的体育课学习,最后结果是啥项目都没学会。其实体育课时的数量也得不到保证,这种计算的方式还是以体育课没被挤占为前提。实践中究竟哪些学校能做到呢?即使体育课没有被挤占,下雨天、下雪天学生还是会被赶到教室,那么教室中的体育课还是体育课吗?教育部体卫艺司王登峰司长提出强化体育课必须解决经过14年的体育课学习,大多数的人还没学会一项可以使他受益终生的体育技能的问题。①

　　14年的体育教学,14年的体育学习,无论是体育教师还是学生,都付出了时间、精力和汗水,然而最终结果就是大部分学生一项运动技能都没掌握,是老师教的水平问题,是学生学的态度问题,还是从一开始就制定了错误的教学计划,选择了错误的教学内容,还是其他原因?面对绝大多数大学生没有运动专长的事实,回溯各阶段体育教师在体育课上的教学场景,回忆学生14年的体育课学习经历,答案似乎并不难找。14年时间看似漫长,但精确计算一下,学生真正用于体育学习的时间有多少?体育课上教了多少内容?学生能掌握了多少?不考虑身体素质的差异,就普通学生而言,熟练掌握一项运动技能大致需要多长时间?为了便于比较,我们以排球项目为例,在竞技排球领域,有一句"三年成型、五年成才、八年成器"的说法,这指的是专业排球运动员成长过程的阶段性划分,虽然我们不追求专业运动员的水平和标准,但大致的水平进阶和时间累积却可以参考,我们都知道专业运动员的训练的强度和频率,体育教学与之完全没有可比性。每周一两次体育课,每周有限的课余体育活动时间,分散给身体素质练习、广播体操、队列队形、跑步,以及体质测试内容(立定跳远、投实心球、引体向上、仰卧起坐等内容)以后,基于兴趣爱好的专项练习时间到底还剩下多少?什么都教、什么都练、应付考试,

---

① 高鹏飞,周小青.社会距离与行业失范,学校体育课程价值的反思[J].体育与科学,2016, 37(3): 63-68.

第五章　学校体育基本问题的再思考

何来专注于具体的项目？怎能熟练掌握？此外，14年体育教学内容缺乏内在的逻辑与顺序，没有清晰的阶段目标，更没有内容、目标衔接的顶层设计与安排，无论是小学、初中、高中还是大学，体育教学的内容、方法、练习手段都是低水平的重复。

在我国，幼儿、少年、青年、成年、老年体育由不同学段的教育组织（托儿所、幼儿园、小学、中学、大学）或社会组织（社区活动中心、俱乐部、运动队等）分而治之。由于缺乏贯通性的理念，各年龄组的体育实施各行其是，多聚焦于短期目标，割裂多于衔接，冲突多于协同，无法形成积累效应。[①] 体育作为一门课程，与其他课程之间显著的差异在于体育课所传授的项目与项目之间没有明确的纵向关系，不同项目之间是一种相互平行的关系，它不像文化课程的延续性。儿时跳皮筋、丢沙包、老鹰抓小鸡的游戏，以及跳山羊、跑步、拔河等运动几乎不会对篮球、排球运动技术的掌握起具体的作用，甚至同属隔网对抗项目的技术动作，还会产生运动技能的负迁移作用。有时候在学习新技术过程中，已经掌握一项运动技能反而成为一种劣势，技术动作的影响和干扰是确实存在的，例如羽毛球运动对手腕的灵活性要求在网球教学中就会对固定手腕动作产生负面影响。此外，纠正错误动作往往比新学习技术动作难度更大。以运动技能形成的规律来看，其经历了泛化、分化、自动化几个阶段，虽然在练习过程中，这三个阶段没有明显的界限，但是运动技能由不会到熟练掌握之间的确存在非常明显的波浪提升和持续改进的特征。简言之，运动技能的形成不是一朝一夕的事情，即便是每天花大量的时间在运动技术上精雕细琢的专业运动员，要想熟练掌握和运用一项技术，也需要时间的累积。更何况每周只有一次到两次体育课的普通学生，其难度可想而知。没有丰富的本体感受，没有日积月累的骨骼与肌肉的协调，没有一次次的失败与挫折体验，没有精准的时间、空间以及动作顺序的链接，自动化阶段的技能难以形成。

---

① 任海.身体素养：一个统领当代体育改革与发展的理念[J].体育科学，2018，38（3）：4-11.

以动作技能的形成规律和掌握情况看,我们显然低估了学生掌握运动技能的难度,高估了有限学时内的体育教学效果,不然怎么会教得那么多,教得那么快。也有学者指出:"传统体育课堂重教轻学、目标空泛,'一刀切'和'大统一'的组织形式容易造成学生被动学习,很难掌握终身体育所需的运动技能。"[1]此外,由于长期忽略力量、耐力、柔韧等身体素质的练习,导致较差的身体素质不足以支撑某一特定项目的技战术要求,技战术水平止步于初学者状态。技术动作的生硬、失败、挫折感明显,趣味性自然不足。从整体上看,我国的学校体育从小学到中学、大学在目标、内容、方法、评价上存在互不衔接、不协调的现象。具体表现在:内容陈旧;大纲规定太死,灵活性太少;从小学到中学、大学,教材重复太多,缺乏娱乐游戏教材,实用性差,趣味性差等。其次,缺乏对学生体质和健康的一体化监控和评价,忽视学校体育对增进学生健康的功效、方法与评价,没有体现学生个体年龄差异,目标雷同。[2]许多学生14年体育课没学会一项运动技能,这是对当前我国学校体育教学较为客观的描述,既没有夸大也没有逃避。笔者以高校公共体育教学的视角,能较明显体会到当前大学生运动素养水平,许多学生的力量、耐力、灵敏、协调、动作模仿能力,基本奔跑、跳跃、平衡、脚步移动能力堪忧。从外部形态看,体型匀称、结实的学生比例非常少,要么干瘦型,要么肥胖型。总体感觉就是明显缺乏运动,灵活、协调的学生较少。

长期以来,学生体育需求的多样性与体育课程培养目标单一性的矛盾日益突出,体育知识技能获得的长期性与体育课教学内容的浅尝辄止的矛盾日益突出,技能获得与身体素质下降之间的矛盾日益突出。什么项目都学的"万金油式"的教学反而导致学生应具备的体育核心知识、专项技能、素质不强。运动成就感缺失,运动习惯并未养成。对此,有学者建议小学低年级应全面教

---

[1] 于素梅.核心素养培育背景下"乐动会"体育课堂建构[J].体育学刊,2018(2):63-67.
[2] 杨文轩,陈琦.体育原理[M].北京:高等教育出版社,2004:90.

第五章 学校体育基本问题的再思考

授学生基本运动技能,发展学生的基本运动能力;在小学高年级教授学生基本运动技能和准专项化运动技能(即适合全体学生学习和锻炼的非竞技专项运动技能),重点在基本运动技能;初中阶段教授学生基本运动技能和准专项化运动技能,重点在准专项化运动技能;高中阶段教授学生专项化运动技能。从而构建具有层次性的运动技能课程体系,使学生掌握基本运动技能的同时具有擅长的体育运动项目。[①]

除了专项化教学改革,也要特别重视学生生长发育过程中的身体素质敏感期,正如有学者指出,要抓住学生动作技能学习的"窗口期"。动作技能学习"窗口期",既是一个重要的创新性学术观点,更是体育课程教学改革的重大理论问题,也是体育课程建设与顺利实施的"关卡",是学生参与什么样的内容学习与锻炼,促进健康与技能掌握的最主要依据。动作技能学习"窗口期"是指专项运动的动作技能学习开始的最适宜年龄段。该"窗口期"不是泛泛地指开始接触某一项目,更不是将某项目所使用器材"游戏化"或"操化",而是正式开始学习某专项运动的动作技能。需要指出,非建立在动作技能学习的游戏化教学与建立在动作技能学习的游戏化教学有着本质区别,前者是以游戏为主,为游戏而游戏,如幼儿启蒙期的游戏化,多数情况并不直接指向动作技能学习,而是通过游戏发展孩子们的基本动作和增加他们的乐趣;后者是以动作技能为主,是为动作技能学习而游戏,游戏服务于动作技能的学习,如小学基础期的趣味化,学习某项专项运动时,会采取游戏的方式组织练习活动,但这类游戏是为动作技能学习而游戏。明确两者之间的本质区别,有助于理解和建构"窗口期"。[②] 少儿时期是奠定身体素养基础的关键时期,也是培养身体素养最有效的敏感期和窗口期,对其后的身体素养状态有深远

---

① 向新建,杨安禄等.论美国学校体育教学中的"技术主题"[J].武汉体育学院学报,2019(3):95-100.
② 于素梅.动作技能学习"窗口期"及理论建构——基于一体化体育课程建设的核心理论[J].体育学刊,2019,26(03):8-13.

影响。[①] 要以培养学生兴趣、养成锻炼习惯、掌握运动技能、增强学生体质为主线,完善国家体育与健康课程标准,建立大中小学体育课程衔接体系。

二、体育课上为什么组织不起教学比赛

多年来,体育教学与课堂体育竞赛之间存在明显断裂,体育运动的多元价值并未展现。比赛和游戏是体育运动的最直观表现形式,也是体育的精髓,比赛中蕴含许多教养和教育的素材。比赛中的团结协作与竞争、尊重对手与遵守规则,此消彼长的分数更是扣人心弦,哪怕是非常随意和简单的比赛,都很容易体会到胜利带来的巅峰体验以及失败带来的挫折感与情绪低落。与此同时,又会在短时间满血复活,在下一局一争高低,这是体育比赛特有的情景体验。

近年来,大家都在比较中国和日本的体育教育,大家都一边倒地认为我们的体育教育在提振学生的精气神、竞争意识、团队合作精神、吃苦耐劳精神、不畏艰险以及克服困难的精神上落后于日本。得出这样结论的最直接的依据是,日本青少年的体育竞赛开展得非常普及且全面,每天每个学生都在运动场上竞争。而我们的学生则基本没有这样的竞争。毛振明教授指出:要树立"比赛永远要面向全体学生"的教学指导思想,增加学生参加比赛机会。让学生体验比赛的乐趣,学习某一技术动作是用来比赛实践的,不能为了学习技术而学习技术,为了应付考试而学习技术。体育比赛让全体学生有展示成就的舞台。比赛对抗是体育乐趣的最重要来源之一,体验刺激、体验胜负是体育独特的魅力。除了胜利的喜悦与对抗的扣人心弦,体育比赛更大的价值在于比赛过程中参赛者体验到的艰辛、坚毅、笃定、忍耐、胜利、超越、赞赏等更为宝贵的心路历程。此外还有比赛得分的乐趣,例如投篮得

[①] 任海.身体素养:一个统领当代体育改革与发展的理念[J].体育科学,2018,38(3):4-11.

第五章　学校体育基本问题的再思考

分、扣球得分、射门进球、网前截击得分、高压球得分、羽毛球后场大力杀球得分、乒乓球正手拉弧旋球得分的乐趣等等。

练为战,没有竞赛、没有竞争、没有对抗、没有协作、没有配合的体育项目始终是缺乏氛围和趣味的。因此,体育教学中的技战术练习,要转化为比赛的竞争力,要转化为学生的乐趣。反观我国,放羊式教学和驯养式教学极其常见,唯独缺少精彩的教学比赛。放羊式教学众所周知,不必赘述,驯养式教学是指学生必须严格按照教师的指令要求在技能和体能上进行身体的机械性重复操演,类似于驯兽师的训练活动,具有代表性的就是在体育课进行兵操色彩的队列队形训练,球类课中的各种枯燥的无球步法练习。在体育课上,学生不仅没学会运动技能,课余时间,大部分学生也没机会(主要是水平不够)参加正式的体育竞赛,没有竞赛就没有竞争,学生就没有提高运动技能的欲望,就没有遵守规则的意识,更体现不出团队意识、集体主义的重要性,就无法形成胜不骄、败不馁等优秀意志品质。

唯有让学生在体育比赛中一展身手,体会竞赛、游戏的乐趣,才能形成更为稳固的练习自觉,才能使体育融入日常生活之中。在体育教学中,尤其是球类集体项目教学中,如何以最短的时间使学生展开对抗和竞赛是非常重要的。只有组织起比赛,学生的趣味点、兴奋点才能被点燃,技术练习、战术配合的自觉性才能充分调动。整体而言,我国各级学校体育教学中开展体育竞赛的教学组织与安排明显不足,以练习技术、掌握正确、规范的技术动作的教学所占比例过大。在趣味引领、竞赛吸引、学生学习兴趣方面的考虑不足,加之对技术规范与规则(排球的触网、持球、连击,篮球的走步、翻腕,等等)以及场地标准(如篮筐高度、排球球网高度)和竞技体育对标,造成学生在练习、比赛中非常容易被判犯规。人为中断竞赛的流畅性,趣味性大大降低。对身体素质一般的初学者而言,困难、挫折、失败体验过多,成功、喜悦、自信感缺少,这样的教学理念不利于项目的开展,更不利于激发学生的运动兴趣。对此,从根本上改变过去根深蒂固的竞技体育理念,切实从"突出教学的重点、讲究实用、降低难度、简化规则、注重参与、改进教学方法等弱化竞技项目的理念"入手;从影响学生学习掌握运动技术、影响比赛发挥的全局出发,建立一种全新的,明显区别于竞技项目的教学理念势在必行。

三、运动技术的消退与巩固、运动技术的学以致用

低水平重复的体育教学过程,学生并不能体会到运动的价值和实际的用处,技术练习仅仅停留在学习、模仿、低水平重复阶段。没有深刻体会到运动的潜在价值,很难转换成运动的自觉和锻炼的自律。这种考试要求、必修强制、被动参与的体验除了痛苦、无聊别无收获。教与学脱节,学了不练,就如同我国广被诟病的英语教学一样,十几年的学习,依然张不开口,听不懂,除了做题什么都不会。为了学英语而学英语,为了考试而学英语,学了不会用,学生对英语抵制可见一斑。同样的道理,学习运动技术、战术,其目的不在于技、战术本身,而在于能在比赛中展现出来,形成"战斗力"。当前的体育教学没有让学生达到自觉学习、主动学习、学了就用的程度,体育练习过程中内生动力不足的问题一直没有得到有效解决。除此之外,外在刺激建立起的"学习应激"具有明显的"消退效应",尤其在学习初期,这种"消退效应"更加明显。即,学了如果不反复练习和巩固,所掌握的技术是会逐渐消退直至消失的。这一点,就连奥运冠军也不例外,只是他们的学习应激更为深刻、牢固,消退的速度较为缓慢罢了。即便这样,他们退役和停止高强度训练后,以前的技能消退也是不可避免的。

学校体育中学到的技、战术,如果最终没能形成一种学习自觉和转换成生活化的一部分,即便再延续十年体育教学,我们也会发现,学生最终"都忘光了"。许多学者一直关注十几年体育必修课的内容衔接问题,教学顺序问题,课时问题,却很少从"学理"层面思考和解决学生体育学习的"消退效应"。既然"消退效应"不可避免,唯有不断练习才可以巩固运动技能。

第三节　体育教学内容的内在逻辑与专项化改革

一、体育教学内容的内在逻辑

研究认为,小学发展趣味体育、重视身体协调发展与运动习惯的养成;初、高中阶段就应开展专项学习、综合提升体能和运动技能,使学生能享受到竞赛的乐趣;到大学,重视学生的个性化发展,满足不同需求、不同水平、不同目的的体育教学,真正实现体育生活化,以强健的体魄来应对学业负担与未来工作与生活。在体育教学大纲中,需要系统设计并有效衔接从幼儿园、小学到大学的 14～16 年的身体发育与素质提升计划、运动技能教学计划、健康教育与干预计划、运动习惯养成计划。只有这样,学生的体育获得感、参与积极性才能提高。

锻炼习惯的养成不是一朝一夕的,不但需要恒心和毅力来不断克服身体、意识的惰性和环境的阻碍,还需要有运动成就感以及身体自信等复杂内因的驱使。有学者把克服惰性、排除干扰参加体育锻炼的恒心和毅力称之为运动信念。[1] 因此,是否具有持久稳定的运动信念是体育锻炼习惯养成的重要影响因素。运动信念的树立是从个体需要动机出发,通过特定体育实践,获得深刻的运动认知体验,最终形成对体育锻炼正确的认知与依赖,并习惯性地把体育锻炼行为持之以恒的坚持下来。有研究指出,支撑体育锻炼习惯的运动信念,正是锻炼者从运动健身的动机出发,在体育实践中逐步深化体育运动具有增强体质、促进健康重要价值认识的基础上逐渐形成。现有研究对于体育锻炼习惯与运动信念形成机制的认识具有科学合理性,对于体育锻炼的实践

---

[1] 彭小伟,毛振明."专项体育课"的发展过程与学理依据[J].体育学刊,2016(4):1-5.

活动也具有一定解释力,但存在明显不足之处,即将体育锻炼习惯的支撑力量完全归于运动健身信念,忽视运动信念的多元化。已经开展的锻炼动机研究涉及各年龄段群体,具有代表性的研究结论是影响体育锻炼动机的因素并非是单一、静止的,而是多样、变化的,并且贯穿于体育锻炼的始终,青少年儿童体育参与动机与坚持动机的首要因素并非是运动健身,而是享受运动乐趣。因此,支撑青少年体育锻炼习惯养成的,并非运动健身信念而是运动愉悦信念。让青少年儿童感受并不断强化运动愉悦感,是建立青少年儿童运动愉悦信念的重要途径,也是体育课程模式设计的重要依据。青少年儿童感受运动乐趣的方式也存在年龄差异:少年儿童早期主要是通过身体活动满足好奇心,体验由运动引起的兴奋和愉快感;初中生和高中生则关注于提高技能、进行自己擅长的运动带来积极性情感体验。[①] 因此,从建立学生运动愉悦信念并促进体育锻炼习惯养成的角度出发,在儿童时期即小学阶段,体育课程应安排多样化的身体活动,充分满足学生好奇多动的需要;进入中学阶段后,则应专注于运动项目选择与运动技能水平的提高。

传统"普通体育课"正是忽视不同学段体育课程模式设计上应具有的差别,一直沿用"全面体验、蜻蜓点水、低级重复"的做法,因此不能满足青少年阶段体育学习的需要,甚至以社会需求替代个人需求,将青少年体育学习的直接动机理解为追求体质健康。[②] 忽视享受运动乐趣的需要,体育锻炼习惯的培养也就缺乏根基。"专项体育课"更加关注以运动技能的提高强化青少年体育学习的成就感,按照学生兴趣选择运动项目并进行相对深入的学习组织形式,更有利于青少年运动愉悦感的培养。[③]

运动技能的学习高度依赖小脑和大脑的低级中枢,这些中枢

---

① 季浏.体育锻炼与心理健康[M].上海:华东师范大学出版社,2006:146-147.
② 曲宗湖,杨文轩.学校体育教学探索[M].北京:人民体育出版社,2002:23.
③ 彭小伟,毛振明."专项体育课"的发展过程与学理依据[J].体育学刊,2016(4):1-5.

比大脑其他部位有更大保持动作痕迹的能量。运动技能学习与保持的这一特殊生理基础,可谓有利有弊:一方面可以使已经学会的运动技能不易遗忘,如学会了游泳和自行车的人,若干年以后,虽未经练习,其技能还能保持如故;另一方面,为在这些低级中枢留下"动作痕迹",也需要比语言知识的学习付出更多练习时间,即"过度练习"才能实现。[1] 普通中小学体育课每节 40~45 分钟,其中要安排课堂组织、准备活动、教师讲解示范、学生自主与分组练习、纠错等环节。学生真正练习和体验专项技术的时间非常有限,如果再考虑到复习内容与新授内容的穿插、大班授课、体育场地器材保障等因素,平均到每项教材、每名学生的练习次数远远达不到"过度练习"要求,自然也不利于动作技能的保持。当同样的运动技能在下一学期或下一学年再次出现时,学生已经基本遗忘,只能重新学习,"低级重复"的现象不可避免,这也是为什么在大学体育课堂中还会出现"基本的准备姿势""基本的持球手型""击球部位""用力顺序"等最为初级的、在中小学阶段就应完成的教学内容。正是由于运动技能形成过程的复杂性、长期性,需要不断重复、累积运动体验,只有专项化的教学才可能巩固所学技术,什么都教、什么都学,最终的结果就是什么也没教会,什么也没学会。

二、体育教学的专项化改革

2015 年,教育部体卫艺司司长王登峰坦诚地说:"全国范围内,能达到专项体育课教学条件的学校可能不到 5%。"这种在小学、中学、大学的体育课无专项化教学,再加上没有很好的系统性顶层设计,导致学生在体育学习过程中出现了普遍的低级重复现象。这主要由于乡村和城镇学校体育课的异质性,体育课受到的重视程度差异、体育教师的业务水平和敬业态度不一所致。不到 5% 的学校进行专项教学,也就是说大部分学生只能进行简单的

---

[1] 董奇,陶沙. 动作与心理发展[M]. 北京:北京师范大学出版社,2011.

项目认知学习,来不及体会运动项目各项技术,更少有机会体验运动竞赛所带来的身心别样的运动感觉。在无运动专项的体育课中,虽然历经1 000多个课时的学习,学生学了篮球不会打、学了足球不会踢就不足为怪了。

现任篮协主席姚明曾多次提出推广专项体育课的政协提案。他认为,就像学习音乐要以乐器为依托,专项体育课能够让学生即使运动能力不一定能达到专业水准,也一定会对这个项目有兴趣、懂门道,在赢得自信心的同时,为终身锻炼奠定基础。[1]"专项体育课"达成学校体育"三位一体"目标的具体作用机制包括:建立青少年运动愉悦信念、促进体育锻炼习惯的培养、增加"主动运动"时间,进而提高学生体质健康水平;提高专项运动技能水平;以运动技能学习的成就感提升自我效能感,促进个体人格的发展,以专项运动竞赛提供社会规范学习情境,促进社会人格的发展,实现对青少年健全人格的培养。[2]

当前我国学校体育"三位一体"目标,一是增强学生体质健康水平,二是提高学生的运动技能,三是培养学生的健全人格。[3]上述目标是对学校培养"全面发展的人"总目标的细化和具体化。"专项体育课"能够作为全面落实学校体育"三位一体"总体目标的突破口,主要依据是:(1)运动技能学习是促进身心全面发展的有效途径,因为运动技能学习是身心活动的高级过程,这一过程既有生物性改造的作用和效果,达到增强体质的目的,也能带来丰富的情感体验,促进学生心理健康发展。(2)运动技能学习具有"一项多能"特征。事实上,每一项已发展成熟的运动项目,都是人类在进行身体锻炼与身体娱乐过程中所取得的成果,都包含着丰富的技战术内容,对于参与者的身心发展水平有全面的要

---

[1] 王军利.身体规训与生成:青少年体育锻炼不足的学校体育实践反思[J].青年研究,2018(1):113-119.
[2] 彭小伟,毛振明."专项体育课"的发展过程与学理依据[J].体育学刊,2016(4):1-5.
[3] 王登峰.贯彻落实十八大精神努力提高青少年体质健康水平[J].中国学校体育,2013(1):2.

求,在进行学习与锻炼时,也能对练习者身心发展起到促进作用,即运动技能学习"一项多能"的特征,而这一特征正是"专项体育课"能够促进学生素质全面发展的重要依据。(3)运动技能的"个性化、专长化"学习是全面发展的持久动力。[①]只有进入个性化、专项化的学习阶段,体育参与的内生动力才能被激发,学生的运动技能才会由量的累积转变成质的提升,运动乐趣、身体自信等高阶体验才会出现,运动习惯自动生成。

长期以来,"全面发展"是"个性发展"基础的观点被普遍接受,但"个性发展"是保证"全面发展"持久动力的规律却被忽视。实际上,真正意义上的"全面发展"追求的恰恰是"个性",要想在某一运动技能上形成专长,就必须提升或弥补自身薄弱甚至缺失的素质。运动技能专项水平越高,各项身心素质的水平也随之提高。"专项体育课"就是抓住"全面发展"与"个性发展"之间的辩证关系,促进学生身心健康水平持久全面地提升。

毛振明依据"增强课程的实用性,为终身体育打基础"的原则,将教材划分为"精教类""简教类""介绍体验类"和"锻炼类"4种类型,提出"精教类"教材应采取大周期循环、大单元教学的方式进行编排,将指导体育教材排列的传统"直线螺旋理论"发展为"大小周期循环理论",奠定由"普通体育课"向"专项体育课"演进的基础。专项体育课的优势在于能加深学生对某一运动项目的学习深度,从而真正掌握该运动项目的专项知识、技能以及文化内涵。

2014年,教育部在总结几年来学校体育工作先进经验的基础上,决定加强学校体育"一校一品工程"建设,要求各地区和学校因地制宜,依托本地教学资源,突出专项体育教学,并提出"1+X"体育教学改革模式。"1"是指在体育课上要至少教会学生一项运动技能;"X"是指发展跑、跳、投等基本运动技能。鼓励学生在掌握一定基本运动技能的基础上,自中学阶段可以根据自己的兴

[①] 彭小伟,毛振明."专项体育课"的发展过程与学理依据[J].体育学刊,2016(4):1-5.

趣专门学习一个或几个项目,进一步推动"专项体育课"的开展。而在2015年全国政协十二届三次会议期间,政协委员姚明"推行专项体育课"的提案,就是根据上海市高中体育专项化教学改革试点的经验,就"专项体育课"的意义、内容、组织、保障等进行阐述,提案得到学校体育界的普遍认同。[①]

第四节 我国传统学校体育功能与目标的认知局限

当前,传统的学校体育功能与目标的理论已经在实践层面遇到困难和挑战,表现出明显的局限和不足。整体而言,学校体育的基础理论研究缺乏跨学科研究和整合研究;学校体育基础理论与脑科学、心理学、教育学等学科的关联度不够紧密;引用其他学科理论支撑和扩展学校体育理论的氛围还未形成;学校体育就体育论体育的现象还比较明显;研究视角、研究素材、研究领域还比较狭窄;对学校体育基础理论的整体把握和学校体育实践的深刻洞察还较为匮乏。我们急切需要在相关医学、神经学、脑科学、心理学以及社会学等学科理论支持下,重构学校体育的功能与目标,尤其是形成一批有扎实理论依据、有严谨科学实证,有关运动的特殊功能、机理、原理的研究,以支撑学校体育的地位提升。更需要把相关研究成果在整个教育界进行广泛宣传和交流,以扭转学校体育在学校教育中不利的局面。

培养目标关涉"人是什么"的深层哲学观念。优化培养目标的表述方式,使培养目标反映更真实、更先进的人学理念,在更深刻、更全面的层次上理解和把握人的内在规定性,是我国基础教育课程方案变革的重要取向。一是要突出人的内生性。反映人的内生性的培养目标表述,从突出知识的传授转向人的内在能力和品格生成逻辑,更加倚重于从能力、品格和情感生成的角度看

---

① 彭小伟,毛振明."专项体育课"的发展过程与学理依据[J].体育学刊,2016(4):1-5.

第五章 学校体育基本问题的再思考

待知识,着力于从人的自主、实践、体验的角度描述学生在课程学习中的成长逻辑。二是要突出人的过程性。人是一种过程性的存在,永远处于发展过程中,只要活着就没有所谓的结果性的状态。基础教育课程方案中培养目标的表述应当更加突出人的发展的过程性,更多采用过程性的表述,使培养目标的表述更加符合人的发展规律。例如,"具有终身学习的能力"是一种结果性的表述,"不断提升终身学习的能力"则是过程性的表述,后者更符合人的发展规律。[①]

在体育促进身心健康发展方面,我们重视对身体素质的锻炼和提升,关于具体项目对参与者心理健康、成熟心智方面的研究还显得非常单薄和无力,大家经常习惯性地用身心健康笼统表述,怎样促进心理健康,途径、效果、方法以及学生真实体验等实证研究还远未达到说服学生的程度,某种意义上甚至还没有完全说服体育教师,更不用说体育教师在教学中阐明。体育锻炼的价值、功能毫无疑问被严重低估和弱化了。因此,我们需要体育科研工作者和体育教师一起,运用数据、实证来重新评估体育课、体育锻炼给青少年带来的除身体素质以外的其他改变。只有学校体育的践行者深刻体会和理解体育课、体育锻炼的价值,其在工作中的成就感、使命感和责任心也才会达到与之相匹配的高度。

传统的对学校体育功能与目标的认知在学校教育不断发展变化的大背景下表现出种种困惑与不适。具体表现在:学校体育的功能并未达到预期的效果,部分功能甚至成为否定、怀疑学校体育工作的反面例证。就目前学校体育的现状而言,达成学校体育目标的难度较大且任重道远。学校体育通过培养学生的体育兴趣、态度、习惯、知识和能力,增强学生体质,促进学生全面发展。目前,国内学界对学校体育的价值、功能作了较为全面而深入的探讨。陈晓峰认为,学校体育是学生体质健康的"稳定器",学生心理健康的"安全阀",素质教育的重要突破口,国家竞争力

---

① 龙安邦,余文森.我国基础教育课程方案变革 70 年的回顾与展望[J].中国教育学刊,2019(10):28-35.

的重要保证。黄晓丽等认为,时代性、多元性、延展性、创造性是学校体育的价值特征,其本位价值在于增强学生体质,人文价值在于提升学生自我意识和文化自觉,内在价值在于维护和发展学生生命。有研究指出,学校体育功能主要表现在两个层面:一种是物质层面,学校体育有助于学生掌握体育和健康相关方面的知识、技能和技术,以良好的体育自觉行为促进体质健康;另一种是精神层面的,学校体育有助于学生学习和培育体育精神、规则意识、社会道德和良好品质,促进学生身心全面发展。[①]

当代体育活动已超出单纯锻炼身体、增强健康的狭义理解,被看成是现代人高品质的生活方式,是个人、群体、物种的精神面貌和文明水准的重要反映。[②]根据国家"十二五"普通高等教育本科国家级规划教材《学校体育学》(第三版)中的表述,我国学校体育的目标是:有效增进学生健康;使学生能够较为熟练地掌握和应用基本的体育与健康知识和运动技能;能培养学生的运动兴趣和坚持锻炼的习惯;培养学生良好的心理品质,提高人际交往的能力和合作精神;提高学生对个人健康和群体健康的责任感,形成健康的生活方式;形成积极进取、乐观开朗的生活态度;提高少数学生的运动技术水平。

通过上述表述我们可以看出,无论是健康目标、知识和技能目标,还是兴趣与习惯目标在学校体育实践中的达成度都不高,部分目标如运动技能、学生体质健康数据等还受到体育内部乃至社会各界的广泛批评。学校体育的功能与目标需要有更多的实证研究,不能停留在学术内部认同的阶段,应该在更大的范围,更多的人群中获得学理的认同,也不能停留在语焉不详和牵强附会阶段,而是要既实事求是地说明体育锻炼增强体质的功能,又不夸大体育锻炼的功效,更要有学校体育功能的局限意识、协同意识(一些功能的发挥需要借助外力)。

---

① 孙波,傅琴.健康中国战略下学校体育治理的问题与对策[J].广州体育学院学报,2019(04).
② 胡小明.论体育与艺术的关系[J].体育科学,2008,28(10):3-8.

第五章　学校体育基本问题的再思考

在制定学校体育的目标时要避免大而全、散而杂,要进行目标的分类。还要思考在学校体育具体工作中与目标对应的具体操作办法和手段,要对目标达成度、目标可行性进行前期论证,不能让制定的目标落空。也应该有具体的落实方案与任务分工,只有这样,学校体育目标才可能更科学合理,才有可能实现。在具体目标方面,例如学校体育的"育体"目标要和"育人"目标紧密结合,不能割裂,不能泛化,也不能矮化。

学校体育的目标、功能、价值需要深层共识,没有深层共识难以实现目标,发挥不出功能,体现不了价值。在深层共识方面,学校体育的问题其根源在于体育的问题,为什么在人们眼里,体育不像一门学科?就是因为体育学缺乏属于自己的话语体系,缺乏对体育问题的深层思考。我们的体育理论与实践还是过多地停留在"必须""应当"这样的认识水平,实际上,没有实然命题,何来应然命题呢?"必须""应当"告诉我们的是如何去做,很难告诉人们怎样去想。他告诫我们的常常是指示、指令、规定等必须遵守的话语,很少有理论、原理、思想,而恰恰理论、原理、思想这些才是影响人类更为深刻的东西。[1]分析认为,学校体育工作边缘化,体育教师职业认同感低,其中一个重要的原因就是体育基础理论研究的薄弱。我们缺乏一些有基础理论支撑、有实践数据佐证、在学校所有教师群体达成深度共识的研究。例如,长期以来,无论是官方还是学术界,均以健康第一作为学校体育的指导思想,这样的宣传和价值引领无可厚非。然而,对体育与健康高度关联的宣传与强化,在大众认知中形成了简单的体育与健康的因果结论,当遇到青少年身体素质下降和健康问题突出的时候,这种简单捆绑健康以凸显体育价值的做法,非但没有彰显出体育价值的本真,反而成为大家质疑的对象。虽然运动锻炼是促进学生身心健康最为有效的手段之一,但仅仅靠体育课教学、课外锻炼、课余竞赛等运动手段不一定会导致身心健康的结果。因为影

---

[1] 马卫平.体育哲学[M].北京:北京体育大学出版社,2015:27.

响身心健康的因素多且复杂，除了运动锻炼，遗传、生活环境、营养、生活习惯等都对身心健康具有重要影响，只注重运动锻炼，不重视营养以及良好生活习惯的养成，健康第一就只能成为口号而无法实现。体育锻炼可以促进身心健康，但也存在运动损伤、运动风险等和健康背道而驰的潜在风险，这是需要重视和强调的，不能刻意隐晦和避之不谈。

缺乏理论思维，就难以应对和解决体育实践中的问题和困难。除了在实践层面的应用研究，对体育原理、原则、规律的深刻理解与把握是基础更至关重要。我们在向学生宣传运动的好处、健身的益处乃至教学采用的方法、措施、手段的时候往往是基于经验，而非原理。当前学校体育领域中的问题日益严峻，这些问题很大程度上源于学校基础理论研究滞后，对学校体育工作的支撑不够，且学校体育的价值、功能在学理层面深挖不够、彰显不足。关于体育教学、体育教师、体育课、学生身心健康、运动安全等诸多问题缺乏通盘考虑与整体反思。此外，大部分体育教师对体育的价值、功能阐述不清且盲目自信，也是形成学科偏见、课程偏见、身份偏见的重要原因。

第五节　没有了极点、二次呼吸的体育教学还剩下什么

极点、二次呼吸是运动生理学中的两个概念，是描述个体运动极限状态以及克服极限状态后的一种特殊本体感受，是一种常见的运动中的生理反应。在人体在剧烈运动过程中，往往产生一种非常难受的感觉，此时感到呼吸困难、肌肉酸痛、动作迟缓、情绪低落，而不愿意再继续运动下去，这种状态就叫作"极点"。极点产生的原因是由于内脏器官的机能跟不上肌肉活动的需要，发生氧气供应不足，乳酸堆积，以及由此引起的呼吸频率、心率不断增加，血压升高，导致呼吸循环系统失调。这些失调的刺激传入大脑皮质，使运动中枢受到抑制，人体的动作变得慢而无力，协调

性下降。极点出现后,凭着个人意志和毅力再继续坚持运动,随着机能的调节及内脏器官机能的改善,氧供应增加,乳酸的清除加快,植物性神经中枢的惰性得到克服,极点出现的现象及症状就会逐渐消失,生理过程将出现新的平衡。这种现象在运动生理学上称为"第二次呼吸",也简称"二次呼吸"。此时呼吸变得均匀而加深,动作感到轻快,不舒适感逐渐消失。

"极点"与"二次呼吸"是长跑运动中常见的生理反应,其他激烈运动中也会出现。极点出现的早晚,与个人的体质、训练水平有直接的关系。为了在运动过程中从容面对它们,运动参与者平时应加强锻炼,不断提高机体对运动的适应能力,延缓极点出现的时间和减轻症状。当极点出现后,应适当减小运动负荷,加深呼吸,上述异常反应可逐渐缓解或消失。随后,运动又重新变得轻松、协调,运动能力又得到提高。需要指出,随着极点体验次数的增多,极点出现的阈值会越来越高,身体机能与素质均会得到相应提升。相同的运动量和运动强度不能引起极点反应,这是身体素质提升、心肺机能增强的确凿证据。

没有极点和二次呼吸的体育课反映的是体育课运动强度和运动量的不足,体育课某种程度上沦为玩耍课、放松课,运动带给人坚毅品质、不屈不挠精神、超越自我的追求等优良品质只能停留在理论层面和口头上,而不是深刻的身心体验。毋庸置疑,体育锻炼是艰苦甚至是痛苦的,尤其是耐力性项目对心肺的刺激会产生明显的不适,有时候甚至在运动后的几天,都能体会到肌肉延迟性酸痛。但是,正是由于这样的不适甚至痛苦的感觉,才对机体产生重要而深远的影响,如体质的改善、运动技术的娴熟、免疫力的提升,还有助于今后更充分的体验运动带来的快感和乐趣。

一般而言,体育课的运动强度,在不对学生的机体造成伤害的情况下,只有让学生在运动中体验极点与二次呼吸,体验用毅力去克服惰性,才会让他们越来越"坚强"。不能因为眼前的一点儿困难,便随意停下来。现在独生子女居多,随着生活水平的不断提升,在其成长过程中非常缺乏一些艰苦条件下的学习、生活体验。而艰难、挫折作为生活的重要组成部分,谁也无法避免和逃避。他们最终都会走向社会,必须直面各种困难和挑战,必须学会与人相处。在体育课以及体育比赛中,能培养他们这种坚忍不拔、勇于面对、超越自我的能力。体验极点与二次呼吸就是要在极限状态去超越自我,克服惰性,增强耐受力。

第六节　再论"百练跑为先"

美国作家克里斯托弗·麦克杜格尔曾在其著作《天生就会跑》中对跑步这一基础而又有着十足代表性的体育运动形式有所体悟:人类依靠奔跑而在与动物的竞逐中得以生存下来,又在奔跑中感受着肌肉、呼吸和思想融为一体的生命活力,更在长距离耐力跑所带来的身体极限中,体味着人作为生命个体那迫切而炽热的生存需求与生命意志。诚如书中所言,人类天生就具有奔跑的欲望,需要做的只是将它释放出来。人们似乎是在奔跑中感受和体验着自身的生命存在,跃动的身体不断感受着原本外在而陌生的客观世界,呼吸与脚步寻找着人与世界朴素而真诚的沟通。又在沟通与互动的过程中逐渐地融入其中,而在客观世界中建构着外显而生动的奔跑着的人的生命形态。[①]在这一过程中,运动的身体俨然也成了客观世界中生命体的构成,而使人的生命潜能释放有了具象的物质化显现。这便是席勒所谓人之感性冲动具体的体现。人需要将自身潜能转变为一种物质实在,这种需要是生命存在的自然驱动力,是生命潜能亟待迸发的自然表征。体育使人通过运动着的身体这个物质化实在而觉知到自身生命活力的存在,这是唯有运动着的身体才能显现出的人那与生俱来生命潜能,也是人的感性冲动在体育中最为真实而形象的体现。

在人的成长过程中,最为重要和珍贵的心理品质有哪些?我

[①] 杨韵,邹玉玲 游戏冲动——席勒美学思想观照下体育的审美本质[J].体育科学,2013,33(1):89-93.

第五章　学校体育基本问题的再思考

想没有人能够否认坚持、拼搏、坚定、毅力的重要性。而这些品质从何而来？答案不在于课本当中,而来自真实的生命体验。体育运动提供了,而且是全方位提供了获取这些珍贵品质的机会。例如在长跑过程当中,发令枪响的一刹那,我们是否期待和兴奋？当跑出的那一刹那是否进入了一个忘我的状态？当经过一段时间的体能消耗之后随之产生了疲劳,呼吸困难,心跳加速,腿脚沉重,无论是谁在这一刻或多或少都会有一些想要放慢脚步,想要停下来,甚至想要放弃的念头出现。当看见前面快速奔跑的身影,当想象着自己冲过终点并获胜的场景,当想到大家都在坚持,而我怎能放弃,当想到我能不能比上次的成绩再有所提高等问题的时候,是否内心又升腾起一股力量？那是坚韧的力量,坚持的力量,拼搏的力量,在这样的力量加持下重新迈开脚步,加大呼吸,这个时候,我们就完成了自我的超越。这种心理体验过程是弥足珍贵和难忘的。广泛开展全国亿万学生阳光体育运动,尤其倡导经济可行、终身可练的长跑活动。它不仅是青少年体质健康标准的弱项,也是锻炼意志品质的强项,对心血管功能、呼吸系统功能的提升作用巨大。[①]

长跑,一个最为常见但却蕴含着丰富、宝贵的心理体验的项目。它看似简单枯燥的动作,却能让我们清晰深刻体会到心力交瘁、痛苦、放弃、隐忍、坚持、笃定、超越自我、愉悦、轻快等一系列心理体验。通过长跑,可以真正认识自己,触摸到内心的自己;通过长跑,可以打开自己潜能的盖子,为成就自我、做自己奠定基础。当然,同样的场景可能有不一样的结果,有的人轻易地减缓节奏,甚至放弃了比赛。稍有困难、稍有不适便放弃的人,在生活当中,在工作当中何尝不是这样呢？事实上人生本来就是一场长跑比赛,结果如何取决于你的坚持和忍耐,取决于你的定力,取决于你的精神和斗志。这也正是运动带给我们的珍贵体验,是书本知识给予和替代不了的。在运动中那些克服自身的惰性,克服身

---

① 杨文轩.课程改革背景下学校体育改革与发展研究[J].体育学刊,2018(5):1-4.

体不适,克服种种困难的人,坚持、毅力、坚持等宝贵品质也将使他们在未来的生活和工作当中受益。

第七节　学校体育健康理念的偏差与纠正

"健康第一"作为学校体育对外宣传最高频的核心词汇,一直以来都是广为人知并深入人心的,然而从医学、遗传学、营养学、环境学的角度,结果可能并不一致。我们都知道,在影响健康的诸多因素当中,以体育一己之力无法背负健康的重任。何况,在体育运动过程中还存在一定的运动风险,如果把时间拉长,几乎每个运动参与者都有过运动损伤,甚至不乏因运动不当造成的严重伤病的经历,这些都是不容回避的,和健康相矛盾的真实存在。科学合理的体育运动对参与者身体和心理健康的促进作用是毋庸置疑的,然而不可回避的是,因为准备活动不足、运动后放松整理活动欠缺、场地器材不达标、激烈对抗等因素造成的运动劳损、伤残,甚至是极端事故也是屡见不鲜的。

当我们对健康的理解越来越全面、深入,越来越客观的时候,我们愈发感到运动与健康的非因果关系,同样,我们需要辨析体质和健康的联系与区别。无论是增强体质还是健康第一,这都是一种预先设定和期待的结果,然而在运动参与过程中,并非都指向预设和期待的结果。并非所有的运动参与者都是为了增强体质和健康的目的,体会乐趣、消磨时光、以球会友、追求卓越都可能成为运动参与最为吸引人的理由。因此,一味地强调健康第一的理念除了面临理论困境以外,在实践层面,我们也不得不疲于应对和解释一些和我们所宣传和期望目标不一致的质疑。有研究指出,影响中小学生健康的主要因素为课业负担过重、升学压力过大、睡眠不足、膳食不合理、缺乏体育锻炼、网络成瘾等;影响大学生健康的主要因素为过度熬夜、睡眠不足、抽烟喝酒嗜好、就业与考研压力、不按时吃早餐、没有养成体育锻炼习惯等就身

第五章 学校体育基本问题的再思考

体健康而言,相比药物与医疗的治疗与干预效用,均衡营养、良好生活环境对健康更有支持与保障意义,体育对健康的作用更多地体现在促进、改善、预防和辅助性质(例如降低慢性疾病的风险),而非具有决定意义的因素。

"健康"曾经一度被视作体育与人之关系的基点。但是,随着健康观念的改变以及健康标准的扩增,再从健康的层面来认识体育与人的关系似乎不足以彰显体育的价值。毕竟,从健康标准来看,体育对人的健康的贡献率是不大的。另外,从经验来看,在健康的层面比较,以体育为职业的高水平运动员人群并不一定好于其他人群,甚至就体育人口与非体育人口相比较而言,也很难在总体上分出健康水平的高下。[1] 仅仅把学校体育聚焦于学生的身心健康、身体素质等学校非核心关切的"育体"之上,而不去挖掘和彰显体育的"育人"功能,导致学校体育始终游离于学校人才培养的边缘。更重要的是,过分强调体育的健康功能,还会因其学生体质健康测试数据的持续下滑而引发批评与质疑。体育教师内部也引起了争论甚至自我否定,在学校体育设施"日渐先进"、体育师资专业化程度不断提升、国家不断出台文件对学校体育予以特别关照的时代背景下,学生的体育素养、身体素质、体质测试数据不升反降的结果是很难被大家理解和接受的。分析认为,体育锻炼可以增强身体素质、增强体质,但体质不等同于健康。健康的概念已经有非常成熟的、公认的解释,无须争论。体育锻炼是健康促进的一个方面,但绝不是全部,更不能用加强体育锻炼一定获得健康进行错误暗示与引导。速度快、力量大、跳得高和身体健康之间没有任何必然的联系。

体质和健康都涉及人体的形态发育、生理机能等方面,它们之间既有不同,又有联系。体质是生命活动的最基本要素,也是健康的物质基础。在研究领域,体质与健康的定义和范畴不同,但互有交叉。健康以疾病状态及其影响因素为核心,以没有疾

---

[1] 唐炎,宋会君体育本质新论[J].天津体育学院学报,2004,2(19):36-38.

病、健康长寿为追求目标,提倡追求人体在躯体、精神和社会的完满状态。而体质则强调了人体结构与机能之间的协调发展,重视人体在完成日常生活和突发应急方面的潜在能力,体质侧重于体格、体型、身体素质、运动能力等,强调人体的潜力,即在完成日常生活基础上人体所具有的能够胜任更高的应激状态的能力,也包括对疾病的抵抗能力。而健康则侧重于研究涉及人体组织结构的生理功能以及异常、疾病和死亡。前者侧重从"外观",而后者多从"内部"研究人体。正如我国有学者对体质与健康的关系所概括的:体质可以"一分为二",即健康和体力,两者不能互相代替,各有独立的含义,也不能分别单独代表体质。[1]

让学生健康并不仅仅只是体育老师的工作,还需要学生家长、班主任以及社会各界的齐心协力与通力合作,需要各方创造出有利于学生健康行为、健康习惯的氛围,提供学生获得健康、增进健康的路径。例如,给学生传授健康的知识,帮助其建立健康意识;提供健康的饮食,健康的生活环境(水、空气等);给学生充足的睡眠时间,这些因素不是仅靠体育老师可以完成的。

在很多人看来,体育课教学效果不佳以及体育活动开展不力是学生体质下降的最主要的原因,而要改变这种状况,就必须对学校体育课程、学校体育活动、学校体育管理方式等体育教育的要素加以深度改造。毋庸置疑,学校体育工作中存在的一系列问题确实是学生体质下降的重要原因,然而"重要"并不等于"唯一",除却学校体育自身存在的问题外,还有很多其他的因素(如学生学业负担重、锻炼时间少,再如学校担心运动伤害事故的出现,减少学生课外活动的时间等)也会引起学生体质的下滑。所以,我们不能把学生体质健康水平的提高当作学校体育的合理开展的必然结果,认为只要优化现阶段的体育课或者体育活动,就

---

[1] 王梅,王晶晶,范超群.体质内涵与健康促进关系研究[J].体育学研究,2018(5):23-31.

第五章　学校体育基本问题的再思考

一定能改善中小学生的体质健康状况。[①]

　　青少年时期是个体一生中身心状态最好的阶段,无论精力、体力还是新陈代谢水平,都呈现出日臻完善与协调的状态。对青少年健康议题的过度关注不但舍本逐末,还引发了学校体育核心价值逃逸的问题,即"育人"。体育对人的改造、塑造、影响是全方位的,不是简单的身体素质、健康等生物层面,体育的核心价值在于促进生长发育,在于劳逸结合、娱乐身心、健全人格,在于锤炼意志。

---

① 李全生,高鹏,仓海.泛体育教育观——基于全面发展教育理论的学生体质问题研究[J].北京体育大学学报,2016(4):96-100.

第六章 学生体质测试工作之省思

面对青少年学生的高肥胖率、高近视率和耐力、爆发力等身体素质的不断下滑,相关部门不断下发文件强调学校体育的重要性。有专家坦言:"当下许多校园活动,都以各种理由,在向活动的形式化、学生的舒适度和过度安全性、应试教育的普遍性进行妥协和让步。当下的教育,过早和过度挖掘学生的智商,努力培养学生的情商,却忽视了或者排斥了学生动商的开发。""对学生体质健康水平持续3年下降的地区和学校,在教育工作评估中实行一票否决"的字样早在2012年出台的《关于进一步加强学校体育工作的若干意见》里就已经出现。但时至今日,却从未有公开信息披露有哪一所学校因学生体质健康水平连续3年下降被"一票否决"。

第一节 学生体质测试制度变迁与数据下降

体质测试指标到底反映了什么?体质测试数据下滑和健康有什么关系?体质测试数据中的耐力、爆发力、速度素质下降的原因是什么?一个学生体质健康测试数据连续20年下降的话题被反复提及,除了担忧、震惊和愤慨以外,深入地分析其中缘由并在此基础上进行反思和纠偏是必要和正确之举。

我国学生体质测试制度经历了多次修改、修订(1954年、1964年、1975年、1982年、1990年、2002年、2007年和2014年),修改修订的目的是想通过体质测试关注学生健康,促进学生锻

第六章　学生体质测试工作之省思

炼,养成运动习惯。我国中小学学生体质测试政策发展分为3个阶段:初步确立与受挫阶段、恢复与修正阶段和完善阶段。第1个阶段(1949年至1973年)是我国学生体质测试政策初步确立与受挫阶段。1949年后,因向苏联学习,学生体质测试实行"劳卫制",标志着我国学生体质测试制度初步确立,1964年更名为《青少年体育锻炼标准》,测试内容没有明显变化,这一时期由于受"文化大革命"影响,标准的实施困难重重。第2个阶段(1974年至20世纪末)是学生体质测试政策恢复和修正阶段。1974年,根据我国学生体质的具体情况,当时的国家体育运动委员会重新研制学生体质测试标准,通过在一些地区重点试行,于1975年制定《国家体育锻炼标准》,该标准与"劳卫制"和《青少年体育锻炼标准》不同,是我国真正意义上由本国制定的测试标准,并在1982年和1990年两次修订,使该标准更符合该时期学生体质发展需要。这一时期还建立了全国学生体质与健康调研制度和全国学生体质健康监测网络制度。第3个阶段是21世纪至今,学生体质测试标准发生了较大变化,并首次将学生和成人分开,制定了较多测试方面的政策法规,使学生体质测试进入新的发展阶段。[1]国家出台青少年体质健康政策是着眼于国家教育事业发展与祖国未来生力军整体和全局,然而,各种政策文件的陆续出台实施并没有对学生体质健康下滑严峻局势产生应有的改进效果。1985年以来的全国性6次学生体质健康测试结果显示,中小学生部分测试指标有所"止跌",但是整体水平依然不容乐观,大学生体质健康水平依然下滑。[2]可见,青少年体质健康政策文件没有发挥应有的法规效力,在具体执行中出现了执行角度偏移、执行力度缺乏、执行尺度失当等执行偏离问题。[3]2000年,全国体质与健康调研显示,学生体能素质明显下降,力量、耐力和柔韧下

---

[1] 郑小凤,张朋,刘新民.我国中小学学生体质测试政策演进及政策完善研究[J].体育科学,2017(10):13-20.
[2] 慈鑫.拯救政策为何止不住青少年体质的下滑[N].中国青年报,2010-03-21.
[3] 李允杰,氏昌泰.政策执行与评估[M].北京:北京大学出版社,2008:81.

降,肥胖比例上升,肺活量下降,引起国家高度重视。2002年,体质测试将学生和成人分开,专门针对学生人群制定《学生体质健康标准》。《国家体育锻炼标准》注重对运动技术、技能的测评,而《学生体质健康标准》贯彻"健康第一"思想,开始关注学生身体全面发展,测试项目包括身体形态、机能和素质方面,并考虑学生的个体差异,新增身高、体重和肺活量3个指标用于学生个体评价;测试项目为6项,包括3项必测项目和3项选测项目;实行"教测分离",将测试项目和体育教学分开,避免测试什么上课就教什么的倾向;评价等级采用四等级,评价更加合理,同时,大、中、小学学生体育合格标准被废止。

一、体质测试数据下降与健康水平下降的谬误

首先,学生体质测试不等同于学生健康测试,对健康的评价不能由几个身体素质测试指标代替;其次,跑得快、耐力好和健康没有任何必然联系,引体向上做十个和做一百个也不存在身体健康的差异,这些只能代表身体素质差异。当前体育界对诸如体质、体能、体质健康、健康一系列词汇有混乱使用和相互替代之嫌。体质测试的内容有身体的质量、高度、肺活量、耐力、速度、下肢力量等数据,上述只能作为评价学生生长发育、身体素质的指标。虽然一些指标和健康密切相关,如体重BMI指数超标就是超重或肥胖的判别依据,但是不能仅仅靠一些体质测试数据来判断健康状况,身体素质不能和健康画等号。

学生体质测试数据的持续下降,反映的是学校体育工作阵地失守、体育课吸引力下降、学生运动不足等因素综合导致的结果,并不能说明学生健康水平的下降。从健康的影响因素来看,体育锻炼只是其中一个因素。体育锻炼能提升身体素质是证据确凿和具有因果关系的,但是对青少年来说,吸引其从事体育锻炼的目的绝对不应该仅仅是为了更健康,应该是更快乐、更喜欢、更有趣。以健康目的进行宣传和教育,并没有激发青少年体育参与的

第六章　学生体质测试工作之省思

兴趣,身体素质的提升,只是参与体育锻炼的副产品,而不是我们最初追求的目的,不能本末倒置。

我们可以思考以下几个问题:身高和健康有没有直接关系?肺活量和健康有没有直接关系?耐力的好坏和健康有没有直接的关系?跑得快与慢与健康有没有直接关系?简单分析就可以得出结论,它们都没有直接的关系。因此,我们不能用身高、肺活量、耐力、速度等指标来判断一个人健康与否。当前影响青少年身心健康的重要因素,不是跑得慢、肺活量小,他们更为严峻的健康问题不是表现在身体素质方面,而在于心理。其原因在于,从小学一年级就开始的沉重课业负担,异常激烈的学习竞争压力,缺乏玩耍游戏时间,缺少本应该有的童趣,缺少和大自然的亲近,缺少自食其力的劳动,一味地被捆绑在和考试升学相关的单调枯燥乏味的知识海洋里。沉重的压力与繁重的学业造成了学生心理问题频发。缺乏必要的体育锻炼,提升和磨炼其心理健康水平,这才是不容忽视的青少年健康问题。

普通学生的训练水平低,起始身体素质数据亦较低,相对而言其身体素质可塑性非常大,通过一定时间的强化练习,例如耐力、心肺机能、力量等素质训练是可以得到巨大提升的。近年来国家学生体质健康测试数据显示,学生体质健康下滑并非全局式下滑,某些地区不但未下滑反呈良好态势,其原因在于体育教师积极采取有效手段保证课堂教学有效性之结果。华东师范大学"学生健康评价与运动干预"教育部重点实验室发起的研究也证实,课堂运动负荷保持在练习密度75%以上,小学生心率约125～140次/分,初中生约130～150次/分,高中生约140～160次/分,学生的体质健康水平可显著提高。[①]

没有身体素质的提升,心理健康的堤坝就不牢固,因为身体素质的提升过程伴随相当丰富和全面的心理素质考验与磨炼。例如,耐力训练中对意志品质的考验与磨炼,集体项目比赛中激

---

① 董鹏,程传银.基于学生体质健康提升向度的体育教师功缺憾研究[J].西安体育学院学报,2019(4):493-499.

烈对抗过程中双方承受的心理冲击与压力、比分领先与落后带来的心理起伏与应变,都在筑牢心理承受力的堤坝。此外,比赛胜利后的喜悦、成就、荣耀、自豪等积极心理体验对增强自信、提升抗挫折能力都有极其重要的意义。当前,青少年学生心理问题频出的原因除了学习压力、家庭、社会等外部因素之外,更重要的在于内因:(1)体育锻炼不足,身心协同抗压体验少;(2)体育锻炼对不良情绪的疏导、释放不足;(3)体育锻炼对"自信""自我体认"的支撑不足。

分析认为,与身体素质的下降相比,当前青少年学生的心理素质下降更令人担忧。当前心理脆弱、抗挫折、抗压能力弱,抑郁甚至轻生念头的学生越来越多,必须引起学校、家庭、社会全方位的警觉与重视。与身体素质可以采取有效方法和手段得到显著提升不同,乐观自信、积极阳光的健康心理形成过程复杂且比较漫长,一旦发生心理健康问题则比较棘手,危害更大,后果更为严重。

二、学生身体素质下降的原因

首先从生物学意义上看,青少年处于身体生长发育过程中,力量、肺活量、心脏功能是日渐完善和提升的,这是自然规律,但是如果出现了逆自然规律,或者纵向比较(不同年份同龄人身体素质指标)和横向比较(国外发达国家同龄人身体素质指标相比)存在明显差距的话,一定说明在青少年儿童成长过程中,出现了影响甚至阻碍其生长发育的因素。分析认为,我国之所以出现青少年身体素质测试指标持续下降,其中一个重要原因就是学生学业负担不断加重,以及由此引发的体育活动不足的连锁问题,因为学业负担的加重是以挤占体育锻炼、休闲时间为前提的。

改革开放以来,我国的政治、经济、文化发展突飞猛进,社会进步有目共睹,人民生活水平不断提升,综合国力实现跨越式发展,堪称世界奇迹。与之对应的是,我国青少年体质状况却不乐观。资料显示,在我国青少年体质持续下滑过程中呈现出四个特

第六章 学生体质测试工作之省思

点：(1) 我国青少年体质发展总体呈连续下滑趋势；(2) 下滑趋势呈波浪式，有两个阶段下滑趋势明显，且呈全面下滑趋势，即1991—1995年、2000—2005年；(3) 农村学校学生体质总体下滑幅度大于城市；(4) 身体机能、素质的核心指标全面下降，如肺活量、耐力素质下滑尤为严重。令人费解的是，我国青少年体质持续下滑时期，正是我国经济、社会发展的快速期；也是竞技体育金牌丰收期；也是全面推进素质教育期；更是启动新课程标准改革期。为什么如此多有利因素都没有促进青少年体质的增强，反而是全面下滑呢？其中缘由值得深思。

分析认为，外部有利条件并没有体现在学校体育内部变革上，青少年体质的提升与下降除了受外部条件影响，更受内部因素制约。伴随社会发展、经济增长、竞技体育摘金夺银、素质教育改革持续推进，各门课程改革、理念更新此起彼伏，然而，聚焦到学校体育，聚焦到体育课上，并未发生根本性向好的变化，体育课依旧是被挤占的对象，体育课的吸引力不升反降，学生运动参与的深度、广度不升反降，体育教师的工作热情、积极性、社会地位并没有任何提升。此外，在优质教育资源有限，升学考试决定未来、决定命运的客观事实下，应试教育20多年以来的攻城略地，挤占了体育课时间，挤占了学生课余体育锻炼的时间，学生没时间参与运动，没机会比赛，没机会体会运动的乐趣，学生和运动的距离越来越远，学校体育在育人环节防守退缩成为必然。

学生体质测试数据部分指标的持续下降也从侧面印证了学校体育工作成效与生存地位的滑坡。由此也带来了学科地位的下降、体育教师地位长期处在边缘，进一步影响到体育教师的工作积极性和工作成就感。反映在教学上，就是放羊式教学、体育水课，最终形成多米诺骨牌效应。越不被重视，越不被认可，越随意；体育老师越随意，学生越不满意；学生越不满意，体育课上的锻炼越少，最后身体素质越差。这才是学生体质测试数据下降的真实原因。即便如此，我们对学生体质测试数据还是应有一个客观和清晰的认识，即：

（1）学生体质测试反映的是学生身体素质，身体素质数据的下降不能扩大化地认为学生健康状况也越来越差，这是混淆概念的问题。

（2）在一定时期内，学生体质测试结果持续下降反映出学生运动量不足的问题，是多重因素综合影响的结果，但核心是学校体育教学、课余体育锻炼对学生身体素质指标影响弱化的问题。

（3）在一定时期内，学生体质测试数据持续下滑，如果不加干预，最终会导致一批特定年龄段的人，甚至一代人体质水平滑坡，进而影响其今后生命质量、生活质量、工作效率等后续系列问题，不能忽视其长远影响。

（4）对学生体质测试结果持续下降的问题，要"找到病灶，对症下药"。在学校层面，多组织长跑（心肺机能提升效果很明显），重视学生力量训练，重视男生引体向上、跳跃，女生仰卧起坐、跳跃的训练。对没有经过专业训练的普通人而言，身体素质的弹性较大，可塑性较强，只要持续一段时间、坚持锻炼，身体素质提升速度和幅度都是很大的。

（5）学生体质测试结果的下滑，要充分考虑到学生吃苦耐劳和主观意愿的因素。速度、力量的提升是需要勇气和坚韧意志力的，甚至某种程度上是痛苦的，其过程需要吃苦耐劳的意志品质。当前，学生多为独生子女，生活条件改善，体验过艰苦生活的学生越来越少，愿意拼尽全力的意识越来越弱，这是影响其主观意愿的重要原因，而非都是真正身体素质下降的原因。

青少年体质水平连续下滑的既成事实，一度使学校体育陷入社会舆论问责的尴尬境地。社会各界质疑学校体育的同时，也纷纷反思责任是否应全然落在学校体育与体育教师身上。毋庸置疑，答案是否定的，但是，以"增强学生体质，增进学生健康"为根本任务的学校体育依然难辞其咎。管理部门与学校体育理论界开始思考如何扭转、学校体育该向何处去的问题，并随之产生了一系列措施。其中最为重要的当属"中央7号文件"的颁布。2007年，中共中央、国务院出台《关于加强青少年体育增强青少年体质的意见》,体育界简称为"中央 7 号文件"。意见提出要加强青少年体育,增强青少年体质。这是中共中央、国务院颁布的文件,文件规格之高、重视之强前所未有。

2017 年,即"中央 7 号文件"发布 10 周年之际,毛振明教授在《体育教学》刊物上撰文指出,"7 号文件"宏观的作用和意义极为明显,微观的作用和意义并不显著。其实更为准确的表达就是该文件理想很丰满,现实很骨感。高规格的"中央 7 号文件"未能促进学生体质的大幅提升,没有显著地促进学校体育教学质量的提升。从结果来看,"中央 7 号文件"的效果有限,"阳光体育运动"的"阳光"还有许多照不到的死角。这些死角有:那些追求高考录取率、一本率、追求考上清华、北大名校的"应试高中";那些没有体育专业毕业的体育师资的学校;那些连 200 米一圈的小操场都没有的学校;那些怕出安全事故、怕"校闹"而限制运动的学校;那些体育教学理念、内容还停留在七八十年代的学校;那些体育课上依然"放羊"依然自由活动,学生运动负荷和练习密度双低的学校;那些把运动场的爬杆、单杠、肋木、双杠都拆掉的学校;那些上体育课时把学生集中在教室,由体育老师负责上自习、当监考老师的学校;一些校长秉持"体育就是跑跑跳跳、出出汗、放松一下"的学校……我们试想:单靠"中央 7 号文件"能否扭转学校体育的现状?能否彻底改变"体育课教学质量低、效果差"的问题?答案一目了然。正如有学者指出,有时,一系列高级别学校体育文件的颁布还不如换一个了解体育、重视体育的校长来得立竿见影。

研究认为,"中央 7 号文件"是我国改革开放后,重新认识并高度重视学校体育、青少年体育工作的里程碑式的文件,是新时期学校体育发展进程中最为响亮的冲锋号。"中央 7 号文件"的颁布,处在一个极为特殊的背景下,当时我国经济持续高速发展,人民生活水平不断提升,教育文化事业不断进步,但唯独学生体质健康状况却不断下滑,且下滑趋势、持续时间已经到了无法解释、不能接受、普遍质疑的地步。国家硬实力快速增强,但软实力发展却迟迟跟不上；教育领域里应试教育倾向越来越严重，素质教育的推进却举步维艰；新世纪开始的体育新课改已全面推进，但改革理念和改革方法却屡遭质疑；[①]北京奥运会成功举办，中国运动员登上金牌榜第一振奋人心，但全民体育和青少年体育却成为社会广泛质疑和诟病的对象，竞技体育强国和国民体质弱国形成鲜明反差；中国经济发展的"人口红利"即将到期，而可以替代的"人才红利"和"健康红利"却进展缓慢呼之难出……"中央7号文件"就诞生在这样重重叠叠的国家发展的大背景下。在今天回头望去，这些发展的需要和尖锐的发展问题更加的清晰和明了，因此，"中央7号文件"的颁布是及时、必要和必需的。"中央7号文件"的意义，准确地说是"中央7号文件"的宏观意义非常重要，作用也比较明显，对比"中央7号文件"颁布之前，我们能清晰地感受到如下明显的变化：（1）"中央7号文件"给了全国人民一个"中国学生体质连续多年下降"的严重警示。（2）"中央7号文件"让各级教育管理部门更加清晰地意识到体育的薄弱和体质的下滑是自己的失职。（3）"中央7号文件"给了全国青少年带来了"亿万青少年阳光体育运动"的召唤和平台。（4）"中央7号文件"给中国学校体育的改革指明了方向。[②]

  青少年体质滑坡的原因是多方面的，学校体育无力承担全部责任，但它又是最有保证、最有力度、最为有效的途径。学校体育的问题，比较多的观点认为，学校体育指导思想不够清晰，检查评价措施不够有力，学校学生安全事故归责不清，教学内容的内在逻辑关系不够强，体能类较大强度的身体训练太少，这是造成青少年心血管系统功能下降的主要原因。[③]

  王登峰说，中国现在青少年体能健康问题非常严峻。"现在

[①] 毛振明.《中共中央国务院关于加强青少年体育增强青少年体质的意见》颁布10周年的纪念[J].体育教学，2017：37.
[②] 毛振明.《中共中央国务院关于加强青少年体育增强青少年体质的意见》颁布10周年的纪念[J].体育教学，2017，37（5）：6-8.
[③] 杨文轩.认真思考 深化研究 努力实践 推动新时期我国学校体育大发展[J].体育学刊，2013，20（5）：1-2.

第六章　学生体质测试工作之省思

有三个关键词,第一个是连续25年,从1985年开始测试学生体育健康水平,到2010年,25年时间里每测一次学生体育健康水平都在下滑,而且最突出的是大学生。2010年青少年的体育健康水平,中小学生已经初步遏制了下滑,但大学生还在下滑。第二个是征兵的体检合格率,去年《北京日报》公开报道,去年北京市征兵体检合格率不足一成。于是我想到如果是大学生去参加体检,这个比例肯定还要低,那也就是90%以上的人的体能体质是没有资格当兵的。第三个是'东亚病夫',我们过去是积贫积弱的'东亚病夫',我们要谨记在实现现代化的过程当中错位方向。通过这三个关键词,我们就应该明白现在青少年体质健康的重要性。"[①]

陈长洲在《改革开放40年我国青少年体质健康政策的回顾、反思与展望》一文中指出:改革开放40年来,我国青少年体质健康政策经历了调整和恢复(1979—1986年)、健全和规范(1987—1996年)、改革和深化(1997—2006年)、顶层设计与协同创新(2007—2017年)4个阶段,相关政策不断得到健全和完善。然而我国学生体质健康测试数据显示,青少年体质健康依然面临严峻形势。从2007年中共中央、国务院颁布的《关于加强青少年体育增强青少年体质的意见》到2016年颁布的《关于强化学校体育促进学生身心健康全面发展的意见》以及《"健康中国2030"规划纲要》,均显示出党和国家治理青少年体质健康问题的坚决态度,但我国青少年体质健康问题仍较为突出。[②]

自党的十八大以来,教育部门出台了一系列保障学校体育正常开展的新政策,比如《学生体质健康检测评价办法》《中小学校体育工作评估办法》《高等学校体育工作基本标准》等,但这些新政策在具体落实过程中,仍存在较为严重的"上有政策,下有对策"的敷衍了事现象。比如,《中国学校体育发展报告(2015)》中,

---

[①] 新华网.学校体育改革要帮助学生提高专项运动技能[EO/OL].2013-12-13.
[②] 陈长洲.改革开放40年我国青少年体质健康政策的回顾、反思与展望[J].体育学刊,2019,39(3):38-47.

其中有一组教育部此前从未公开过的数据令人触目惊心。2014年教育部对全国各级各类学校《国家学生体质健康标准（2014年修订）》测试上报数据进行抽查复核，抽查数据与上报数据的一致性比例，小学为38.6%，初中为23%，高中为20.2%，大学更是低至14.1%。这意味着，国内学生体质健康水平的上报数据造假严重。但为什么没有相应的问责和处罚措施？说到底还是因为教育部门、各级学校在向"应试教育"妥协。①

第二节 学生体质变差了吗

体质测试，作为评估在校学生身体生长发育以及身体素质指标的国家政策工具，一直以来都是在争议中完成的，争议之一是项目的选择，争议之二也是争议最大的就是测试数据的真实性和可靠性。此外，测试工具、测试者的组织能力、责任心、受测学生的态度、数据提交单位分管领导的意愿和倾向，都会对测试数据产生影响。学术领域对体质、体质健康、健康、身体素质等概念的混乱使用造成了当前学校体育的诸多争议。首先需要明白以下几个问题：身体测试数据下降是不是事实？如果是事实，下降的原因是什么？有什么补救措施？测试数据的下降和学生健康有什么关系？

研究认为，把几个体质测试数据下降的问题放大到学生健康出了大问题，放大到青少年一代成了垮掉的一代，放大到体质测试数据下滑全盘否定学校体育工作的程度是极其荒谬和可笑的。稍加分析就清楚，体质测试数据具有一定的独立性和局限性，与健康并不是因果关系，更不应该有"体质健康测试"的说法，因为健康测试是不存在的，医院也做不了健康测试，医院的抽血化验、拍片诊断，是作为是否有病的依据，压根儿就没有健康测试这一

---

① 《中国青年报》，2016-05-09.

第六章　学生体质测试工作之省思

说,因此,体质健康测试纯属编造词汇。体质测试就是体质测试,不能冠以健康的名目来夸大问题的严重性,以此凸显学校体育的重要性和学生身体素质的严峻性。这样的提法和思路本身是有问题的。

客观看待学生部分体质测试数据持续下降的问题,找到持续下降的原因,有针对性地采取措施提升学生体质测试成绩才是最重要的。我国各级学校体育的硬件条件不断改善,体育教师的学历、专业化水平不断提高,优生优育条件不断改善,青少年儿童营养状况持续提升,以及我国在各国际、洲际综合、单项竞技赛场上摘金夺银越来越普遍、越来越习以为常的背景下,却出现了学生体质状况不断下降的现实,这一切说明了什么?为什么会出现这样的结果?

以笔者所在的大学体质测试工作来分析,在50米测试中,学生不会跑步,这绝不是危言耸听。在大学生50米测试中存在以下几个问题:(1)许多学生不会做准备活动,只是慢跑一下,没有腿部肌肉拉伸、关节活动等准备动作。(2)一些学生没有集中注意力等待起跑指令的意识。(3)快要到达终点时,提前减速,没有全力冲刺撞线意识,这样的情况比比皆是。作为已经完成了小学、初高中体育课的大学生们,准备活动与全力冲刺过终点的知识和技能应该成为常识,而不是表现出一知半解甚至全然不知的状态。这也说明在小学、初高中阶段没有学习过短跑技术,或者老师教过了,但学生没有掌握。类似缺乏体育基本素养的问题在当前大学生群体中普遍存在,这些都会对测试结果造成显著影响。此外,还有学生测试态度的问题,不少学生抱有大家都会过、会有补测、教师会放水、还有绿色通道(医院开具的不适宜运动的证明),我只要不是垫底的就行等等消极态度完成测试。在具体测试过程中,学生的竞争意识不足,意志品质缺乏,测试中不按规定着运动装,没有拼尽全力的现象较为普遍和突出。应当说,态度问题是影响测试结果的重要方面,学生因为消极态度造成的测试成绩低于实际水平的情况不容忽视。

当前,在青少年学生群体中,身体素养、身体素质(基本的跑、跳、速度、耐力、反应、协调)、体育精神(拼搏、顽强、不服输、竞争意识)、强健体魄的认同感缺失较为严重。病态纤细身材崇拜,火柴棍腿流行,白皙皮肤的极致追求已不仅限于女生,男生的女性美甚至成为有些年轻人中的流行文化。这些都是与在操场上挥汗如雨、冬练三九、夏练三伏、不畏严寒与酷暑、崇尚力量与强健体魄的体育精神背道而驰的。

第三节　学生体测数据误差及学生主观努力因素

体质测试数据误差分为仪器设备误差与测试人员误差,此外,受测学生的发挥也分为发挥失常、正常发挥与超水平发挥。按照目前测试的组织管理,发挥失常的学生数量偏多,主要在于学生测试的态度,以及测试结果与受测者的成绩约束机制欠缺。学生应付测试的现象较为突出,且没有约束机制。研究还发现,测试项目经短期培训、训练,成绩可以提升很快,以耐力项目为例,两周的专门化训练,普通水平的学生成绩提升幅度非常大,同时,一旦停止训练,短时间内成绩下降幅度也很大。这就说明,体质测试的成绩只代表测试当时学生的水平,该成绩会因为锻炼习惯、强度的变化产生较大变化。因此,测试数据下降不能作过度解读,更不能由此得出学生身体素质不行的武断结论。

我国学者张宏谭指出:当前学生某些身体指标的下降,一方面可能与身体素质有关,另一方面,不可忽视的因素就是学生愿意展现和真实展现自己身体素质的这种拼劲大不如前了。此外,被动接受和主动配合的差异造成截然不同的测试结果。身高、体重、维度等属于被动接受的测试,不费精力体力的测试,而诸如立定跳远、肺活量、耐力属于主动配合的测试,受测试技巧、尽力程度、身心考验与忍受的极限多方面因素影响,是一个存在显著配合误差的数据。例如,尽全力跑 800 米或 1 000 米和应付跑的成绩就会存在天壤之别,即便是同样的态度,身体状态、测试环境与条件对测试结果的影响也很大。它不像身高体重等相对稳定的数值,受测试者主观努力与状态变化影响较小。非竞技性和具有特定意义的运动成绩有可能存在保留和低估。因此,学生体质测试所得的数据,真实性和可信度大打折扣。

第四节 学生体质测试工作的扭曲与异化

一、为了测试而测试与测试数据粉饰

在《青少年运动科学》杂志1995年第7期的编者按中,汤姆斯·罗兰博士指出:"如果学生体质测试这匹'马'要是快死了,我们就该下来。"① 他认为如果学生体质健康测试不能促进青少年的体质健康,就不应该再想当然地大行其道,甚至应将其废弃。有学者认为,若能够勒紧缰绳或许也是件好事,不要让体质健康测试再主导了学生身体活动促进方面的工作。若把体质上的"成功"等同于体育的成功,必将背离体育特性;将方向性愿望视为达成性目的——如为了分数的教育是畸形的,为了体质的体育也是残缺的。于是其他学者就指出,既然学生体质测试停不下来,就应当深刻反思并从测量评价、教育学、心理学,以及身体活动流行病学的角度去审视学生体质测试,应合理解释与正确使用其测试的相关结果。②

当下各校开展的学生体质测试工作,其目的是为了探查学生体质的现状与问题,以便相关部门提出针对性的解决方案与策略。但一些学校为了保证自己的办学声誉不受学校体育质量的

---

① Rowland T W.The horse is dead; let's dismount[J].Pediatric Exercise Science, 1995(2): 117-120.
② Yuanlong Liu.Youth Fitness Testing: If the "Horse" is Not Dead, What Should We Do? [J].Measurement in Physical Education and Exercise Science, 2008(3): 123-125.

影响,不惜谎报结果与数据造假;某些学校为了追求上级对学校体育工作的肯定与奖励,花费不小"代价"到体校"借学生"以应对检查。[①] 在学校体育领域,一场规模宏大、自下而上的数据粉饰在如火如荼中进行。学生体质测试中的水分和粉饰更像是学校体育改革推进过程中的饮鸩止渴行为,本想通过监督、约束、命令的方式保障学校体育工作的开展,到后来却成为一场集体舞弊蒙混过关推卸责任的遮羞布。问题之严重,性质之恶劣,代价之高昂,我们是否真正思考和评估过?这样的数据粉饰行为屡见不鲜,这样的数据造假简单且风险很低,以一线教师的视角,学生体质测试工作早已扭曲和异化,实际意义与初衷早已相去甚远。

过去的半个世纪,青少年体质健康持续下降没有明显的种族差异,而与性别、年龄以及日常身体活动方式等有密切关系。人们已经认识到无论是对青少年还是对于成年人,改变身体活动习惯要比增加心肺耐力是更为有效的预防性健康策略。于是,以身体机能素质评价为主的学生体质测试仍然大行其道,似乎与健康促进的趋势存在偏差,引起广泛的质疑与批评也并不意外。学生体质测试只是促进体育锻炼的手段之一,并不能培养学生终身体育习惯。作为学校体育教育的一部分,需要重视学生体质测试工作,但应该由重测试转向重教育、由重结果转向重过程,以及由被动参与转向主动学习等。因此,应强调学生体质测试的教育性功能,并通过以测带练,促进学校、教师、学生重视日常的体育锻炼,最终目标是要学生具备终身体育运动的知识、能力、习惯。[②]

二、体育教师对体质测试工作的应付与抵制

教师对学生体质测试工作的组织与管理,教师对待测试的态度也是影响测试结果的重要方面。过于繁重的学生体质测试工

---

① 赵富学,汪全先.论学校体育伦理品性的失衡与复归[J].天津体育学院学报,2019(5):395-403.
② 王军利.关于学生体质健康测试中存在问题的思考[J].体育学刊,2015(1):70-74.

第六章　学生体质测试工作之省思

作干扰和影响了正常的体育教学进度。测试数据的采集、整理、填报占用了教师课堂及课余时间,有时还没有相应的劳动价值体现。体质测试工作和教师业绩、教学水平评价、专业素养完全不相干。当前,大多数学校体育教学还受天气影响,即下雨天和其他恶劣天气会停课,因此,体育课实际学时与计划学时往往存在差距。同时,因节假日、文化课统一考试等耽误的体育课也几乎不补课,所以,体育课教学大纲一般很难按进度完成。在此背景下,增加学生体质测试的工作量又无疑会进一步影响其教学进度,不少教师对学生体质测试工作持应付和抵制态度。

当前,对学生体质测试数据下降的担忧已经上升到全民关切的程度,由此带来的是学校体育工作重心的偏移,每学年测试、全员测试、上报数据成为学校体育工作的重要内容。站在一线体育教师的视角,不停测试、为了测试而测试、应付测试成为工作的主要内容。体质测试工作和教学不同,需要测试、记录、上报等一系列工作,因为测试内容的男女差异,每次测试的人数有限,例如测试50米时,一名教师最多只能测试2人,再多准确性就很难保证,再比如,男生1 000米,女生800米测试,会消耗大量时间,有时候一堂课只能测试一项内容。这样下来,在天气的影响下,半学期都在搞测试工作,体育课快变成体质测试课了。体育教学并未聚焦体质测试内容,体质测试工作并未体现教师工作价值,测试结果并未真实体现学生实际情况。教师存在应付甚至抵制态度,存在体质测试占用教学学时、为测试而测试的情况。测试组织者的态度还会传递和影响到受测学生,学生随意、敷衍、顶替、未尽全力现象较为普遍,从50米嬉笑冲刺以及轻松完成800和1 000米的状态可见端倪。此外,学校行政干预还会助长修改数据行为,形成自上而下心照不宣的测试数据拔高现象。

第七章　体育教师群体的研究

我国近代体育教师伴随着癸卯学制、壬子癸丑学制、壬戌学制和戊辰学制的发展变迁呈现出鲜明的群体特征,分别表现为"兵痞式体育教师""教师式体育教师""私教式体育教师"和"运动员式体育教师"四种群体形象。不同时期体育教师留给人们的整体印记,恰恰就是那个时代学校体育和体育课程留在体育教师身上的烙印。体育教师群像历史流变的轨迹,印证了一个时代里体育教育所经历的全部故事和曲折。[1]

体育教师,作为体育文化的见证者、传承者和传播者,关系到体育的作用力、影响力和辐射力,是学校体育发展的关键因素。诚如包和清所言:"体育的实施,其功效不仅在锻炼个人身体而已,亦为延续民族生命的要素。中国如不欲图强则已,如欲图强,非提倡体育不可,但提倡则非培养优良之体育师资不可!"体育教师的水平关系着学生的身体发展,关系着学生的未来,因此,体育教师应该不断地提高专业素质的同时提升人格魅力,做到"为人师表""学高为师,身正为范"。

第一节　由"体育教师之问"而问

你的数学是体育老师教的吧?不知何时开始,一个略带调侃、玩笑的话无情地中伤了一个庞大的群体——各级各类学校体

---

[1] 齐辉,蒋宏宇,王华倬.我国近代体育教师群像的历史流变及其当代启示[J].首都体育学院学报,2015(3):234-237.

育老师。类似的,你的语文是体育老师教的吧?你的英语是体育老师教的吧?只要是哪门课程没有学好都可以套用这一万能问句……本来是一句调侃的话,迅速在现实语境及网络社交平台蔓延,随着不断传播逐渐变味,后来演变成对体育教师的人身攻击与歧视,用当前流行的说法就是,全国体育老师不幸"躺枪"。

带着质疑、愤怒,但又不失理性地思考这样的歧视性语言,我们不仅感慨:体育老师招惹谁了?体育老师可以随便被拿来调侃和贬低吗?数学、语文没学好是体育老师的责任吗?此外,需要反思,为什么被歧视、贬低的总是体育教师?体育教师之问除了讽刺体育教师文化素质的短板,是否也间接戳中了学校体育在学校教育中地位较低的软肋?

一、体育教师之问之"现象"

在网络搜索中,"数学是体育老师教的"相关网页链接有400多万条,其中主要是贬低、质疑、辩解的声音。"数学是体育老师教的"之问的流行,显示出社会舆论对体育教师群体的普遍歧视与贬低,是典型的对体育教师职业的污名化。当前,社会大众日常交流中对体育教师的贬低与调侃已蔚然成风,在体育教师之问普遍现象的背后,有必要思考和揭示其真相。

2018年1月11日,青岛电视台《青岛全接触》栏目主持人小单对合肥"高铁扒车门"事件进行了报道。在节目中,主持人语出惊人地说道"你说这要是一个体育老师还不算违和",随即引起广大体育教师在网络上广泛抗议与声讨,并引发社会舆论高度关注,最终该主持人被停职并在网上公开向体育教师道歉,然而这并未平息体育教师的愤怒和抗议。合肥"高铁扒车门"本来是一名女子(后调查为小学语文教师),因阻碍高铁关门导致高铁延误的社会新闻,但在青岛电视台主持人的报道中,体育教师却莫名其妙成为受害者。

当前,电视节目主持人,知名演员经常在镜头面前用调侃体育教师的语气来掩饰自己数学、语文以及天文、地理知识的不足。面对这样的歧视,所有体育教师显然没有想好如何应对,大多数只能默默承受这样的尴尬问题。体育教师还没有从"头脑简单、四肢发达""体育棒子"等尴尬语境中脱困,今天又多了"××是体育老师教的吧"之问,对体育教师群体,无疑是雪上加霜。

二、"体育教师之问"之"真相"

稍加思考与辨析,"你的数学是体育老师教的吧"实际上是一个颠倒黑白、莫名其妙的问题,因为事情的真相是,学生的数学不是体育老师教的,反倒是体育是数学老师教的。大家可以调查一下,很多偏远落后地区学校甚至没有专业的体育教师,体育课都是由数学、语文老师或者是班主任代上的。即便是配备了专业体育老师的城市中小学,临近期末考试,以及中考、高考,体育课都是由数学、语文或者英语老师上的。"体育教师之问"是一个颠倒黑白、给体育教师泼脏水的行为。毋庸置疑,"你的数学是体育教师教的吧"这种带有偏见、歧视性语言对所有体育教师的伤害是明显且令其反感的。

分析认为,"体育教师之问"产生的原因复杂且互相交织与影响。例如,传统刻板印象与网络媒体助推成为主要原因,在我国传统伦理秩序中一直奉行"劳心"与"劳力"二元道德分层模式:劳心者治人,劳力者治于人;君子劳心,小人劳力,先王之制也。在常人眼里,体育教师隶属"劳力者"范畴。以历史的角度分析,把习武之人贴上了"鲁莽、轻率、武夫、不守规矩"等具有偏见性标签。[①] 在生活中,体育教师经常表现出高声言语、不修边幅、容易冲动、体罚学生等不良印象,这些"不良印象"都与"传道授业"老师的形象格格不入,通过叠加作用形成"刻板印象",最

---

① 徐正旭,龚正伟.当代我国体育教师"污名化"现象分析[J].体育学刊,2018,25(5):89-94.

第七章 体育教师群体的研究

终形成职业偏见。[1] 此外,体育教师自身文化短板会加深传统刻板印象,体育学科基础薄弱、学校体育理论研究滞后也会造成学科偏见、工作偏见、课程偏见并最终导致对体育教师的身份偏见。当前,"体育教师之问"借助网络与媒体呈蔓延流行之势,在复杂交织的原因背后,隐匿的是大众对体育教师群体非平等身份认同本质。

三、"体育教师之问之""省思"

"体育教师之问"的流行,是学校体育长期未得到应有的重视、对体育教师工作不认同、存在偏见的必然结果。因为,没有尴尬的学校体育地位,哪来扭曲的体育教师身份戏谑与中伤?重文轻体、对体育的肤浅认知是"体育教师之问"出现且被广泛传播不可忽视的因素。因此,研究学校体育问题是回答和解决体育老师尴尬地位的根本。既需要理论层面理清体育教师之问的缘由,又需要在实践层面采取恰当方法与应对措施予以纠正和扭转。面对"体育教师之问"的窘境,体育教师的自我反思、不断进步比抱怨与辩驳更具现实意义。过硬的专业能力和积极的专业态度是提升体育教师专业认同的基本条件。[2]

(一)体育教师文化短板的客观事实

在运动场上武装了四肢却荒废了学业,并造成文化成绩不如人,更直观的感受就是"头脑比别人简单"。这也难怪运动员、体育教师群体长期以来被社会大众冠以"四肢发达、头脑简单"的头衔。相信每一位体育人面对这样带有歧视的称谓时都是深恶痛绝的,可悲的是我们没有有力的回应来驳斥这样的身份歧视。

---

[1] 卢小平.拒绝被边缘——体育教师心理困惑解析与疏导[J].体育师友,2019,42(1):49-51.
[2] 崔丽丽,张志勇.体育教师专业认同与社会地位知觉探析[J].北京体育大学学报,2014(7):82-88.

分析认为，整体而言体育教师群体文化知识的短板是客观存在的，在言谈举止、文化知识等方面，其他学科教师以及社会大众对体育教师的印象偏负面。此外，大部分体育教师文化学习的自觉和文化知识的积累不足；对教育、体育的规律性、学理性问题探究、思考不深；对专项教学的组织、方法、手段的照搬、延续的惯性较大；在教学过程中批判式继承与革新式发展的思维较欠缺；工作以后再学习、再提高的意识不强。上述情况反映了体育教师群体的真实工作、学习状态。

"头脑简单，四肢发达"，是社会大众对体育人的典型污名化，这样的污名化在"重文轻武"的历史背景下，的确将体育人置于一种低微的位置。相对于其他学科，体育学是一门以身体为本，以技能为基的学科，体育教师专业能力的形成，必定需要大量的身体实践，文化知识和理论学习时间、精力的投入相对欠缺。当前，在我国高校各类体育招考过程中，普遍采取文化成绩降分以及单独划线政策，这一政策虽然显示了高校的"补偿性正义"，但其内在逻辑，则的确是基于体育人文化水平较低的事实。[1] 而在体育界内部，不仅体现在"他者""施污"方面的问题，还包括我国体育教师群体表现出一些"自污"与"自甘受污"的问题。[2] 相当比例的体育教师对后代"好好学习，千万不能搞体育"或者"学习实在不行再练体育"的"谆谆教导"，都显示出对于"头脑简单，四肢发达"这一评价的"及时止损"，体育教师虽然表面上难以接受，但实际情况可能更多的是一种无奈。在中国，体育教师受歧视的现象已经逐渐由教育界内部发展到全社会。[3]

需要指出，头脑简单指的是智力问题，而体育教师的文化短板则是知识问题，两者不能混淆，知识的欠缺不代表头脑简单。大部分体育教师与其他学科教师相比文化成绩差一些，知识掌握

---

[1] 方曙光.关于体育教师社会地位的反思[J].体育文化导刊，2017（3）：143-146.
[2] 李阳，赵刚.论我国体育教师身份认同的迷失与重构[J].北京体育大学学报，2019（9）：117-126.
[3] 陈孝道.体育教师受歧视现象简析[J].体育文化导刊，2014（12）：122-125.

第七章 体育教师群体的研究

的少一些,但是不代表头脑简单或者隐含的"笨"的意思。相反,许多练体育的人不但身体灵活,头脑也很聪明,头脑不聪明的人根本练不了体育,即便是练,也练不出成绩。分析认为,体育理论研究的滞后性未能在第一时间对错误言论予以有力回应和纠正,任其在长时间内传播、发酵并伤害每一位体育人是最根本的原因。

(二)体育教师的污名化的影响与危害

必须承认,当前各级各类学校体育教师在教师群体中认同感不高,被误解与轻视是司空见惯的。现在的中小学,无论是乡村学校、城镇学校,还是省、市重点学校,几乎都面临一个普遍的问题:学校领导层面对于学校体育的不重视。在很多学校,体育甚至没有被作为一门"课程"看待。在今天这样一个充满竞争、人人追求"成功"、唯恐输在起跑线上的时代,一个由分数、排名、升学率,以及数学、英语、物理、语文竞赛所支配的学校教育评价体系中,以认真负责甚至痛心疾首的心态谈学校体育的价值与意义、谈健康第一的理念、谈德智体美劳全面发展的教育方针、谈每天锻炼一小时的好处,这些体育人耳熟能详的道理,对大多数学校主管领导、学生家长,甚至是学生,恐怕都是苍白无力的。

长期以来,学校体育在我国各级学校教育中扮演的理论角色和实际角色都是不匹配的。一方面,我们在教育指导方针、政策方面无一例外都把学校体育列为学校教育重要的、不可或缺的组成部分,但是在现实操作层面,又以各种借口、理由,挤占学校体育的发展空间。"体育教师之问"的流行加深了社会大众对体育教师"头脑简单,四肢发达"的印象,伤害了体育教师群体的自尊,降低了体育教师的工作认同,对学校体育的功能发挥、价值彰显不利。"体育教师之问"成为部分体育教师消极工作的借口,由此形成被不公正对待、"破罐子破摔",进而更被边缘化的恶性循环,最终影响和伤害的是整个学校体育工作和学生的体育权益。

《中国青年报》曾刊发一篇名为"青年体育教师之问:同工同酬去哪儿了"的文章,文中提及"体育老师一节课等于文化课老师半节课"现象。对此,教育部体卫艺司司长王登峰也毫不讳言,"打个对折算分还是客气的,有的学校体育老师上大课、活动课和课间课,连分都不给算"。体育教师对这种违规行为,基本上是不表达、不申诉,成为学校教育中"沉默的群体"。在学校教育领域,体育教师历来是一个具有特殊身份的群体。体育教师社会地位较低,周围"重要他人"(学生、学校领导、同事)对体育教师的认同低于体育教师的自我认同。

面对歧视和贬低的语言时,几乎所有的体育教师群体是反感甚至义愤填膺的,然而却鲜有体育教师进行自我剖析和自我反省。难道所谓的"地位低下论"甚至"歧视论"只是社会和舆论单方面造成,而没有体育教师自身的原因么?答案显然是否定的。[1]学校是典型的以传播知识为核心的知识密集型场所,教师和学生在学校的大部分时间从事的都是脑力劳动,体育教师在这样的环境中,如果单纯把自己简单定位为"体力劳动者"本身就是非常错误和矛盾的。虽然体育活动需要体能的支持和身体的演绎,但内在的原理、功能、价值却有着鲜明特色和相对独立的理论体系,需要深入思考并在实践中加以说明和呈现。

我国各级学校广泛存在"体育教学边缘化"和"体育课被主课挤占"的现象,凸显了"重文轻武"和"学而优则仕"的传统文化惯习和历史基因。近代中国最重视体育的两所大学为圣约翰大学和当时作为留美预备学校的清华大学。即便如此,圣约翰的校长卜舫济发现,中国学生普遍存在严重的以体育运动为耻的现象,而清华大学也曾有过校长不认同体育教授的刻板印象和歧视行为。社会对劳力者排斥的文化惯习延续至今,在体育人身上体现得尤为深刻,社会上广为流传的"四肢发达头脑简单""体育棒子"以及"你的数学是体育老师教的"等污名化现象折射出对体

---

[1] 方曙光.关于体育教师社会地位的反思[J].体育文化导刊,2017(3):143-146.

育人以及体育教师群体的歧视。[①] 尽管体育好早已被纳入"三好学生"的范畴,从小学开始,学校、家长、社会一直默认的都是"学习好才是真的好"。在中、高考应试主义的指挥棒下,学校、家庭乃至学生们不得不轻视甚至放弃体育,现在一些学校还存在小学只有自由活动课,没体育课,非体育教师上体育课现象。与其说这是在应试主义下的一种体育素养失范,更确切地说是社会对体力劳动者和体育歧视和排斥文化的一种代际传递。为了追求"学而优则仕"甘愿弱化甚至牺牲青少年的健康。

当前及过去相当长时间内,在我国各级各类学校体育工作中,尤其是体育课、体育锻炼的价值与功能被其他"更为重要课程"完全遮蔽了。"体育课就是跑跑跳跳"的简单粗暴理解已经成为其他学科教师、学生以及家长的共识。造成的附加影响就是体育教师身份的边缘化。

(三)体育教师的身份认同与专业关怀引导

在我国,体育教师虽为教师群体的重要组成部分,但相比于其他学科的教师却往往被边缘化[②];"体育教师是教师队伍中的二等公民"的自嘲式称谓透出了这个群体对现实深深的无奈与失望[③];体育教师也时常会感到"低人一等"[④]。我国体育教师的专业化历史进程较短,很多理论尚处于借鉴和探索阶段,在很长一段时期内,广大体育教师对学校体育的功能、价值、意义等理论理解的水平还有较大的提升空间。体育教师的身份认同是个体专业化发展的首要前提。就目前现状看,体育教师身份认同的问题,不仅仅是体育教师地位、待遇的问题,更是在建设教育强国过程

[①] 高鹏飞.青少年体育参与不足的文化惯习、代际传递与现代重构[J].体育与科学,2019(3):48-53.
[②] 尹志华,贾" +宁,叶静雯,汪晓赞.成为"社会人":体育教师社会化的探索与思考——美国普渡大学 Thomas Templin 教授和阿拉巴马大学 K.Andrew Richards 教授跨代际学术访谈录[J].体育与科学,2019(1):18-27.
[③] 邵雪梅,褚岩鸿.我国中小学体育教师身份认同路径重构的理论阐释[J].西安体育学院学报,2014,31(5):605-612.
[④] 方曙光.关于体育教师社会地位的反思[J].体育文化导刊,2017(3):143-146.

中,贯彻立德树人、落实健康第一,调动和激发体育教师工作积极性的内在精神保障问题。

重视体育教师的身份认同,涉及体育教师对"我是教师"这个身份的深刻理解,也关涉到体育教师素质提升、形象重塑、专业发展的系列问题。专业发展是体育教师成为学校教育专业人员的主体性建构过程,高规格、高质量的专业发展水平对提高体育教师教学实践能力,对学校体育整体改革与发展会产生积极的影响。[1]只有具备清晰的专业身份认同感,从事体育教师行业才会有职业幸福感,才能有效规划自身的专业发展方向与路径。具备了专业精神,体育教师才能在专业工作中更加深刻地理解"我是谁"的疑问,才会给予个体足够的专业关怀。在身份认同和专业关怀的基础上,个人才可能积极而有效地从事体育教学这一专业的工作,在"育体、育人、育心"的专业工作中渗透个人的专业精神和体现个人的使命担当。在当前各级各类学校对体育教师身份认同不够、专业关怀不足的背景下,需要在学校层面予以重视。

第二节 体育师资培养的问题

一、实践能力偏弱

近些年,我国各体育院校在加强实践教学环节做出了一些努力,比如增加实践学分、学时,丰富实习实践的形式等,但总体而言,体育专业学生实践能力较弱的情况并未得到显著改善。主要体现在理论知识记住了,也说得出,但是不会用,技术动作会示范但是不会教,更有甚者既说不出又做不来,这突出反映了体育教育专业学生实践技能不足、不善于解决实际问题的现实。

有研究者对体育教育专业学生能力结构现状进行了实证调

---

[1] 赵富学,程传银.基于身份认同与主体性建构的体育教师专业发展模型研究[J]. 体育学刊,2016,23(5):93-99.

第七章 体育教师群体的研究

查并排序,发现专项运动能力、社会交往能力、竞赛组织与裁判能力位于前3位,而知识运用能力、表达能力、分析和解决问题能力、创新能力等排名靠后。可见,体育教师培养过程大大弱化了体育教师这一实践性本应很强的专业的实践品性,理论学习没有关涉专业实践能力的提升,实践训练却又缺少强有力的理论支撑。在体育教师教育领域,"唯技术主义"是长期以来体育院系进行体育师范生培养所遵循的基本范式,可以外显的运动技术技能几乎成为各个时期体育教师培养的全部。人们评判体育专业学生的专业水平时,主要考察其是否已经具有相对较高的运动技术技能水平,这使得术科教学一味地追求运动技术的规范与熟练水平,却不重视如何运用技术合理地设计和组织教学。作为教育主体的体育专业学生自身也对技术课程表现出了特殊的偏爱。调查显示,当被问及专业理论课程与术科课程哪个对实践能力的培养更为重要时,有61%的学生选择了术科课程。他们中不少人认为,技术课程本身就是实践能力的培养。事实上,这是对体育教师专业实践能力的误识,虽然一定水平的运动技能表现是体育教学及运动训练技能的重要或者基本要素,但从本质上来说,体育教师传授运动技术技能的技能,并不在于教师本身对技术、技能的"演练"水平,而在于如何根据学生特点以及动作学习规律,将它们转化为学生自身的东西。体育教育专业人才的培养不能仅仅满足于学生掌握多么熟练的运动技术技能,同样重要的是,要求学生能够胜任中小学体育教学、训练和指导工作。[1]

调查显示,当前大多数体育专业院校的体育教育专业本科人才培养目标和模式依然延续十几年前的做法,存在的问题主要是,理论与实践脱节、与社会需求脱节、实践环节薄弱等问题。在我国深入贯彻落实教育规划纲要、推进教师教育转型发展的背景下,深入思考并采取措施加强体育教师教育的实践能力,已成为我国体育教师教育改革的当务之急。随着现代社会获得科学文

---

[1] 方曙光,潘凌云,樊莲香.体育教师教育的实践品性:困境与出路[J].天津体育学院学报,2013(6):461-467.

化知识途径的多元化,使得作为传授知识文化的教师群体面临前所未有的挑战。单单从教学内容来看,体育运动项目不仅种类多,而且相互之间和自身内部之间并不具有很强的逻辑性和连贯性,这就在很大程度上影响到了体育教师群体在专业方面的权威。当然,这也对以往普遍认同的,培养体育教师"一专多能"的目标提出了质疑。因此应该加快体育教师专业化步伐,从而提高体育教师权威。首先,从制度方面来看,应该对培养未来体育教师的目标进行认真考虑。其次是提高体育教师行业的准入制度,体现出体育教师的职业化特征和专业的不可替代性。

二、体育师资培养中的理念转变

在我国体育师资来源的主渠道,各大体院体育教育专业以及师范大学体育教育专业人才培养过程中,在日常教学的场地器材、教学内容、练习方法中,几乎完全参照竞技运动员的方法。我们有时候是在"训练体育教师"而没有考虑训练出来的体育教师将来面对的授课对象的水平和需求。一个突出矛盾就是,我们培养的体育教育专业的学生到了工作岗位并不能满足实际工作需求,和实际教学对象是脱节和不匹配的。有学者建议体育高等院系在体育师资培养的问题上进行"底层设计"而不是"顶层设计",我们培养的体育教师不但需要优秀的专项技术与运动技能,更重要的是他们对中小学、高中生身体素质、运动技能有客观的认知和预判,在此基础上具备提高授课对象运动技能、兴趣的能力。以运动员方式教授普通学生的思路是行不通的,普通学生的身体素质、运动体验和运动员完全是两个概念。此外,身体素质优秀、运动技战术水平高并不意味教学效果一定优秀。体育教育专业人才培养方案的修订,更多的应该考虑培养的师资将来面对的群体的水平与需求,这样才不至于错位,脱节。

长期以来,我国高校体育教育专业人才培养过程中,存在与中小学校体育实践脱节的情况。体育教育专业学生的教师甚至不了解当前中小学体育正在发生着怎样的变化。如有关基础教育领域轰轰烈烈的阳光体育运动、大课间制度的落实、体育艺术"2+1"的实施等,在一些体育院系课程设置、培养目标并未做出相应调整,体育教育专业学生所学知识难以适应中小学体育的实际需求。这种封闭的、脱离学校体育实践与现实需求的人才培养模式,只能处于"上不着天,下不着地"的尴尬境地。上不着天,就不能准确把握学校体育教育理论发展的最前沿,对体育教育的真谛和学校体育教育中的种种问题缺乏科学、理性、透彻的认识;下不着地,是指体育专业学生缺乏应有的专业实践能力。

笔者的本科是体育教育专业,在专业技术学习过程中,遇到了很多高水平(运动水平)的老师,能在体育院校或者师范大学教书的老师运动技术水平一般低不了,因此也就有了高标准、严要求的依据。但是调查发现,当体育教育专业的学生毕业到了基层、到了中小学上体育课的时候却发现,他们面对的是一群大部分没有运动特长,没有身高优势、身体素质也很普通的处于生长发育过程中的特定人群,他们大部分既没有经过系统训练,又没有扎实的身体素质,对排球、篮球、足球等运动项目可能仅仅停留在电视上看过一些比赛的程度。在教学过程中,却将他们置身于严格的技术标准、严格的规则裁判的约束之下,这样,往往得到的结果是很多学生喜欢体育课但是不喜欢运动,尤其不喜欢有老师组织的教学活动,因为规范的技术、严格的规则对他们来说太难了。因此,回归每一项运动游戏的本质,降低技术、规则的要求以满足学生的实际身体素质条件是吸引学生参与的重要因素,也是落实因材施教的具体措施。这样的体育师资培养理念转变重要且迫切。

第三节 学校缺乏体育教师吗

2007年《中国教育统计年鉴》显示,我国中小学体育教师缺口29.4万,2008年国家教育督导团调查结果显示,广东专职体育教师不足40%，重庆农村体育教师配备率为73%，甘肃专职体育教师为30%，北京中小学体育教师缺编率在15%~20%。①据教育部2015年的全国中小学体育工作调研报告显示：在所调研的26个省、直辖市、自治区中，现有中小学体育教师687 060人，应有体育教师841 750人，缺额体育教师154 690人；专职体育教师数量占应有体育教师总数的比例为48.23%，兼职体育教师数量占应有体育教师总数的比例为33.39%（《中国学校体育发展报告》编写组，2018：238）。上述数据说明，目前体育教师缺额数量仍较多，且专职体育教师占比不高。另需注意的是，从教育部的专项调研结果来看，全国很多区域存在体育教师结构性缺编的情况，即很多学校基于升学压力超编引进语文、数学、外语等科目教师，导致原本属于体育教师的编制被占据（《中国学校体育发展报告》编写组，2018：199-200）。此外，体育教师的学历、待遇水平偏低。教育部2016年的高校体育工作专项调研结果显示：体育教师全部为本科以上学历的学校占比仅为21.85%。而且，体育师资队伍的专业发展水平不高，突出表现为工具意识太强、目标意识薄弱、学习主动性不足、教学设计与创新能力偏低等方面（季浏，2013）。②综上所述，目前我国学校体育教师仍然缺编严重，所以，对学校体育发展而言，仍需进一步补足体育教师队伍的缺口，要在广泛调研基础上确定各级各类学校专职体育教师占比的底线要求，将其纳入学校体育工作评估指标体系。除此之外，还应根据中共中央、国务院《关于全面深化新时代教师队伍建设改革的意见》中所指出的"全面提高中小学教师质量，建设一支高素质专业化的教师队伍"的要求，更加重视体育教师职业素养的提升。

在学校体育工作中，开齐开足体育课首先要解决体育教师缺编的问题。解决体育课谁都可以上，谁都可以代替，随意合班、随

---

① 季芳，范佳元. 师资短缺，难撑起校园体育一片天[N]. 人民日报，2013-08-15(4).
② 季浏. 改革开放40年我国学校体育发展回顾与前瞻[J]. 体育学研究，2018(5)：1-11.

第七章　体育教师群体的研究

便托管、敷衍管理、轻率顶岗的众多体育教学顽瘴痼疾。除了解决缺编、争取增量,还要对现有体育教师进行必要的培训和再教育,在更新教育理念、提升教育教学水平以及师德师风方面有所侧重,全面提升存量体育教师综合素质。坚决扭转放羊式、自由活动式体育课,纠正不出汗、不上量、轻松好玩的"体育水课"现象。在具体实践层面,要对体育教师的责任意识、教育规范、岗位职责进行系统培训与严格要求。同时,在体育教师职称晋级、工作业绩认可、进修培训、表彰奖励、课时收入等方面做出公平公正甚至有所倾斜的制度安排。全面提升体育教师的职业认同感、工作成就感,激发体育教师的教育教学热情和爱岗敬业的积极态度,并最终解决体育教师身份边缘化、体育教学随意化、学生健康教育空心化的问题。

一、体育师资缺编与低就业率的矛盾与困惑

我们现在的办学条件是什么?农村平均一个学校0.8个体育教师。[①]一边是70%的农村小学没有专业的体育教师,体育课就是自由活动课,一边是大批的体育教育专业本科生甚至是研究生找不到合适的工作。这样的矛盾在城乡发展水平日益扩大的情况下越发突出。许多体育教育专业的学生来自农村,好不容易考上大学,来到大城市,毕业后要是再回到农村,不但发展空间有限,还会被人"瞧不起"。毕业生不愿意去农村学校教学不仅仅是体育学科的问题,其他学科也有类似问题,这是我国城乡教学条件、生活条件巨大差异造成的。为解决上述问题,教育部推出了免费师范生政策,即对那些家庭条件困难,报考重点师范大学师范专业的学生给予免除学费、住宿费政策倾斜,并发放生活补贴。补助一般为在校期间每月600元,每年发十个月。学生毕业后,要到农村基层从事6年的教学工作。免费师范生政策率先在教

---

① 王登峰.学校体育的困局与破局——在天津市学校体育工作会议上的报告[J].天津体育学院学报,2013,28(1):1-7.

育部六所直属师范大学(北京师范大学、华东师范大学、华中师范大学、东北师范大学、陕西师范大学、西南大学)实施,该政策自 2007 年起实行。2013 年新增江西师范大学,2015 年新增福建师范大学为免费师范生培养高校。

截至目前,该政策推行十多年,解决了部分农村学校教师短缺的问题,然而,总体而言,由于免费师范生数量有限,仍难以真正满足农村教育缺编问题。在此背景下,本来就属边缘课程的体育课,更难以满足实际编制的问题。

二、不愿到基层、不愿到农村、主动不就业

2011 年 6 月 9 日,由麦可思研究院(MyCOS Institute)独家撰写、社会科学文献出版社正式出版的 2011 年就业蓝皮书《2011 年中国大学生就业报告》正式发布。《2011 年中国大学生就业报告》是自 2009 年以来的第三次年度报告。就业蓝皮书首度出版以来,受到政府、高校及社会各界的广泛关注,是一份基于科学的数据调查来研究高等教育的权威报告。报告通过对毕业生的就业数量、就业质量、就业流向、能力与知识的满足程度、为读研所做的本科学术准备的分析,来反映社会需求与就业质量。就业质量是大学生培养质量的最主要的社会评价指标。此次蓝皮书发布得到了诸多教育专家、学者、关心高等教育和大学生发展的社会知名人士的关注,他们都对就业蓝皮书给予了高度评价。然而,其中的结论部分却令我们每一位体育教育工作者感到困惑。报告指出:2011 年本科就业红牌警告专业包括体育教育、动画、法学、生物技术、生物科学与工程、数学与应用数学。《中国大学生就业报告》显示,体育教育专业被列为就业困难、失业严重的"红牌专业"。

体育教育专业被列入 2012 年本科就业红牌警告专业,作为体育本科专业的传统支柱专业,这说明该专业失业量较大,就业率较低,但现实状况却是大量农村边远地区,甚至是城市中小学

第七章 体育教师群体的研究

存在体育教师大量缺编的现实。体育教育专业亮红牌,一方面,我们经常看到贫困地区、偏远地区没有体育场地设施、没有体育教师的报道;另一方面,我们又看到体育教育专业毕业生找不到工作,专业学生就业期待与实际工作供给出现了错位。大量基层学校明明缺编体育教师,但宁愿招聘远远超编的语文、英语老师,也不解决体育教师缺编的问题。在此背景下,大量体育教育专业毕业生转行就业。

就业率不高引发的专业红牌警告,与实际岗位需求远未得到满足并存的矛盾令人深思,究其原因,体育教师招生就业与人才招聘的错位是造成此现象的根源。一方面许多体育教育专业的大学生来自农村,经过四年的学习生活,他们已经习惯了城市的生活,比如方便的互联网,便捷的城市交通,快节奏的城市生活,较多的人际交流机会,让他们毕业后再次回到落后的农村,现实的各种落差会打消他们去农村教书的念头,即离开农村后不愿回去的学生占相当大比例。我们把这一现象称之为回不去的农村。此外,农村学校的教师成长空间不足也是重要原因。一边是社会需求数量大,另一边是在专业快速扩张下的就业困难,体育教育专业的供需两侧存在严重的脱节。这充分表明,我国体育教育专业快速扩张与边远地区和农村学校体育教师需求的质与量存在矛盾。分析认为,一方面由于学生毕业流向过多集中在城市,另一方面在专业快速扩张下,体育教育专业毕业生与就业市场的衔接不畅,学校也未能将人才培养定位与社会需求缺口有效对接,未能将农村地区学校体育教师的现实需求与专业发展有机结合,不能将人才培养质量与体育教师市场需求的质量相吻合,从而缺乏提高专业发展的针对性与实效性。[①]

对于部分体育教育专业的学生而言,学习体育只不过是一种无奈选择和曲线上大学的路径。许多学生临近高三感觉通过文化课考取大学难度较大,进而选择体育特长生途径。这部分学生

---

① 赵云书.国高校体育本科专业设置发展演变研究[J].广州体育学院学报,2014,34(5):109-112.

临时突击练体育无可厚非,然而,通常情况是,其运动技能积累不足,运动水平一般,运动体验特别是竞赛体验欠缺。在高校扩招,理、工、农、医以及综合院校纷纷开办体育专业(体育教育、社会体育指导与管理、运动训练、康复体育、休闲体育)背景下,体育生上大学机会显著提高,不再是过去几大体院和师范大学体育学院的单一路径。一部分体育考生把通过体育考取大学作为专业跳板和进入社会的蹊径。更重要的是,近年来以这样的方式上学和毕业的体育生越来越多。招聘真正愿意投身学校体育事业,从农村做起,从小学做起,从基层做起的体育专业大学毕业生已成为基层体育教师招聘的一大难题。

  一个普遍的观点是,当前我国相当数量的体育生(目的是高考考取体育专业院校或者师范大学体育学院)选择体育作为自己的大学专业是退而求其次的选择,因为和其他学生相比,高考文化成绩普遍低一两百分的政策对那些身体素质较好、文化成绩较差的学生可能是唯一实现上大学的机会。近年来,随着高校扩招政策,体育专业办学主体大幅度增加,一些综合院校,如理工、财经、医学院校纷纷开设体育教育、社会体育、运动训练专业,给了更多的体育生上大学的机会,甚至有的还是高水平大学的机会。体育生单独划线政策给有一定运动技能、身体素质较好但是学习成绩一般的学生一个特殊通道,但是单纯以竞技体育的标准衡量,大部分体育生的运动技能和身体素质是没有任何竞争力的,很多学生甚至到了高三才开始突击训练,我们形象地称之为"体育速成班"。客观分析,体育生最大的问题是运动体验较少,除了学校运动会甚至没有参加过更高级别的体育比赛。运动能力不足、竞赛体验缺乏、对具体体育项目的理解较浅是普遍现象。这是一群特殊的群体,选择体育教育专业并非出于自愿,只是迫于学习成绩不理想,但又渴望上大学,被迫选择体育教育专业,他们并不打算毕业后从事体育教学工作,大多数把体育作为跳板,其目标是考公务员或跨专业考研等。

三、优秀体育教师的数量、比例不足

著名体育家董守义在《新体育》上发表的《对体育工作的几个问题》一文中提出:"体育学院是培养体育专门人才的高等学府,但是在很多领导尤其是学校负责人的眼里,学体育是差生的唯一出路,体育学院就成为差生的唯一出路。"[1] 直到 20 世纪 80 年代,相当一部分中小学开设的体育课程还是队列队形、齐步走、正步走、跑步走、投掷手榴弹等军事体育内容,乃至于有其他科目教师声称"会喊'一二一'"就能当体育老师。[2]

大量体育专业的学生(主要包含体育教育、社会体育和运动训练专业)在自我身份认知和表现中,经常表现出"因为是体育专业,所以文化课成绩不好,有理由降低文化理论学习要求","因为是体育专业,所以言行经常体现出一定的'侵略性''不文明'","因为是体育专业,所以'不拘小节'","因为是体育专业,所以与其他专业相比,有些自卑","因为是体育专业,所以能力有限"等现象,体现出"体育人"对不起"体育学"的特点,缺乏对体育的学科价值与意义的深入了解,缺乏继续学习和科学研究的愿望和动力,缺乏对文化成绩与文化素养、考试与终身学习的辩证思考。[3]

体育生的高水平运动技能缺失和深刻运动体验不足成为其今后从事体育教学工作的短板。尽管少数运动能力突出的体育生具有长期的运动体验,但这样的学生毕竟太少。一个必须直面的现实问题是,我国自 1999 年高校扩招以来,大量没有专项基础和缺乏运动经历的文化成绩较差的高中生,为了达到考大学升学的目的,突击训练、速成体育应考体育专业,在进入大学以后,因缺乏对体育最基本的感性认识,从主观上很难建立起对体育专业

---

[1] 董守义.体育工作中的几个问题田[J].新体育,1957(13):15.
[2] 赵刚,陈民盛.对我国中小学体育课程改革关键问题的反思与探讨[J].山东体育学院学报,2017,33(5):114-118.
[3] 李阳,赵刚.论我国体育教师身份认同的迷失与重构[J].北京体育大学学报,2019(9):117-126.

的兴趣和热情。文化成绩一般,有一定身体素质基础的学生,分流和被动练体育至今还是许多体育生的真实写照。通过调查四川省部分高中分析得知,被调查的考生中有55%是因为成绩不理想和升学压力而选择体育加试以求顺利进入高考,其中70%的人对体育院校开设的体育教育专业和社会体育专业不了解或者不是特别清楚二者之间的区别;在被调查者中,90%的学生文化成绩处于班级的中下水平,75%的学生反映其周围存在教师歧视体育特长生的情况。[①]

一个不容回避的事实是,大部分体育教师当年的高考文化成绩普遍较低,虽然文化成绩不代表素质与能力,但能间接反映其学习状况与知识积累与掌握情况。在体育教师群体中,文化知识学习习惯良好的很少,身体素质与运动技能和专业运动员相比差距明显,大多数体育教师在其身体素质顶峰阶段达不到二级运动员水平(上大学达级发证另当别论)。体育教师群体的运动体验与身体素质优于普通同龄人,但运动累积不足、竞赛体验缺乏,运动认知与项目理解和专业运动员相比差距明显。据报道,北京市景山学校计划招聘一名体育教师,对于这样的名校,广大毕业生自然趋之若鹜。然而遗憾的是,在经过一番筛选后,20多名"胆敢"来应聘的体育毕业生却个个铩羽而归。景山学校校长范禄燕直言,20多名毕业生他们一个也没有看上,因为没有一名毕业生符合他们的要求。其实范校长所言及的毕业生最大的问题在于其运动能力较差,虽然不少学生外语等方面还不错,但在体育教师最应该具备的身体素质、动作示范等方面,与学校的要求相差甚远。好学校对体育教师的要求越来越高,学历层次达到本科是最低要求,对其专业能力也有很高的要求。例如运动员、等级、运动经历、比赛成绩、身高,甚至形象气质都有较高的要求。而全部满足上述条件的学生毕竟是少数,大部分学生运动技能水平、运动经历、比赛成绩方面并没有突出的表现,必然导致其竞争力不足。

---

① 路云亭.中国体育人的"原罪"身份——基于文化学原理的中国武人后裔生存处境考察[J].民俗研究,2017(4)127-136.

第四节　体育教师的专业理论水平

在体育教学过程中,运动技术的教授固然重要,但也要进行理论知识和健康常识的传授。由于现行大纲和计划没有规定体育理论课的内容和学时,因此,关于体育理论知识的传授大多数是在体育课(技术科)中附带进行的,造成了体育教师对理论知识学习的不重视。久而久之,体育教师不敢上讲台、讲不了体育理论课成为基本事实,这是非常不正常的,也是很可怕的。不能用现代教育理念、方法和手段解决教学实践中遇到的问题,部分体育教师甚至在最擅长的动作示范中讲不出原理、分析不清楚动作要领与特征。

在其他教师眼中,体育教师更多时候从事的是师傅带徒弟式的经验传递,很难上升到传道、授业、解惑的层面。即使部分体育教师在实践中摸索出了好的教学经验与方法,但苦于文字功底有限,未能将实践上升为理论,往往好的教学方法未得到广泛的认同与推广,他们充其量被其他教师评价是认真负责的教师,而很难晋升为高级教师,更不要说是专家型教师和教学名师了,这显然是一种遗憾。因此,体育教师特别需要加强理论学习与思考,弥补自身的先天不足;要重视更新专业知识和教育教学理论,要具备一定的文字功底。总之,体育教师除了会别人眼里的"跑跳技术"以外,还要能知原理、传经验、能立言。只有这样,才能增强其说服力和威信,才能真正成为"传道、授业、解惑"的师者。

一、体育教师也需要学术研究

对体育的熟知并不意味着对体育的真知,体育教学虽依赖于经验和过往做法的传习,但是其中的原理、规律却需要用科学的方法、严谨的思维、详实的数据、有力的论证加以总结和阐述,只有这样,体育的功能、价值才能充分彰显。除了教会学生这样做,还要让学生明白为什么这样做,如果不这样做后果如何,必须要有完整的知识闭环才能更有说服力和影响力。如果仅仅停留在经验却说不出其中缘由,作为教师的传道授业解惑就是名不副实的。体育教师整体科学研究素养和文字表达欠缺的事实,造成了其群体印象的定格。

一般而言,体育教师因为文化基础相对薄弱,科学研究工作以及科研论文的写作较困难。对于论文写作,体育教师常常"不知道写什么"或者"不屑一顾"。不善于总结、写作,不仅严重影响了体育教师的职称晋升,也给了其他学科看轻甚至歧视体育以充足的理由。无论是站在个人角度,还是基于学科发展的需要,体育教师都要重视科学研究工作。多数时候,体育教师总是在主观上夸大论文的难度,而缺乏写作的勇气;在行动方面,尽量避免"写不出来""不会写"的借口。论文写作运用的语言是我们一直在学、一直在用的母语。很多宝贵的教学经验和方法,体育教师既然能够绘声绘色地讲授出来,也应当有信心、有能力将它们以文字的形式呈现出来。从学科发展角度看,体育教学中好的方法、案例,仅凭口传心授是难以广泛流传的,如果能够形成文字,则会广泛传播,起到促进学科发展的作用。面对科研工作,体育教师不应妄自菲薄。在做好教学工作的同时,重视科学研究工作及论文的写作,坚持一点一滴的积累,以实际行动来扭转大众对体育教师的偏见,争取应有的社会地位。[①]

二、体育教师专业理论水平的提升路径

当前,手机、电视、网络资料与视频等丰富得超乎想象的各种资源吸引着广大青少年,其中有关体育赛事的知识与资源堪称海量。青少年群体对新媒体资源的兴趣和熟知程度是绝大多数"不

---

① 方曙光.关于体育教师社会地位的反思[J].体育文化导刊,2017(3):143-146.

第七章　体育教师群体的研究

思进取、守旧老套"的体育教师难以想象的。非书本化的立体体育资源的获得使体育教师和学生之间的关系也越来越模糊。体育教师在某一方面可能是"学生",学生在某一方面可能是"教师"。正是科学文化的飞跃发展为这种教师和学生关系发生转变提供了可能,也使得体育教师权威受到了前所未有的挑战。[1]

知识更新、再教育、自学是体育教师职后成长的重要工作。当前,学校教育正经历巨大的变革,新知识、新理念、新课程、新方法大大丰富了教学目标的实现途径,令人遗憾的是,这正是大多数体育教师的短板,从体育师范院校毕业后,体育教学基本按照师傅传徒弟,徒弟教弟子的模式进行,体育院校运动员式的培养模式不加以改造很难适应普通学生的实际情况。研究表明:教师走上工作岗位以后如果不坚持进行系统化、常态化的理论学习,很难胜任教师这一特殊职业,因为无论哪一学科,相关的知识、方法,甚至是理念的修订与更新都是非常迅速的,体育也不例外。

教师教育终身化是教师终身学习的必然要求,是连续性、发展性和终身性的教育过程,其本质是要求教师的知识、技能要紧密结合时代的发展与变化,要掌握科技、文化和社会发展的新成果、新要求。终身学习的产生主要是因为社会的发展、科技的进步以及随之带来的生活、工作、学习等方面的巨大变化。这就要求个人尤其是教师必须不断地、持续地充实、更新、完善已有的知识体系和技能。只有这样才能适应现代社会的各种需求,才能适应教育在培养人过程中遇到的各种挑战。即便像美国这样一个崇尚运动的国家,也存在体育课、体育教师边缘化的际遇,有的学校同样存在校长对体育课不重视,很少会对体育教师进行关注以及评价。曾有一名中学体育教师到普渡大学进修,她分享了她的亲身经历。她进修学校的校长根本不重视体育课,所以她也采取放任自由的教学模式,在课上只让学生玩耍。但有一天她突然醒悟了:这太荒唐了,我明明可以做一个更好的老师!所以她开始

---

[1] 张驰.影响体育教师权威的社会学分析及对策研究[J].成都体育学院学报,2010,36(5):82-84.

要求自己并做出改变,后来还获得了有重大影响力的奖励。正是由于体育教师获得了成绩,所以该校对体育课引起了重视。所以,体育教师不能一味抱怨外界环境的不支持,应该先有所为,通过自己的努力来赢得地位与尊重。

如果想要成为优秀的体育教师,需要注意几个方面:一是自身是否有坚定的动力与信念。作为体育教学工作者,首先我们要肯定自身的价值,相信体育教育是十分重要的,并对自己的工作始终抱有热情,只有这样,当遇到阻碍与困难时,才能有勇气作为一个"改革者"冲破阻碍实现自己的想法。二是能否获得外界的支持。对于体育教师而言,除了日常的教学任务,也要坚持从事科研,并且要经常参加各类研讨会,获得外界的专业学习机会或展现自己成果的机会,这对于教师的组织社会化非常有利。三是能否不断地进行自我反思。反思是教师专业成长的重要部分,只有不断反思才能认清自己的不足,从而进行改进并得到提高。[1]不断学习、持续思考、重视科学研究、加深对教育和体育的理解,重视与圈内外人士的交流与对话是我们获得进步、得到认可、体现价值的必由路径。

第五节 体育教师职业成就感与责任心

当前,体育教师因他人挤占体育课而"被迫缺场"以及自我放任放羊式教学的"主动缺场",严重降低了体育课的价值、体育教师职业价值乃至自身存在的价值,进而导致较低的职业认同,缺乏平等待遇(收入、地位、晋升空间、表彰与鼓励等)。长此以往,体育教师在工作领域大都成为抱怨者角色。当前,有相当比例的体育教师有职业倦怠的倾向,一方面,面对什么都不会,力量、耐

---

[1] 尹志华,贾于宁.成为"社会人":体育教师社会化的探索与思考——美国普渡大学 Thomas Templin 教授和阿拉巴马大学 K.andrewRichards 教授跨代际学术访谈录[J].体育与科学,2019,40(1):18-27.

第七章 体育教师群体的研究

力、灵敏、协调素质普遍一般的学生,通过有限的体育课学时,学生最终很难熟练掌握1~2项运动技能;另一方面,学生通过长时间的体育课学习,到底学会了什么没有把握。例如,大学生经过中小学12年的体育课学习,到大学基本是根据兴趣自主选择项目,但调查发现,自主选项课的学生相当比例竟然是零基础(选排球的一点儿排球技术都没有,选篮球的三步上篮都不会的大有人在)。以排球为例,全班近50人,以前打过排球,会垫球、传球的学生不超过10人,最终,大学公体排球选项课教学与中小学排球教学基本无异,都是从最基本的准备姿势与移动、垫球开始,最后到学期末连简单的比赛也打不起来,这样的情况绝非个案。

对体育教师而言,上体育课并没有什么挑战,但要上好体育课,并不是容易的事情。体育老师面对的是一个个身体条件、运动基础完全不同的个体。运动技术学习过程实质上是不断纠错的过程,由于技术动作错误各不相同,纠错环节就变得尤为复杂。例如,在排球教学过程中,教师讲解并示范了双手正面垫球技术动作后,学生模仿过程中会出现各种各样的问题。并且每个学生出现的问题可能都不一样,如发力顺序错误,垫球角度不当,下肢不协调,垫球部位有误,垫球用力大小不恰当,手、眼、躯干配合不到位,垫球时手臂未充分伸直,两侧手臂高低不平,等等。一个双手正面垫球技术动作,学生们可能出现几十种不同类型的错误,而且每一种错误产生的原因及其纠正方法也不尽相同。因此,一个简单的技术动作需要几十次、上百次的反复练习。会经历失败—再失败—略有感觉—将要成功—成功—出现反复—出现其他错误—最终成功等漫长复杂的过程。因此,要让学生在反复体验,甚至是反复失败中逐渐掌握动作要领。这也说明,运动技能的掌握是复杂和长期的,不可能一蹴而就,也不可能一看就会。有学者指出,技术化教学对体育教师提出了不切实际的要求。对于所教的教学内容,一个体育教师总是有所长有所短,很难达到"样样在行,门门精通"的技术水平。体育教师对一些动作技术掌握较粗糙和生硬是难免的。就是他们比较熟悉、拿手的动作技术,与专项的优秀运动员相比,也有明显的层次差异。所以,追求技术化的教学,不仅对学生是"强人所难",对教师也是"勉为其难"。其次,技术化教学是对运动技术"经验性"认识不深的反映。体育运动的运动技术是和掌握它的个体难以分离的,是个体长期实践的产物。因此,对运动技术的表达和传授,只能是粗略、模糊的大概,其中的"奥妙"与"诀窍"是难以言表的。须由学习者在反复的实践中自己去体验和悟出。正所谓"师傅领进门,修行在个人"。事实上,一个职业化的运动员(如跳高运动员),也不可能准确地叙说自己的运动过程(如起跳时踏跳脚的力度、角度、摆臂的幅度、速度等)。虽借助运动生物力学的图像解析法,能在一定程度上作出定量的运动过程描述,但根据这些数据资料,不仅他人不能重现,而且本人也不能再现。所以,在体育教学中,即使追求技术化,也必须立足于学生反复的身体活动实践,依赖于学生自己的亲身"经验"(经历与体验)。①

在体育课上,即使教师教学生如何单手肩上投篮,确定瞄准点,说了一大堆技术要领,但在教师示范的时候也有投不中的情况。还有教师在教学生突破时,讲解了生物力学的各种要素,角度、重心等,在随后的一对一练习中,有的学生严格按照教师的要点但是怎么也突破不了。蛙泳教学时,教师要求学生手臂划水,两臂分成40°~45°,收腿后大腿与躯干的角度不小于90°,结果是学生在水下紧张得眼睛紧闭。事实上,这样的例子比比皆是。教师的指导理论在转化为学生运动实践中的应用时会出现相当大的出入,导致学生甚至教师开始怀疑那些所谓理论的权威性。在体育课上,学生用最多的时间和精力听或练习教师给予的理论要点,但随后在运动比赛和实践中检验发现不好使的时候,就出现了困惑甚至怀疑体育教师的权威。长此以往,学生应对那些远离运动实践所需的练习手段和内容时就会出现教者发令学生强应或强硬的尴尬局面,这一切都源于体育理论与体育实践的

---

① 王广虎. 体育教学改革必须走出四大误区[J]. 成都体育学院学报, 1998(1): 52-56.

第七章 体育教师群体的研究

矛盾。①

研究还发现,不负责任地对待教学工作(放羊式教学)、职业倦怠、评优、评先、岗位职称晋级无所谓等消极思想在体育教师群体普遍存在。"一天到晚叼着烟,球鞋短裤随便穿",这是对不少男体育老师的调侃但又不失准确的描述。缺乏从事教育事业的责任感与使命感,不顾及自身形象,吊儿郎当甚至自毁名誉的日常行为怎样赢得别人的信服与尊重?体育教师从事的是教书育人、传递健康理念与积极生活态度,帮助和指导学生参与体育锻炼,进而提升其身体素质、运动技能、意志品质,完善其人格的神圣使命。然而,调查显示,就健康生活习惯而言,男性体育教师群体对吸烟的依赖和纵容超出了其他教师群体。体育教师应该对吸烟这一全球公认的不健康行为保持谨慎和排斥而非欢迎。此外,调查还显示,体育教师群体在参加工作后身体迅速"发福",身形"走样"较为普遍。我们一边在宣扬运动健身的好处,一边强调体育课的重要性,一边在随意地毁坏自我形象,这实属不应该。

在全民健身运动的推动下,各级各类学校"体育狂热分子"与"运动达人"的名单中,体育教师所占的比例并不高。某种程度上,其他专业的一些老师对运动的热爱、参与程度并不比体育教师低。最为尴尬的是,随着业务的生疏,身体的发福,许多体育教师在最擅长的项目上以压倒性优势战胜非体育专业教师的情况越来越难,偶尔一两次发挥失常,在球场上输给语文、数学等其他学科老师组成的队伍会让体育教师的专业性受到普遍质疑。在其他教师看来,业务不精、体能下降、身材走样的标签是非常尴尬的。上述现象也绝非是笔者信口雌黄、随意杜撰的故事,在体育教师身边有太多这样的例子。因此,牢记体育教师的职责,牢记健康、阳光、矫健身姿的身份标签才是我们引以为傲的底色,也是体育教师被认可、被羡慕的根本,一旦引以为傲的底色褪色,被认可、被羡慕的根本产生动摇,体育教师的形象就会一落千丈。

---

① 高鹏飞,周小青.社会距离与行业失范,学校体育课程价值的反思[J].体育与科学,2016,37(3):63-68.

笔者给体育专业学生上课时有一句经常提及的告诫语，可以更简练地总结出正确的体育人形象："体育人要在运动场上，一眼就让别人看出来你是练体育的，在平时生活中，不要让人一眼就看出来你是练体育的。"两句简单的话，却道出了体育人的形象要义。无论什么项目，在运动场上专业的就是专业的，练体育的，尤其是体育教师，一定是有别于其他体育爱好者的技战术素养，要在自己运动专项上表现出娴熟、巧妙、精湛，要给人眼前一亮的感觉。体育教师在校园体育比赛中，要成为场上的焦点，更要成为重要得分点，而在运动场之外，每一个体育人都应当牢记自己普通人的身份，要融入周围人群的衣着、言行、举止之中，而不能把运动场的习气、装扮带到生活中。尤其在衣着方面，正式场合、会议等场合，体育教师要能驾驭一套得体的西装、长裙或礼服，而不是一年四季运动服、球鞋、小腰包不离身。

第六节　体育教师终身学习意识与教学策略调整

1966年，联合国教科文组织在《关于教师地位的建议》中就提出应该把教师工作视为专门职业，认为它是一种要求教师具备经过严格训练而持续不断的研究才能获得并维持专业知识及专门技能的公共业务。这里就很好地诠释了作为教师应该具有的专业水准和想做教师的难度。另外，作为体育教师个体应当树立终身学习观并实行终身学习的行为来突出和强化自身的体育专业能力。这对树立和提高新体育教师权威具有极其重要的意义。

当前，通过智能手机、互动电视、电脑能非常便捷地获得海量体育教学视频、图片、文字等资料。例如，跟专家练排球（汪嘉伟）、肖杰羽毛球教学，世界顶级赛事视频，技术统计分析、动作要领解读，明星资料全搜索，精品课程等资源非常丰富和多元。百度视频、优酷、新浪体育，有关体育竞赛、体育教学训练视频、学习资料随处可见。数字体育资源其内容丰富、互动性强、渠道广泛、获取

第七章 体育教师群体的研究

方便等特点使人们在体育知识、技能学习过程中对体育教师的依赖越来越弱。新生代对数字媒体具有天然的接受力,线上学习甚至成为主流。新一化智能手机可以随时随地查阅资料,一系列优质立体的运动技能知识、练习方法、项目基本知识、规则裁判法等海量信息可以随时随地获取。与以往的教师主导、学生被动接受不同,当前学生可以非常主动地学习自己感兴趣的项目。因此,如何应对数字时代的挑战,如何适应新生代对网络学习的习惯,都是摆在每一位体育教师面前的新课题。

数字化时代,信息、知识的获得途径呈多元化趋势,学生对传统的"教师知识源"的依赖性被削弱。在体育领域,体育学科内容即体育运动项目具有大众性和多样性特点。一方面,对于某一运动项目,普通参与者不需要达到多高的水平就可以参与比赛。而对某一运动项目的基础学习可以通过视频、观察以及重复的身体练习而获得。另一方面,学生群体对于体育知识的获得可以通过互联网方便地获得,随处可得到最新的来自世界各地的他们所想要的体育信息。这样,对某一运动项目感兴趣的学生,也许其对该项目的了解与认识会超出我们的预料。在这种环境当中,体育教师不再是传递体育知识的唯一载体,体育知识的多渠道化使得体育教师和学生在获得体育知识方面越趋于民主和平等。

第八章 强化和提高体育课教学质量

第一节 体育课既要教技术,更要教如何运用技术

2012年10月,国务院办公厅转发的《关于进一步加强学校体育工作的若干意见》提出,"每个学生都学会至少2项终身受益的体育锻炼项目";提出了以"学会"为标准,至少2项为数量要求。但对"学会"的表述较为模糊,也很难界定,对基层的执行和指导效果不明显。2016年4月,国务院办公厅转发的《关于强化学校体育促进学生身心全面健康发展的意见》提出,"让学生熟练掌握1～2项运动技能";这里把标准确定为"熟练掌握"能较好的理解,即"熟练"的定性要求,"掌握"的刚性要求,1～2项为数量的要求。2016年10月,中共中央国务院印发《"健康中国2030"规划纲要》提出,"基本实现青少年熟练掌握1项以上体育运动技能"。这里,把项目数量确定为1项,和前面的文件相比难度有所降低。几年时间、多份文件、基本类似的表述,说明了什么问题?分析认为,运动技能的掌握与青少年体育参与密切相关,项目的基本是技术以及战术,没有技术就不可能有熟练掌握一说,也就没有青少年体育参与的增强体质、生长发育、促进健康等效益。如此密集的发文,同时强调一个问题,也说明落实"让青少年熟练掌握1～2项运动技能"目标的艰难。我国知名学者毛振明教授曾撰文指出,这种"艰难"已成为学校体育发展的"百年困境"。

第八章　强化和提高体育课教学质量

客观而言,造成"百年困境"的原因是多方面的。数十年来,理论界从大纲制定、课程优化、班级改革、教学改良等方面提出诸多有益建议,实践界也进行过选课制教学、俱乐部教学、"三自主"教学、专项化教学、模块化教学等诸多有益的探索。然而,在长时期的理论建议与实践探索过程中,有一个关键问题始终被忽略,即如何判断一个学生掌握了1～2项运动技能?直言之,即在学校体育建设中,判断学生掌握运动技能与否的标准在哪里?没有《标准》,教师教会没教会、学生掌握没掌握都成了"悬案";没有《标准》,教师应教到什么程度、学生应学到什么程度也就缺乏方向;没有《标准》,学校体育对"上了12年体育课什么也没学会"这样的诘难也就无法有力回应;没有《标准》,一项好的政策要求就只能始终停留在文件层面。[①]

众所周知,在最低龄段数学教学时,最先教授的是阿拉伯数字以及基本的加减乘除运算。在人们学习语言的过程中,最开始、最基础的教学是拼音与字母的认知;在音乐、美术等学习过程中,往往会先识别音符、发声,线条、色彩的运用,等等。那么,在体育教学过程中,最基础、最开始应该教什么?学生应该学习什么呢?这看似是一个简单的问题,但却常常被人们忽略。近年来,体育教学理论虽不断丰富,但主要停留在数量的增长上,而针对基础教育阶段的体育教育虽进行了轰轰烈烈的改革,制定了各级、各层次的课程标准与实践指南,但针对体育教学最具实践功能的指导性理论与方法相对较为欠缺。我国虽然有从小学到大学的14年体育必修课程,但整个体育教育体系的系统性弱、联结性差,导致从小学到大学一直不断重复学习基础动作,既浪费资源与成本,又严重削弱了学生的学习热情,降低了学习效果,也错过了学生成长发育的最佳期。

运动技术是参与者乐趣和个人成就感的源泉,因此,一定水平的运动技术是必须和必要的。但是过分强调技术又会走入唯

[①] 唐炎.《青少年运动技能等级标准》的研制背景、体系架构与现实意义[J].天津体育学院学报,2018,42(3):2-7.

技术教学论的困境。荒废技术和唯技术是两种不可取的极端。动作技术本身不具有严格细致的判别标准或客观唯一的评价指标，其正确性与规范性只能是一种经验认可的大致相似。同一运动技术，即使在世界级的优秀运动员的实际表现中，也是大同小异，不可能绝对一样。因此，体育教学，对运动技术的要求，应取一种十分"宽容"的态度，过分地"精益求精"，反倒是一种执着的迂腐。

运动技能是支撑体育独立存在于学科之林的主体性知识。无论是学校体育课堂中学生的体育学习，还是训练场上运动员的训练，抑或是社会性培训机构中青少年的体育培训，运动技能的学练与提升都是不可或缺的要素。从个体运动技能水平可以判断一个人体育实力的强弱，从群体的运动技能水平可衡量一国体育的发达程度。一言以蔽之，"没技能、无体育"。发展体育的核心要义，就是促成作为体育参与主体的人的运动技能水平的提升。以此为载体，体育发展的其他方面才能根基牢固。[①] 篮球技能从理论上讲确实存在运球、传接球、投篮等多个技术环节，但在篮球的具体比赛中，个体通常是在一个连续的技术序列中体现对这些技术的运用，而非孤立、静止地使用单个技术。掌握一项技术是长期练习的结果，其过程是枯燥和困难的，但是，当比赛中运用这一技术制胜或得分的时候，却是无比兴奋和喜悦的。运动技术固然重要，在比赛中运用技术则更重要。

一、激发学生的体育兴趣

为什么在体育课上一边是热火朝天的四人、三人半场篮球比赛场景，或者三对三、四对四的排球比赛画面，而另一边却是懒懒散散、闲聊打发时间的一群"运动参与绝缘体"的画面？这样的场景与画面想必每一位体育教师都不陌生。深入观察和分析，积

[①] 唐炎.《青少年运动技能等级标准》的研制背景、体系架构与现实意义[J].天津体育学院学报，2018，42（3）：2-7.

第八章　强化和提高体育课教学质量

极参与体育运动的学生不一定都是身手敏捷、身材矫健的具有先天运动基因的学生,我们也能经常看到灵活的胖子、强悍的瘦子、打法伶俐干脆的矮个子。为什么我们看似和运动能力以及运动选材并不相称的学生也能成为运动场令人瞩目的焦点？分析认为,这些并不符合经典教科书中运动选材标准却成为运动场上焦点的学生无一例外,都是长期浸润在运动场上的运动爱好者。他们比身体素质更好、身高更高的学生练习得更为刻苦,他们另外的特征就是至少有一项独门绝技,或者运球过人技术高超,或者投篮准确,或者传球手法娴熟老练。上述特征无一例外都指向了良好的"球性"。常言道,"熟能生巧,巧能出神入化"。技术储备的多少决定了他们在比赛、对抗中灵活应变的能力和稳定发挥的能力,这也就是看似身体条件一般却能成为场上焦点的原因。当然,他们都有"菜鸟"的经历,都有场外当球童、观赏看客的经历,但是志同道合的玩伴、个人进步和成就感让他们在体育课、课余竞赛中出类拔萃。

任何一项运动一旦入门,乐趣、趣味性便会自然而生。要想享受体育锻炼的乐趣,前提条件是要求学生经过反复练习,掌握某项基本技战术方法后能够熟练、巧妙,甚至"厉害"地展现出来,乐趣只有在学会、学精某项技术才可能经常体验到,需要持之以恒才能技术娴熟。这种体验一旦建立,便会变成一种着迷般的吸引力,使其一有空便成为一种行动自觉,通过不断练习和完善,甚至是超越自我的良性轨道中来。需要指出,进入这种状态之前的过程是枯燥乏味、沮丧、挫败甚至是毫无兴趣的。这个阶段就需要强制要求和专业指导,使学生尽快渡过初始糟糕的体验难关,跨越兴趣的门槛,使运动参与成为行动自觉和生活习惯。

二、提升三大球在学校体育的地位

在奥运会、洲际运动会、世界单项锦标赛以及各种大型体育赛事中,影响最大、观众最多、含金量最高的莫属足、篮、排项目了。足球号称世界第一运动,世界杯、欧洲五大联赛球迷数以十亿计,其感召力、影响力享誉全球;篮球不但有世界开展最成功的商业赛事NBA,还有从学校到企业、从城市到乡村最普及的篮球场地和从儿童到成年最广泛的群众参与基础;排球运动在世界上有200多个国家和地区开展,且排球在奥运会中还单设了沙滩排球项目,使奥运会排球项目金牌数量达到4枚。足、篮、排项目除了奥运会,都还有世界杯、世锦赛等国际顶级赛事,成为体育大家族中赛事体系最完备、开展最普及、球迷最多、影响最大的项目,其魅力可见一斑。一般而言,集体类项目比个人项目更有吸引力,更刺激,更具有观赏性,个人项目更多时候在于关照自我的本体感受,篮球、足球、排球则具有展现自我、配合队友、取悦他人的效果。

  在分析足、篮、排项目国际影响力和流行因素时,诸如精彩、团队、激烈对抗、集体的力量、精湛的技巧、扣人心弦的进攻与防守等字眼自然跃然纸上。正是由于这样的项目特征,尤其是作为集体类项目,其过程的精彩程度、观赏价值、参与乐趣都是与众不同的。从足球、篮球和排球的运动项目起源中,依然可清晰地看出每个运动项目特有的娱人志趣点,最终导致运动项目特有的快感。这反映出趣味和娱乐是人们发明这些运动并且深度参与其中的初衷,体现了项目趣味娱乐的本原性。三大球项目的本原性更多地表现在群体的自娱上,是以休闲娱乐为目的的弱对抗。而现代人特有的人格,以及社会在经济、政治与文化等方面的特定属性,决定了三大球发展的现代性。三大球项目的高强度、高烈度竞技对抗,对球队整体性力量的发挥提出了更高要求。球队只有在整体高度协调一致的基础上,才能有效实现球员个人的价值和球队整体的目标追求。三大球项目的特点在于其竞技规模大、对抗性综合全面,不仅要有精湛的技艺,还需要有极强的体能为支撑,是体能、技能和智能的高度结合体。[①]

---

① 焦芳钱.我国三大球项目发展的哲学认知研究[J].北京体育大学学报,2017(3):22-26.

第八章　强化和提高体育课教学质量

三大球项目发展所遵循的就是对人本质的追寻和对个性自由、解放的崇尚。具体而言,理性对抗与自由协作构成了三大球项目现代性发展的两个主要特征。新中国第一任体委主任贺龙同志也特别重视三大球。各学校、部队、公司常年组建大球代表队,足可看出国人对大球项目的重视。[1]有学者指出,足球、篮球、排球(简称"三大球")的竞技水平、社会普及度、产业化程度是我国向体育强国迈进的重要指标。"三大球"广受社会大众、新闻媒体的关注,在我国体育发展中具有风向标的示范作用。良好的社会基础、集体项目的育人作用使得"三大球"承载了推进青少年素质教育和社会改革窗口的重任。[2]

在我国,"三大球"项目一直是学校体育课的教学内容,学生、教工课外体育锻炼的普遍选择,校际体育比赛的常设项目,校园足、篮、排运动深受广大师生喜爱。在学校,虽然足篮排三个项目男女都有参与,但还是有一定的性别差异,足球运动男生参与面更大,排球男女较为均衡,篮球也是男生参与积极性大于女生,但是女生喜欢看篮球比赛的比例却不低。分析认为,三个具有代表性的集体类大球项目最适合在学校体育教学中开展,原因有三。其一,三大球项目运动技术多、战术丰富、司职不同位置要求不同,教学连续性好,可以在9年、12年,甚至16年体育教学过程中持续性教学和学习,内容衔接、持续学习性最好。尤其是关于团队分工协作、团队精神、默契配合方面具有单人项目无法比拟的优势和特点。其二,三大球的衍生项目众多,场地器材普及程度高,群众基础好。以篮球为例,半场篮球、街头篮球、三人对抗、四人对抗、一对一顶牛、三分球投篮大赛、扣篮大赛等非常多的衍生项目和竞赛形式可以照顾各个有一定技术专长的参与者展示自己的实力。同样,足球运动除11人制以外,5人制、7人制、8人制、9人制也都是常见的比赛类型。尤其是在中小学开展的7、

---

[1] 高鹏飞.论三大球项目起源[J].体育文化导刊,2012(11):131-135.
[2] 钟秉枢,郑晓鸿,邢晓燕,等."十三五"我国足球、篮球、排球发展研究[J].上海体育学院学报,2016(2):7-12.

8、9人制足球比赛充分考虑到中小学生身体素质和发育情况,采取减小场地面积和人数的策略极大促进了足球运动的开展。其三,三大球的教育功能也较为显著。事实上,运动项目的教育功能不会自动生成,也不会自发生效,即便是一项教育功能十足的运动项目,如果不充分挖掘其教育功能也不能够对学生起到教育作用。例如,篮球课上,体育教师整堂课都在让学生练习技术,那么篮球运动中所蕴含的培养团结协作、成败体验、规则意识、集体主义的人格教育功能就无法得以实现。挖掘体育的教育功能,还需要对运动项目进行优选。理论上讲,几乎所有的运动项目都可以作为健身的手段,太极拳、柔力球等作为健身手段本无可厚非,但如果众多的青少年都在练习这样的项目,很难想象这将造就出一种什么样的民族性格?当今,更需要的是具有足球场上男子汉气概、篮球团队协作与配合、排球的拼搏精神。只有这样才能培养出像鲁迅先生所期望的"中国脊梁"。[1]搞好校园三大球项目,不仅在于项目的影响力、号召力,更在于三大球项目中蕴含的集体主义、协作精神、团队配合对学生成长均有益处。

第二节 学生身体素质——体育课教学质量的基础与保障

当前的体育课教学效果下降了吗?这是一个假设性提问,因为当前从中小学到大学,各级学校体育教师普遍感觉现在的体育课教学效果和以前相比明显下降了。对于这样没有依据的主观判断笔者不敢贸然赞同,然而通过调查发现,得出一致结论的教师却占绝大多数。难道大家的感觉不正确?带着这样的问题我们进行了进一步的观察和思考。的确,就如同大多数体育教师描述的那样,现在很多时候学生并不能完成体育课中的教学任务,

---

[1] 郭可雷,王晓晨.论体育之"育"[J].西安体育学院学报,2018(1):74-81.

一些技术动作完成效果很不理想。以排球垫球为例,就这样一个简单的动作,许多学生通过三四次课还不能掌握,球还是不听使唤,稍微遇到不到位的球,他们就只是眼睁睁地看着球落地,而并不能采取类似跨步垫球、迅速移动到球落点位置把球救起的动作。但是,很多学生运动能力是比较强的。究其原因,我们意识到,我国青少年身体素质部分指标已经连续下降了20余年,身体素质与运动技能密切相关,身体素质是运动技能的基础,随着运动技能的提高,身体素质也会得到发展,两者是相辅相成的。反之,如果身体素质下降了,运动技能的掌握情况也会随之下降。因此,答案就清楚了,我国青少年身体素质部分指标连续20多年下降,除了数据、指标的变化,影响最大的就是体育教学效果的下降。很多时候,学生的身体素质不足以支撑运动技术的掌握。可见,体育教师普遍感觉体育教学效果下降的主观判断是正确的,也是有根据的。在关于技术教学的讨论中,我们认为必须有较长时间的重复练习才能掌握运动技能,才能达到想要的"球性"和熟练感。反复练习的过程,除了技术的进步,身体素质也相应提升。也可以理解为,身体素质的提升促进了技术的掌握,技术的掌握也伴随身体素质的提高。总之,身体素质和技能的关系紧密而不可分割。

第三节　全面提升学校体育场地、器材的质量

以体育器材为例,好的手感、性能会带来更多的乐趣。我们经常会提及一个词——"球感",到底什么是"球感"？除了描述对球的熟悉程度、技术熟练程度,球感还包括触感、弹性、质量、摩擦、外观等诸多方面。我们常说的球感好,一方面说的是球类运动的技术的娴熟,另一方面,从人体本体感受器的角度描绘了人体的皮肤、躯干接触球时的感觉。比如一个同样重量、相同气压的篮球,一个是由柔软的真皮皮面包裹,一个是由PVC皮面包裹,

它的球感是完全不同的。有时候就是看似两个相同的球,都是同样的材质(PVC皮面),也会因为PVC皮面工艺的不同,以及内胆的差异而产生完全不同的手感。一般来说,知名品牌高品质的"球",无论是外观、性能、手感都显著优于普通材质的"球",前者会让人爱不释手,后者却让人没有这样的感受,甚至一些假冒伪劣产品,其弹性、稳定性、手感会让人望而却步。

  当前,我国学校体育的大部分运动设施不能提供良好的运动体验。例如,室外乒乓球台平时落一层灰,下雨台面积水,遇到有风的天气对球的运行轨迹影响较大等。除了乒乓球,羽毛球对场地、天气同样有较高要求,为什么竞技体育乒乓球、羽毛球能给人很强的观赏性和乐趣?除了水平高超以外,高标准的场地、器材也是非常关键的。因此,有条件的学校建室内运动设施是提升学生课余锻炼的基础性因素。也有人认为,在过去条件艰苦年代,我们拿着瓦片、自己用木板锯成的乒乓球拍也不照样打得很开心、玩得很起劲吗?这样的疑问忽略了一个事实,在艰苦年代,学生可以玩耍的内容、方式实在是太匮乏了,仅有的项目大家当然玩得很开心。但时代不同了,网络、电视、智能手机、手游、令人眼花缭乱的游戏,各种好玩的游乐场,能吸引学生的东西实在太多了,如果我们固守着艰苦条件照样能玩好的思想,可能要不了多久,操场就会成为一种摆设,对学生的吸引力将越来越弱。

  只要我们严格执行中小学体育场地器材标准,购买品质优良、手感好的排球、篮球、足球,购买性能优异的乒乓球、羽毛球、网球球拍,修建安全舒适的运动场地,完全不用担心排球、篮球、足球、乒乓球、羽毛球、网球运动的吸引力问题。劣质体育器材和低标准运动场地造成较差的运动体验是影响学生参与运动的重要因素。好的羽毛球拍、高质量的羽毛球与羽毛球场地、好的乒乓球拍球台等运动器材与装备的高品质所带来的运动体验是完全不同的。其吸引力,激发运动兴趣的效果也完全不同。记得一个乒乓球运动员讲过一句玩笑:我很少在室外乒乓球台上打球,因为室外场地的中间隔断有的是砖头,好一点儿的是一块铁板,生硬地矗立在哪里,当你好不容易拉一个漂亮的弧线球,本来可以漂亮的越过球网,但是在这样的球台上,经常是生硬地弹了回来,这样的运动体验实在太糟糕了。

当下的现实状况是,学校体育场地、器材的规格与品质并未跟上学校的发展,是远远落后的,其中缘由与我们长期对体育不重视有关,也有深层次的校园体育场地器材招标制度缺陷的原因。因此,在大谈特谈培养学生运动的兴趣,使他们养成爱运动习惯的时候,我们不妨从运动条件保障做起。

第四节 校外青少年体育培训爆发式增长的启示

2014年,国务院出台的《关于加快发展体育产业 促进体育消费的若干意见》提出,到2025年实现体育产业规模超过5万亿元的目标,并且,在有关体育产业体系的表述中,"健身休闲"是第一个被提及的产业类项目。当前,在各城市,甚至部分人口较集中的乡村,青少年体育培训机构呈遍地开花之势,青少年体育培训爆发式增长说明了青少年积极的体育参与与旺盛的体育需求,在此背景下,学校体育应当反思,更应借鉴校外体育培训机构的优点,在提升学生的运动体验、丰富教学内容、扩大学生选择自主权、提高教学质量方面有所作为。

当前火爆的校外青少年体育培训场景和学生体育课上无精打采的表现的反差值得人们反思。由于市场化运作的竞争因素,各培训机构想留住学员,必须提供优质的服务,竭尽所能让学生满意。校外培训机构提供了学校没有开设的、新颖且适合不同年龄段的体育项目,如游泳、小篮球、羽毛球等。此外,校外培训机构的体育场地设施条件更好,尤其在体育器材数量、师生比方面具有显著优势,体育器材与师生比的优势主要体现在学生练习密度、精准指导方面。由于实行小班化教学,便于开展更为有效的一对一指导与帮助,学生感觉被重视,进步更快。观察还发现,校外体育培训机构中,学生受到更多鼓励和表扬、学生也能体会到更多的成功体验。在学校体育教学过程中,教师的指责、批评其至嘲讽会给学生造成心理压力,反而不利于运动自信的建立。与校外体育培训相比,体育教师需要学习和借鉴培训机构老师的态度、组织方法,就教学内容而言,体育教师应注重教学内容的更新。社会培训的火爆在一定程度上反映出,相对于学校体育的课程内容,跆拳道、羽毛球、网球、游泳、减脂训练、户外运动、拓展训练等可能更受学生的欢迎。

第五节 布置体育家庭作业——主动占领学生课余时间

家庭作业作为课堂的延伸,起到了温习、巩固、提高的作用。布置家庭作业历来是各科教师的普遍做法。然而,体育教师长期以来既没有布置"体育家庭作业"的意识,更没有行动,造成了体育教师对学生课余时间要求与监管的缺位。仅靠有限的体育课堂练习,没有课堂的延伸,教学效果自然不好。

王登峰把青少年体质健康持续下滑的原因归因为学校体育、家庭和社会体育。但是即便是完成任务较好的学校体育,采用一些"强迫体育"的方式也很难促使学生的自主锻炼、运动习惯和兴趣的养成。家庭体育和社会体育目前还难以形成支持青少年体育参与的机制和文化氛围。[①]学校、家庭和社会在促进青少年体育参与的目标上并未形成合力。

布置体育课家庭作业,一方面可以增强学生身体素质、提高运动技能,还可以丰富学生课余文化生活,减少对电视、手机、网络的依赖,对学生锻炼习惯的养成也有益。当前,无论是体育教师、学生还是家长,对体育家庭作业的意义与价值缺乏足够的认识,更谈不上重视。即便个别体育老师布置了体育家庭作业,由

---

① 高鹏飞.青少年体育参与不足的文化惯习、代际传递与现代重构[J].体育与科学,2019(3):48-53.

第八章　强化和提高体育课教学质量

于缺少监督和评价,学生往往存在应付的心态和行为,在运动量、强度以及效果上难以达到规定的要求。调查发现,面对体育家庭作业的问题,大部分家长的第一反应是体育还有家庭作业。

在青少年儿童成长过程中,在学校教育过程中,没有家庭的配合是不完整的;在课余体育活动中,没有父母的陪伴也是不完整的。调查发现,家长一般认为孩子的体育锻炼与运动习惯是体育老师的事情,正是由于这样的认识,导致了父母在孩子体育教育过程中的缺位。我们都知道,父母的表率和榜样力量是巨大的,与孩子一起运动,除了收获健康,还能增进感情交流。如果父母是个体育"文盲",不参加任何体育锻炼,就很难在行为上给孩子一个积极的示范。[1]习近平总书记指出:办好教育事业,家庭、学校、政府、社会都有责任。家庭是人生的第一所学校,家长是孩子的第一任老师,要给孩子讲好"人生第一课",帮助扣好人生第一粒扣子。[2]科学健康的生活方式、良好的体育锻炼习惯必须从小培养,在少年儿童进入学校之前应当具备一定的健康卫生意识和体育活动习惯。因此,家庭教育是增强青少年体质的关键一环。除此之外,给在校学生布置"体育家庭作业",让父母监督并陪同孩子完成体育家庭作业,还有利于父母锻炼意识和锻炼习惯的养成。

第六节　学生体育成绩评价改革

在学生体育成绩评价方面,应该重视参与还是应该有严格的成绩评定标准和权重,一直以来缺乏相关研究。分析认为,采取客观、综合、全面的评价,以及科学设置分值权重是推进学生体育成绩评价改革的必由之路。其中,学习态度(出勤、运动参与)、技能达标(可量化)、身体素质必须被包含在内。在学生体育成绩评

---

[1] 黄道名,杨群茹,张晓林."健康中国"战略下我国学校体育的改革困境与发展路径[J].体育文化导刊,2018(3):103-107.
[2] 习近平在全国教育大会上强调[EB/OL].(2018-09-10)[2019-04-10].http://www.moe.gov.cn/jyb_xwfb/s6052/moe_838/201809/t20180910_348145.html.

价过程中,要有"尽全力跑比跑得快更重要"的理念。换言之,不能让速度、距离、次数等简单的统计学分数成为衡量学生体育成绩的全部。学习态度、参与水平、进步幅度都应该包含在学生的体育评价体系内。

体育成绩评价除了"尺度",还应该有"温度",对于那些身体条件一般,运动基础较差的学生,要提供给他们获得高分的机会和途径。例如,允许他们在课外增加体育锻炼的时间和频率来提升平时成绩,平时成绩占比可以提高,表现优秀可以额外加分。运用成绩杠杆,调动运动基础较差的学生体育参与的积极性。此外,在升学考试体育成绩评价中,要增加成绩的区分度。仅仅依靠增加中考体育的权重并不能提升学生、学校对体育的重视程度。近几年,许多省份的中考体育成绩由过去的40分、60分逐步增加到80分,个别甚至增加到和语文、数学一样的分数,看似和其他课程的分值差距缩小了,体育变得重要了,但是根据学生的体育中考成绩单发现,普遍的75分左右(满分80分)。没有区分度的体育成绩会引起学生对体育的重视吗?答案很清楚,分数提升、权重加大固然重要,但是考试标准过低,拿分太容易会消解分数与权重的提升。

第九章 新时代学校体育的变革

从世界范围的体育发展轨迹来看,体育的社会化、终身化、生活化是当代体育发展所展示的新潮流。在快速发展变革的现代社会中,体育已从少数人专门从事的职业和少数社会成员享有的消遣和娱乐,扩展为现代人生活的重要组成部分,扩展为现代人终身的需要和习惯。体育不仅在于增强体质,而且在保障心理健康、提高生活质量、改善生活方式等方面发挥着越来越重要的作用。[①]进入新时代,即将全面建成小康社会的背景下,人们越来越关注自己的健康以及精神需求的时候,体育的健身娱乐性、趣味性,体育对健康的促进,体育的观赏需求越来越被重视。

第一节 重构学校体育的价值体系

学校体育的价值是学校体育本质的反映,实际上是要回答"学校体育是什么,在学校教育中发挥什么样的作用"这一基本理论问题,并进一步回答"学校体育应该干什么"和"学校体育实际干了什么"的实践层面的问题。

一、学校体育是学校教育的核心构件,是基础

作为学校教育的一部分,体育教学与其他学科的教学应该别无二致,都具有传习知识和传承文化的特质。没有知识为中介也

[①] 陈融.21世纪中国体育价值取向变化之前瞻[J].西安体育学院学报,1999(1):4-6.

就没有教学活动的存在。虽然对于知识的理解莫衷一是,但有一点可以肯定,传统的知识观一直将知识范畴囿于认知领域,那是非常狭隘的。①

在回答体育课的价值问题之前,首先需要回答的是:体育课到底给学生带来什么,学生通过体育课获得了什么,以及我们所设想的体育课的价值有没有得到参与者的普遍认同。除此之外,为了彰显体育课的价值,我们都做了什么,尤其是体育老师做了什么?难道体育课的价值就在于教会学生技术和能力吗?当然这只是表象,更深层次的价值体现在哪里?为什么那么多的学生没有学会技术和本领呢?研究认为,学习某一项技术和知识,是进入体育价值的基础,因为体育教学最终的目的是通过学生学会一项技术和运动技能之后,把这项技术和运动技能转化为生活的一部分,进而进入自主锻炼、定期锻炼、长期锻炼的更高阶段,只有这样,参与者才能真正体会运动带来的身体和心理的变化。

对体育的认识,如果仅仅停留在身体和心理健康层面,而未上升到身体认知、身体素养、生命体验的高度,就不能真正理解和重视体育。当学生熟练掌握一项运动技能,并在比赛和游戏中展现出来,那么,为了掌握运动技能而经历的艰辛和付出,为了战胜对手,和自己的疲惫、惰性不停做抗争的时候,为了赢得比赛,同伴之间做出的精妙配合和心有灵犀的协作的时候,为了能够超越自我而付出常人无法想象的努力的时候,一切都是值得的。体育带给我们的拼搏精神,不服输的毅力,团队信任、自信心,等等,这些最为珍贵的心理体验和感知自己身体的过程,无论对学习,今后的工作、生活都是无比珍贵的。这些心理体验和自我认知的过程,其他教学很难如此集中和全方位的体现。为了彰显学校体育的价值,必须树立学校体育是学校教育的核心构件的认知,"体育"是"育人"的基础的认知,只有地位、定位清晰,才能引领学科、课程"占位"。也只有"占位"才能"在位",才能不被挤占,不被

---

① 金光辉.体育教学之内在利益[J].体育与科学,2011(1):108-112.

忽视。

二、学校体育价值彰显的条件保障与路径

学校体育的价值彰显需要相关政策、体育场器材、体育师资、学生、学校等要素的保障,需要学校主管领导、其他任课教师,尤其是班主任、学生家长的共识与通力合作。在政策与制度方面,重点抓政策的执行与落地。要加大新兴项目、学生喜闻乐见项目的硬件条件保障,提供数量充足、品质过硬的运动器材,提升学生的运动体验。在体育师资方面,首先保障数量,在此基础上加大对体育教师职前、职后的培训与再提升,对体育教师的教学规范、职业素养、生涯规划、成长路径做出宏观要求与微观指导,帮助体育教师融入主流教师群体。在学生方面,通过科学合理的体育成绩评价,引导并帮助学生积极参与体育运动,帮助学生在体育运动中享受乐趣、增强体质、健全人格、锤炼意志。学校主管领导、班主任及其他任课教师,有必要进行体育参与体验,以亲身体验后的身心感受来改变"外行"对体育的误解和偏见。

学校体育价值的彰显,体育课堂是最重要的展示平台,只有高质量的体育课堂,才能引发高质量的学生反馈,才能培育高质量的校园体育文化。同时,由课堂延伸出学生的体育认知、运动参与、锻炼习惯也会深刻影响学生的校园以及课余生活。

第二节 学校体育的价值认同与广泛共识

跑跑步、打打球,血脉通畅、肌肉放松、关节灵活、一身通透、身心俱泰,这是人们对体育价值的最直接的自然感受。在和平年代,体育作为疏导人类攻击性(侵略性、破坏性)的社会安全阀门,体现了稳定社会的价值;面向未来的后工业时期,体育又成为人们休闲娱乐的重要方式。随着人类社会的发展,体育的社会价值将随着需求的递进而演变,分量将不断增加。[①] 随着人们对体育认识的不断深入,体育的工具价值应当逐渐淡出,以回归其理性价值。

人是寻求意义的动物,过去人们之所以参与身体活动,是基于其实用性的工具意义,因此在相当程度上属于功利驱动的被动行为。今天,当科技进步使身体活动的工具性意义消失或弱化时,人们为什么还需要身体活动?仅仅为了体质健康,不足以激发人们,尤其是多处于健康状态的青少年的参与动机。如何让非工具性的身体活动成为亿万普通人自愿选择,成为其生活的常态,是21世纪的人类文明亟待回答的世界性问题。于是,"身体素养"应运而生,它试图用身体活动主体观,取代身体活动工具观,将满足生存需要的被动参与,变为追求人生价值、开发生命潜能、提高生活质量的主动参与,扭转身体活动在全球衰败的颓势,为人类的健康注入新的活力。[②]

一、学校体育价值认同的路径——重视基础研究

长期以来,学校体育的教育、健身、娱乐、文化价值被学术界普遍接受和认同。然而,学术界的接受与认同并未引起学生、家长、其他任课教师的一致认同。简单理解,即学校体育的价值与功能并未在参与主体、相关主体之间达成"共识"。一个没有共识的结论在推进时的困难可想而知。一方面是体育领域的专家痛心疾首地呐喊我国青少年体质健康状况连续下降,体育的价值与功能在学校教育中未得到彰显和发挥;另一方面,教育专家和学生、家长、校长依然我行我素拼命地在孩子的智育上穷极一切办法进行加码。和我们广泛宣传的具有多重价值不同,大多数"局外"人显然低估了学校体育的价值与功能。这样的事实在学校体

---

① 胡小明. 体育价值论[M]. 成都:四川科学技术出版社,2008:1.
② 任海. 身体素养:一个统领当代体育改革与发展的理念[J]. 体育科学,2018,38(3):4-11.

第九章 新时代学校体育的变革

育工作中已经存在并延续了相当长时间。

因此，必须重视和挖掘学校体育最根本的，能让所有参与者、旁观者认同的价值与功能，这样才能正视听，达成共识。而不是一边别人觉得没这么重要，我们为了让"别人"觉得重要，把"学校体育"宣传得更重要，不去真正思考"别人"为什么怀疑我们的宣传甚至觉得不重要的原因。研究认为，是时候重视体育的基础研究，用生命体悟的高度来重新构建学校体育带给学生真正益处的时候了，且这样的价值与功能一定是简单直观且震撼的，更需要参与各方认同的。而要达到这样的效果，标准只有一个，简单但却直击心灵，引起共鸣且完全认同。在此基础上，学校体育工作的推进才会形成合力，因为共识是形成合力的前提和基础。

必须承认，即便学校体育是学校教育的重要组成部分，然而，与语文、数学、物理、化学、生物等课程相比，体育课不可能成为最为核心的课程之一。尤其体育在国民经济、政治、文化领域，也是处于非核心层面。虽然有体育经济的前景，有体育外交的成功案例，有健身文化的普及，但是，比起科技进步、工业强国，比起材料、化工、新能源等以自然科学为基础的国民经济来说，体育只能作为保障国民健康福祉、促进体质健康、增加生活乐趣的调剂。此外，体育的教育价值、健康价值也有其他必要条件作为基础，我们不能无限夸大学校体育的价值。

在教学研究方面，这几年体育教学课程也在盲目跟风，出现了诸多翻转式课堂、慕课等，大有体育似乎可以和一切学科进行交叉的趋势。然而，综观体育学这么多课程，真正的核心课程恐怕仍是运动训练学和动作技能学。虽然目前体育学隶属于教育门类，但是体育究竟是不是一门学科一直饱受争议，即使是学科，但它究竟隶属于活动性课程、人文性课程还是自然性课程？从当前各级学校网站的建设来看，对体育的归类足可见这一情况的混乱。既有隶属于公共教学部、人文社科部、体育中心、教育学院的划分，也有属于学校辅助部门的划分。总之，体育自身在教育中的边缘化现实、概念界定混乱，都凸显了体育课在不可替代性方面仍然显得浅薄,需要进一步夯实其理论建设的自觉性和独立性。

二、体育教师的觉醒与自我救赎——体育再启蒙运动在路上

在体育教师专业发展过程中,由于错误的教师专业发展观念以及不明晰的教师专业发展目标,使得体育教师专业发展出现"错位"和"缺位"问题。调查得知,目前很多中学体育教师视上级布置的任务多停留于形式而缺乏内涵与实质,诸如撰写教案、教学研讨、教学总结、课题研究、听专家讲座、参加培训等。这种外部促进式教师专业发展策略虽然取得了一定的效果,但终究由于建立在对教师的压制上而导致体育教师们只会忙于奔命、疲于应付。这既有管理者的领导方法有待创新的问题,也有体育教师自身认识不到位、不深刻的原因。长期下去,体育教师忘记了自己是需要发展的。① 为了发展,为了进步,体育教师的觉醒和自我救赎成了必由之路。

无可否认,当下的中国人面临着对体育的再度认知问题,中国的体育启蒙之路还有很长的路要走。② 无论是在全体学生心里、家长眼中、其他课程教师的认知中,还是学校管理层的观念中,体育教师从来都是"非重要教师群体"。体育教师在学校的话语权、对学生的影响力也是较低的。这样的处境对其教学活动有直接的负面影响。无论是社会需求、课程安排如何对体育教师不利,但这些因素都是外在因素。影响体育教师权威的还包括自身的职业道德水平、教学能力水平、知识结构、教学艺术与风格等内在因素。这也就不难理解,虽然体育教师的权威具有先天不足的劣势,却也存在因个人主观努力、高尚的职业道德、高超的业务能力而被称颂和标榜为"优秀教师"的逆袭者。因此,体育教师要想提升其地位、增强其权威性,自身必须跟上时代发展的要求,努力

---

① 舒宗礼,王华倬.教育生命视阈下的体育教师专业发展的现实状态及未来愿[J].北京体育大学学报,2018:(12):91-98.
② 路云亭.传播的错位:吴蕴瑞个案研究中的三重面相[J].体育与科学,2019(1):56-62.

使自己在"德、才、学、识"方面不断自我完善、自我超越,这样才能从根本上确立起自己的教育教学权威。

中国体育人和西方人在行为学上体现出更多的共性,而当代中国体育人所承受的社会偏见却是西方人无法感受到的。[1] 在我国,体育教师一直蒙身份歧视的困扰和受污名化伤害。面对歧视与污名,体育教师群体既不能逃避也不能寄希望于"歧视者""施污者"自动减少甚至消失,更不能只抱怨而不采取有效行动。除了教师身份,社会人的角色给体育教师群体发挥专业特长、体现人生价值提供了更多可能。体育教师加强与社会的接触和互动,也能消除行业、专业、学科之间的隔阂与偏见,以实现自我救赎和身份超越。同时,以每一位体育教师的一己之力汇聚成一股集体的力量,用实际行动证明自身价值,逐渐纠正偏见和消除污名化,实质上也是在进行我国社会大众的体育再启蒙运动。有理由相信,随着社会的发展与进步、生活水平的不断提升,体育一定会成为大部分人日常生活的标配,人们对体育的认识也一定会更客观、积极,类似的体育人污名化和体育教师之间的现象也会逐步消失。

第三节 全面提升体育教师的综合素质与业务能力

在知识呈现方式和教育的本质未发生根本改变的今天,学校体育教育质量提升的首要因素取决于体育教师的核心素养。近年来,我国体育教师教育体系不断完善,相关改革研究持续深入,培养质量得到阶段性提高,但也存在教师培养适应性和针对性不强、教学理解能力培养不足、责任感和使命感下降、教学方法实践创新能力不够、课堂教学质量不高等突出问题。[2]

---

[1] 路云亭.中国体育人的"原罪"身份——基于文化学原理的中国武人后裔生存处境考察[J].民俗研究,2017(4):127-136.
[2] 何劲鹏.卓越体育教师核心素养的内涵及实践探索[J].体育学刊,2017,24(2):91-95.

从世界范围看,体育学已经演化为以生命、人文为核心要义的一种跨学科知识体,这种跨学科特征决定了学科的发展需要借助多学科,尤其是医学等自然科学的推动。体育教育、运动训练、技能习得以及教练员科学等反映体育自身逻辑的专业具有典型的应用性和经验性特征,这使得这些专业本身呈现出较低的学术性。从学科培养看,上述专业很少被设置到博士学位层次。国外体育学博士培养单位的专业设置偏向于锻炼与健康的相关专业,包括了运动医学、运动生理学、康复理疗、锻炼与健康科学等。在博士阶段,自然科学类专业作为体育学人才培养中心的态势较为明显。在我国,体育学归属于教育学的学科定位限定了体育学的发展,与学科属性及其发展趋势不符。

一、熟练的运动技能——体育教师的基本要求

运动技能是体育教师的生存之本,立命之基,运动技能是体育课程目标达成的"源"与"本",运动技能是彰显和提升体育学科本色和地位的有效载体。运动技能是体育教师的身体符号,无论是教学中的动作示范还是课余比赛中的展示与交流,运动中对肢体掌控和支配的熟练程度以及展现出的巧妙程度都体现了体育教师的业务基本功和专业素养。运动技能会对教学效果与风格产生重要影响。运动技能作为身体认知的高级表达形式,承载着运动文化与智慧。熟练、精湛的运动技能是体育教师的"护身符"。此外,体育教师在借助运动技术这一主要手段促进学生全面发展的同时,也在不断改造自身,创造自我,更新自我,实现自我的突破与超越。作为优秀体育教师,只知运动技术规范和相应教学方法是远远不够的,从运动技术角度,只会讲解、示范、纠错技术的体育教师已经不能满足学校体育发展需要。运动技能学习中动作速度、速率、力量、轨迹、节奏及其实战能力,已经成为卓

越体育教师内在的、刚性的需求。[①]

技术动作中的幅度与力度、动作稳定性与准确性、动作节奏与美感、动作协调性与观赏性都是非常重要的。良好的身体素质是熟练运用技、战术的前提。身体挺拔、肌肉紧实、姿态端庄、形体匀称、体重适宜是体育教师的基本要求。随着工作年限的增长，体态发福、素质下降似乎成为体育教师的集体通病，但是，保持体态的匀称，延缓素质的下降速率却是切实可行的。这不仅是个体形象的问题，更是业务能力与职业胜任的问题。体育教师要在工作中不断强化身体素质训练，保持良好的专项体能状态，这也是体育教师的基本要求。

二、扎实的理论基础——体育教师的进阶条件

理论知识的厚度、深度是任何学科得以发展进步的基石，也是获得社会认同、学科认同的前提条件。熟知专业领域的基础理论并能在实践中加以运用是作为教师、教育者最基本的要求。要想提高教育教学水平，在专业领域得到发展，不断打牢理论基础，提升理论素养就成为教师的必修课。此外，专业理论水平与素养还关系到教学理解能力、教学驾驭能力，以及整体教学水平。学者柳海民曾提出卓越教师的理想规格。即通识性知识"要博"，本体性知识"要精"，条件性知识"要美"，实践性知识"要用"。对应的，对于有强烈上进心并立志成为优秀体育教师者而言，教育学、心理学等通识性知识"要博"，运动人体科学本体知识"要精"，体育课程、教学与训练类知识"要美"，体育教学设计、实施、评价等实践知识"要用"，这些核心素养教育将直接决定教师能否"会教""教会""教好"和"教透"的能力。

宋会君教授认为，初任体育教师和"老"体育教师在科研方面较弱是一致的，既反映出职前培养和培训不足，也反映出继续

[①] 何劲鹏.卓越体育教师核心素养的内涵及实践探索[J].体育学刊,2017,24(2):91-95.

教育和终身教育的不足。对体育的熟知并不意味着对体育的真知,体育教学虽依赖于经验和过往做法的传习,但是其中的原理、规律却需要用科学的方法、严谨的思维、详实的数据、有力的论证加以总结和阐述,只有这样,体育的功能、价值才能充分彰显和发挥。除了教会学生这样做,还要让学生明白为什么这样做,必须要有完整的知识闭环才能更有说服力和影响力,如果仅仅停留在经验却说不出其中缘由,作为教师的传道授业解惑就是名不副实的。体育教师在传授运动技术的同时应加强体育文化知识的传播,使学生对体育文化的内涵有深刻的认识。任何一门学科的教育仅仅停留在技术层面时,它是低级、不成熟的,只有当它渗透到人的精神层面,并影响人的行为时,它才会具有更高的社会意义和文化价值。[①]

黄爱峰在其博士论文《体育教师教育专业化研究》中指出,专业化是体育教师教育发展的生命力,"学会教学"是体育教师专业化的致力点,期待摆脱"运动技术"专业化取向形成的误区,建立一种着眼教学智慧的体育教师专业化主张,这样的观点很具启发性,就学会教学的主张看,无不包含了对教育、教学的深刻理解,也包含了对教育理论、体育专业基础理论的重视。我国著名教育家叶澜教授认为教育的内涵就是"教天下事,育生命自觉"。时代呼唤生命自觉。生命自觉是新基础教育追求的核心价值观,是衡量基础教育改革正确与否的标尺。作为教师,"教天下事,育生命自觉"无疑是最高要求,体育教师作为教师队伍中的一员,如何在"教天下事,育生命自觉"过程中发挥作用、体现价值是值得深入思考并予以践行的。长期以来,我国体育教师教育和体育教学中坚持奉行运动技术导向,在科学主义与人文主义纷争中,人文精神退居次要地位,在学科课程与术科课程之争中,学科渐渐"败下阵来"(当下体育教育"术科化"尤甚),极力寻求普适性的科学教育和程序化的操作方法却因体育学科的特殊性、教育对象

[①] 刘亚云. 大学体育教学人文环境的优化[J]. 体育学刊, 2007, 14(5): 86-88.

的特殊性和教学情境的复杂性而枉费心机。体育教师教育演变为"运动员式的驯服"过程,体育教师被降格为注释制度化课程的工具。殊不知,体育教师的生命个性和创造性在不知不觉中被抹杀。体育教学沦为运动技术的"授—受"过程,学生和教师高度关注的是运动技术是否学会了,体质是否达标了,成绩是否提高了,而对学生是否会学了、会练了、学懂了、学乐了等置若罔闻、视而不顾,学生体育学习兴趣和爱好、主体性与创造性在不知不觉中遭到泯灭。[1] 在青少年体质持续下降的大背景下,更加肯定和强化了"运动技术至上"的取向和做法。然而学校体育的地位、学生的体质状况、体育教师的生存环境却并不乐观。缺乏理论支撑的学科与课程终究被人轻视,缺乏理论指导的教学过程难免力不从心。只有打牢学科理论的根基,学科地位、课程地位、从业者(体育教师)地位才能获得根本的提升。

三、强烈的责任意识——体育教师的职业素养

"加强体育师资队伍建设"是写进各个学校教师队伍建设规划中的一项内容,但是不能简单地理解为增加体育教师的数量,更重要的是提高体育教师的师德师风、教育教学水平,以及增进教师团结、优化年龄结构、提升学历水平、提高体育教师职业素养等。其中,提高体育教师的职业素养是基础性工作。要提升体育教师的素养就必须要在"体育教师素养的理想画像"的基础上,画出"体育教师素养红线",并明确制定出鲜明具体的"体育教师示范标准",建立科学的评价标准和考核制度,通过这些工作,树立起可学习的体育教师的优秀榜样,从而促进体育教师群体整体素养的提升。[2]

对体育教师而言,职业责任感首先是对学生"育体"与"育人"

---

[1] 舒宗礼,王华倬.教育生命视阈下的体育教师专业发展的现实状态及未来愿[J].北京体育大学学报,2018(12):91-98.
[2] 查萍,毛振明,李海燕.体育教师素养之绊与解决之策:对全面深化新时代体育教师队伍建设改革的建言(2)[J].首都体育学院学报,2018(5):428-431.

问题的担当,表现为在精神与意志、身体与心灵之间创设有效途径,最大限度实现体育对人的"至善"影响。其次,教育使命感与社会责任感是教师作为教育者的教育情感使然。强烈且深厚的教育情感是教师投身教育事业强大的内在动力,也是保持教育热情的源泉。体育教师要善于通过言传身教来丰富体育的教育、人文内涵,彰显体育对人的生理、心理、意志、人格的综合价值。纠正体育在教育过程中唯生理性改造的狭隘认识和理解。体育教师只有担当起"育体""育心""育人"的责任,担当起"高质量体育课第一责任人"的职责,担当起教育强国、体育强国的历史使命。只有具有强烈的责任意识、担当意识,才会有相应的学科地位、社会地位,才能不被误解、歧视。

要改变人们对体育教师素养不高的偏见,既需要体育学科内涵的提升与内容的充实,也需要从杜绝体育水课做起,从提高体育课教学质量做起,还需要提高体育教师的教学规范与标准;还需要从提升体育教师群体精神面貌、行为举止等细节做起。只有这样,体育教师群体的整体素养才能得到根本的提升。

第四节　充分运用政策的指导和引领作用

一、体育教师提升研究政策、懂政策、运用政策的意识和能力

学校体育政策是国家管理学校体育事业的基本工具和基本手段。也有观点认为,学校体育政策是学校体育治理的外在表现形式,是一定时期内学校体育发展理念的可操作性表述。[①] 审视学校体育的改革与发展,政策是一个不可缺席的考察维度。在我国,有关学校体育、青少年身体素质与健康的政策、文件不胜枚

---

① 谭利,于文谦.改革开放以来我国学校体育政策工具的选择与优化[J].北京体育大学学报,2019,42(5):63-71.

第九章 新时代学校体育的变革

举,这些既是学校体育存在、延续、发展的法理依据,也是开展学校体育各项工作的有力武器和护身符,用政策的刚性约束来保障学校体育在学校教育版图中不被忽视和完全淹没。学校体育一系列政策的出台和实施,有效地引领、推进了各个阶段我国学校体育工作的重建、改进、完善和深化,促进了学校体育的改革与发展,彰显了政策的积极功能与成效。但"要素驱动式"的政策生成逻辑,一定程度上制约了改革的整体性推进;"政策执行难"的问题长期存在,导致改革进展和实效难如预期。自上而下的"外推型"政策推进模式权威高效,但基层实践者参与改革的内生动力不足,改革缺乏充分的社会性支撑与协同,政策监测与评估机制不够完善,均在一定程度上削弱了改革的科学性与实效性。[1]

需要指出,由于政策的时效性与逐级衰减特征,因此并不能保证政策的执行力度和实际效果。考虑到学校体育在学校教育中的话语权以及体育教师影响力的因素,我们并不能乐观估计高级别、高频率的学校体育政策发挥理想的效果。此外,政策意识、政策敏感性、政策解读与运用向来是体育教师的"弱项",在对待国家有关文件、规定、指导意见等政策保障问题上,更存在欠缺。2014年的一次调查结果表明,某地级市的7所省级重点高中的现任教研组长中,研读过《基础教育课程改革纲要(试行)》的仅14.5%,研读过《基础教育课程改革实施方案》的仅27%,研读过学科课程标准的只有43%。体育教师研究政策、懂政策、运用政策的意识和能力还需大幅提升,不然一副好牌依然输得彻底。

体育教师要熟知并利用好国家相关政策法律法规文件,如《体育法》《教师法》《学校体育工作条例》《中央7号文件》《国家学校体育场地器材配备目录》《落实"全国亿万学生阳光体育运动"》等;在关系到学校体育的发展及个人切实利益与权益的时候,学会运用相关政策、文件来强力推动学校体育工作,学会运用相关法律、法规来争取和保护自己的权益;遇到问题要积极与

---

[1] 潘凌云,王健.改革开放40年我国学校体育改革与发展的政策审思[J].体育学刊,2019(5):13-25.

学校领导和教育主管部门沟通,争取平等对话机会。

二、社会支持与政策保障对学校体育生存环境的改善

健康社会学认为社会支持与个体乃至群体的健康程度相关联。社会支持主要体现在工具性和情感性支持两方面,结合学校体育的外部生态环境,当前包括体育课在内的整个学校体育急需从社会的法制层面与文化认同给予支持。在中国社会当前城乡二元结构特点下,强有力的学校体育法规制度和体育认同等社会支持是偏远地区学校体育课实现"从无到有"以及"开足开齐"的前提和基础。就社会支持的情感性而言,在"学而优则仕"的文化惯习和应试教育制度下,"体育无用论""四肢发达和头脑简单"等"污名化"现象在社会上广为流传,甚至一些学生家长也对此深信不疑。因此,在社会上需要营造重视包括学校体育在内的整个体育行业的氛围和净化体育发展的社会生态及其支持系统。[①] 具体而言,对社会舆论与大众体育认知的正确引导会改善学校体育的生存环境。尤其是对体育教师的贬低与歧视风气需要坚决纠正和扭转,否则作为体育教师的身份认同、教师权威、社会地位就无从谈起。在政策保障方面,除了制定政策,更要重视政策执行、政策监管与政策运用,要扫除政策落地的障碍,为学校体育发展提供强有力的保证。

从"静态"角度来看,学校体育政策是关于学校体育改革与发展的各种文本性规范,如法规、纲要、通知、计划、方针、准则、方案或措施等,是静态存在的"文本"。从"动态"角度来看,政策活动是一个由政策制定、执行、评估和调整等环节顺序相接直至终结,并开启新的政策活动的一个动态、连续的历时性过程。缺少其中任何一个环节,政策都会由于失去完整性而不能成为现代意义上的政策。显然,学校体育政策是静态的文本表达与动态的变

---

① 高鹏飞.具身道德:学校体育何以"立德树人"的困境与治理[J].体育与科学,2020(2):80-86.

革过程的总和。[①] 当前我国学校体育政策不断出新、动态调整已经成为常态。实践层面,在第一时间理解并执行政策、跟随政策调整的动态变化,有侧重点地推动学校体育工作是提升学校体育工作成效、改善学校体育生存环境、增强学校体育话语权的重中之重。

[①] 潘凌云,王健.改革开放40年我国学校体育改革与发展的政策审思[J].体育学刊,2019(5):13-25.

第十章 理想的学校体育

朱永新在《新教育之思》中指出：理想的"体育"（这里实际指的是学校体育,因为对象都是学生）应该注重磨炼学生的意志,使学生永不言败,永不停歇,养成坚韧不拔的品质；理想的体育,应该注重培养学生的合作精神、集体情怀和爱国情操,使体育活动成为德行养成的重要途径；理想的体育,应该是注重培养学生遵守规则,学会公正公平的观念,远离弄虚作假,形成诚实的品格；理想的体育应该培养学生坦然,面对竞争和胜不骄败不馁的心态,学会自我心理调节和科学训练,养成健全的心理素质；理想的体育应该在注重体能训练的同时,为学生打开世界体育之窗,感受力与美的和谐；理想的体育,应该尊重学生的个性和特长,不把体育作为惩罚学生的手段,学生在体育活动中发现自我、享受自我；理想的体育,应该使学校体育与社区体育有机联系起来,充分利用社区或民间的体育资源,同时,向社会开放学校的体育设施,体现体育发展的社会化、生活化、终身化的趋势。这是一个"体育局外人"描述的理想的体育。细腻的文字、深刻的理解、独到的见解令人深深感动。反观我们许多"体育局内人"有多少这样深刻见解的文字值得人们细细品味呢？

第一节 学校体育目标和学校教育目标良性互构

应当说,父母对孩子身体的教育在新生命诞生以后就开始了,母亲用抚摸幼孩儿身体的方式安抚宝宝的情绪和给他（她）安

第十章 理想的学校体育

全感。狗妈妈通过叼回狗崽崽到狗窝的行为"约束"和"教育"幼崽应该在"规定"的活动范围活动。这样的教育我们通常定义为是家庭教育和个体教育,自专门性的教育机构——学校出现以后,教什么,怎么教,为什么教等都是最为重要的议题。

健康第一的大旗是否应当始终摆在学校体育发展的首位?学生健康第一目标的达成还需哪些外在因素?这些外在因素是否可控,是否配合,健康第一的理念是否存在商榷和允许质疑的声音,学校体育的研究的重点能否从"育体"这一单一维度转向"育人"的复合维度,学校体育的目标能否从身体素质的提升、运动技能的掌握转向"身心全面发展"并借此形成德育、智育、体育、美育、劳动教育的融合发展机制?上述问题的解答是学校体育目标和学校教育目标良性互构的认知基础,也只有这样,理想的学校体育才有可能实现。《"健康中国2030"规划纲要》明确提出"提高全民健康素养,形成热爱健康、追求健康、促进健康的社会氛围"。当前,尽管学界对体育素养的具体概念和内涵表述存在一定的争议,但一致认为它是体育教育的基础,也是学校体育追求的目标,具有包括体育参与动机、体质健康水平、运动知识与能力以及道德等多维度属性,有助于促进健康生活方式甚至扫除"体盲"。

学校体育是教育的重要组成部分,这是毋庸置疑的;学校体育担负着增强学生体质、促进学生身心健康的任务也清晰和深入人心;国家对学校体育的关注、支持,甚至是"偏爱"也是确切和感同身受的。从近年来国务院、中央办公厅、共青团中央、教育部、国家体育总局密集地联合发文指导学校体育工作来看,在其他学科和课程中是绝无仅有的,反映出国家对学校体育工作的重视、关心与支持。事关青少年发展的学校体育治理问题,非常需要观念引领、制度供给、政策激励,以确保体育教育公共目标的达成。首先,应回归教育的本质,使其真正成为身体与灵魂塑造的重要管道,应通过体育教育规训青少年被异化的身体,建构身体认知与具身形象。其次,强化体育锻炼对人的培育价值,重视运动在使人走向强大、突破自我过程中的作用。通过实施课内与课外锻炼的一体化，广泛组织与开展学校竞训活动，实现身体活动健康目标与教育价值的融合。再次，强调青少年体育锻炼行为的教育效果评价，进一步弱化应试教育的功利价值取向，凸显体育教育的身体参与性、挑战性、发展性。最后，齐抓共管，加强学校体育工作领导管理与监督考核，解决制度落实的"最后一公里"问题。①

第二节 学生锻炼习惯的养成与"心流体验"

最愉悦的时刻通常在一个人为了某项艰巨的任务而辛苦付出，把体能与智力都发挥到极致的时候。最优体验（又称心流体验）乃是由我们自己所缔造的。对一个孩子而言，也许就是用发抖的小手，将最后一块积木安放到他从未堆过的那么高的塔尖上；对一位游泳健将而言，也许就是刷新自己创下的纪录；对于小提琴家而言，也许就是把一段复杂的乐曲演奏得出神入化。每个人毕生都面临着不计其数的挑战，而每次挑战都是一个获得幸福的良机。

练球如同练琴，会和精通有着本质的区别。由不会到会，再到熟练，最后达到精通的程度是非常难的，每一步都需要时间的累积和精力的付出。精通意味着一种独特的状态和表现，可以信手拈来，可以自我陶醉其中，可以具有观赏性。达到精通的水平，无论是自我精进、自我成就、取悦他人，都表现出良好的状态，成为生活、生命的组成部分。只要有闲暇时间就会弹上一曲，秀上一把，即便没有观众，自己就是最忠实的观众。也只有达到精通的水平，才会成为行动自觉，才会情不自禁，才会乐此不疲，才会经常化、生活化。否则，稍微的条件变化，注意力分散，便会舍弃。

---

① 王军利. 身体规训与生成：青少年体育锻炼不足的学校体育实践反思[J]. 青年研究，2018（1）：113-119.

第十章　理想的学校体育

体育项目之间有着类似乐器的差异,无论技术、战术、规则、技巧都有相对独立的体系。一个人很难精通不同的运动项目,因此,体育教师专项化是必须和紧迫的,不是说篮球专项老师不能教乒乓球,而是说,乒乓球专项教师一定比篮球教师对乒乓球运动的理解和掌握更为全面。精通一项运动技能首先要有长期的累积效应,没有三五年持续不断的沉浸在某一项运动技战术练习中,就很难在平时生活中信手拈来并体会其中的乐趣。

以运动技能形成规律看,运动技能的泛化、分化、自动化过程是真实存在的,其进阶过程的长短取决于练习者的身体素质和练习时间。没有一蹴而就的技术,没有一学就会的战术,任何技战术都是在千万次的演练中成型并在比赛中发挥出来的。一般而言,我们大大低估了掌握运动技能的难度,此外,对规则的理解和运用也需要比赛的磨炼和检阅,有时需要付出失败的代价才能更深刻的理解规则。在体育教学和课外体育活动中,大多数学生缺少"精益求精"的体验,缺少"持之以恒"的信念。没有精益求精和持之以恒,就很难形成稳定的技战术并体会运动的乐趣。

第三节　凸显体育的"育人"价值

凸显体育的"育人"价值不是新观点、新命题,而是很早以前就已经开始重视了。对于学校体育"育人"本质的阐述早已有之。早期西方的人文主义教育家们就竭力强调,利用各种户外游戏发展儿童的个性和他们的意志品质,还很细致地将游戏分为 6 种类型:培养灵巧性和谨慎作风类型、增强注意力类型、增强记忆力类型、培养想象力类型、增强智力类型、培养欣赏力类型。他们明确指出:"对身体练习的整个要求,是使这些练习有助于锻炼机体,增加力量和耐力,培养能够解决生活中出现的问题的能力和品质。"可见,那个时候对于体育"育人"功能的认识已经达到了较高的水准。

人是具有主观能动性,且能形成自我意识,对自身发展具有策划能力的发展主体;人不仅是发展的主体,而且是影响自身发展的关键因素,在一定程度上,人决定自我的命运;教育应该使人意识到这一点,教人争做自己命运的主人。人对自身发展的影响通过自己的实践来实现。是人自己的实践,使影响人发展的遗传与环境所内涵的可能性,转化为现实的发展现实。是发展主体的实践,使影响发展的其他因素,从潜在可能经主体选择后成为现实发展的转化力量。人自身的实践在发展中所起的这种决定性作用,具有不可替代性。[①]体育最显著的特征就是实践性,体育对自我意识、身体感知的教育贯穿体育参与的全过程。凸显体育的育人价值,回归其天然的教育内核是提升体育价值的必然路径。为了把体育之"育"讲清楚,至少应该回答3个方面的问题,即体育之育是什么,体育之育育什么,体育之育怎么做。事实上,关于体育之"育"是什么的争论始终未停歇过,关于体育之"育"育什么以及体育之"育"怎么做不清楚的人尚不在少数。教育部体卫艺司司长王登峰说:如果对体育价值的认识仅停留在提高学生的体质健康这一层次,在体育教学过程中就会产生一系列的问题。清华大学党委前书记陈希先生指出,体育对增强体质的作用已为大家所熟知,体育对人格培养的作用,尽管也得到不少人的重视,但是,如何更自觉地认识体育对人格培养方面的作用仍需要不断深化。[②]传统观念中的体育课,往往聚焦于身体锻炼,没有挖掘和体现体育的教育功能,只有将体育作为教育的重要手段,才能实现体育的育人价值。体育之"体"是身体活动,是载体,属于形而下;体育之"育"是教育,是本质,是价值取向,属于形而上。体育不能脱离"体",脱离了"体",体育将失去了其存在的物质基础;体育亦不能脱离"育",脱离了"育",体育则成了没有灵魂的身体活动。体育只有将"体"与"育"有机融合起来才能称

---

① 叶澜.回归突破"生命·实践"教育论纲[M].上海:华东师范大学出版社,2015:6.
② 郭可雷,王晓晨.论体育之"育"[J].西安体育学院学报,2018(1):74-81.

第十章 理想的学校体育

得上真正的体育,才能完成教育赋予体育的神圣使命。①

1964年,法国教育家鲍尔·朗格朗在其著作《终生教育入门》一书中对体育运动作如下阐述:(1)体育和运动教育必须摒弃那种认为体育只是在人生中极短的时间内才能从事的想法。(2)不能把体育运动单纯地理解为肌肉活动,也不能把它从其他文化中分离出来,必须把体育运动与人类知识的、道德的、艺术的、社会的、市民的活动联系起来,把体育运动与终生教育整体地、有机地结合起来。②这样的阐述无疑具有显著的参考价值和借鉴意义。

在中国体育史上也有过类似的教育主张,最典型的当属梁启超。他认为培养"尚武精神"对于人格塑造和民族发展具有重要价值。从教育的层面看,"尚武精神"并不是要让我们崇尚武力,更多的是在这个过程中锻炼"心力""胆力""体力",培养一种自强不息的人生态度。"心力",即我们通常所说的不畏险阻、勇往直前的胆量。它深深地根植于对生命、对亲人的热爱,它常常是迸发于生死存亡的危急关头。③时至今日,提倡尚武精神亦有其价值,就是要把这种局限于爱生命、爱亲人的"小爱",升华为爱民族、爱国家的"大爱",升华为为国家的伟大复兴、民族振兴而奋斗的崇高爱国主义精神。

"胆力者,由自信力而发生者也。"正如梁启超所言:"国民自信其兴,则国兴;国民自信其亡,则国亡。"提倡尚武精神,就是要重铸民族形象,改变"日惧外人之分割,日畏外人之干涉",畏首畏尾的精神状态,树立民族之自信,奋发民族之雄心,光大民族自强不息之传统,鼓荡起"与列强相见于竞争之战场"的勇气。"体力",梁启超谓:"体魄者,与精神有密切之关系者也。有健康强固之体魄,然后有坚韧不屈之精神。"提倡尚武精神的一个重要内容,就是要通过体育锻炼,改善民族的体质,使中华民族成为体格强健、

---

① 郭可雷,王晓晨.论体育之"育"[J].西安体育学院学报,2018(1):74-81.
② 毛振明,圆山和夫.日本学校体育关键词100[M].北京:高等教育出版社,2005.1:1.
③ 白莉莉,冯晓露.立足体育本质,反思当代学校体育误区——熊晓正教授学术访谈录[J].体育学刊,2016(2):1-4.

勇武有力的雄健民族，逐步培养国民完备的体格。这在那个时代已经非常难得，即使在现在，对"心力""胆力""体力"的培养依然是体育教育的主要功能，也是最具价值的地方。有专家批判性地问道：我们现在的学校体育，真正做到的又有多少？[①]

单纯地看待体育课，好像没有特别的教育意义，当我们还原体育课的场景时，诸如注意力、观察、模仿、想象、毅力、勇敢、挫折、自信、团队、集体荣誉、自尊心、不服输、胜利、失败等词汇便跃然于心，显然，体育课并不仅仅只是运动，它包含丰富的教育素材与情感体验，甚至包含人生哲理。1995年，美国《走向未来：全国体育标准》指出："接受过体育教育的人"应该已经学习了进行各种体育活动的必要技能：身体健康；经常参加体育活动；懂得参与体育活动的意义和价值；赋予体育活动以价值，懂得体育活动对健康生活的贡献。从学校教育的高度来理解，培养健全的学生，使他们在离开学校后成为身心健康的公民是学校教育的使命，而不单单是教会学生考试。诚然，应试教育虽然被广为诟病，但并非一无是处，也有其可取之处，但是应试与分数不能作为学生成长和评价的全部。正如有研究指出：我们的教育培养的学生不应是只偏重于知识学习，却忽视体质和情感的积累和体验的"半拉子人"。如果说智育需要不断地传授、吸取和实践，德育需要在实践中反复证实和提高，美育中实际也包括了体型的健美和坚强意志，那么体育则需要更加持续的实践和锻炼。[②] 需要切实促进学生的生长发育，强健其体魄，完善其人格，为其在浩瀚的知识海洋畅游奠定身心基础，这才是学校体育最为崇高的责任与担当。

从教育的角度来看，体育、德育、智育属于同等层面，我们平时说的语文、数学、外语等都偏重于智育，这些是具体的课程。体

[①] 白莉莉，冯晓露. 立足体育本质，反思当代学校体育误区——熊晓正教授学术访谈录[J]. 体育学刊，2016（2）：1-4.
[②] 王羽. 生命中不能承受之轻——生命教育视阈下我国学校体育地位的反思[J]. 武汉体育学院学报，2008，42（2）：93-96.

第十章 理想的学校体育

育应该是育人的基础,学习体育的过程不仅仅是体能的增强、技能的传习,还伴随着道德和智力的培育。将育人的任务弱化为体质的增强,萎缩了体育的功能。学校教育阶段是人的各方面成长的重要阶段,因此和一般的体育活动相比,学校体育"育人"的任务更加明显。这个"育人"不仅包括对身体的培育,也包括通过体育活动实现学生的精神成长和人格完善。早在周朝的学校教育中,学生要掌握的6项基本技能(礼、乐、射、御、书、数)中,体育(射、御)就占有了重要地位。当然,即便是在古代的教育体系中,体育也不仅仅是简单的技能传授,而是在这个过程中培养君子风度、为人智慧和谋略。[①]

进入新时代,我国学校体育在专家学者们孜孜不倦的理论探索与一线体育教师日积月累的实践体验中不断蜕变,虽问题庞杂、形势严峻,但一腔热血与永不服输的韧劲也结出了一些硕果。在理论领域,运动教育理论逐渐清晰,相比以前的体质论、教育论,显示出明显的进步。运动教育理论强调学生参与体验运动本身的价值。代表性的观点有:"体育的意义在于唤醒学生健康、活泼、快乐的生命状态。作为人的一种生活方式来提升、展现、充实人的健康生存本身"(刘铁芳);"运动先于意识的行为特征是创造性的'身体思想'"(程志理);"学校体育是为学生创设最富诗意、激情、活力与人味的教育活动与生命体验"(潘绍伟)。运动教育思想强调学生参与体育、体验体育、享受体育运动的本体价值,并在此基础上追求人的身心健全、人格完善,满足个人的需要、兴趣,形成乐观开朗、阳光向上的人生态度和自由的、充分的、和谐发展的生命姿态。[②] 比较而言,新时代学校体育理论对体育的意义、价值的理解更为全面、深刻,更好地诠释了体育在学校教育中的基础性地位。

[①] 白莉莉,冯晓露.立足体育本质,反思当代学校体育误区——熊晓正教授学术访谈录[J].体育学刊,2016(2):1-4.
[②] 潘绍伟.从体质教育到运动教育——对我国学校体育的思考[J].体育科学,2018(7):9-10.

第四节 自然体育思想与新体育学派借鉴

自然体育思想源自美国。自然体育强调本能的重要性以及体育的道德与教育功能,除此以外,还强调体育的生活化内涵。生活化是自然体育思想的又一基本观点。认为体育对于生活的贡献,在于使现实的生活达到最优的境界,使人善用闲暇,丰富生活。因此提倡"体育必须和生活打成一片"使体育成为生活的实践,并指出生活是等于技能、理想、态度、习惯的总和。因此生活化体育不仅偏重于技能的训练,尤须注重体育理想、态度和习惯的养成,使学生离开学校,还有爱好体育的习惯、态度和透彻高超的理想。[①]在我国,重视学生体育锻炼习惯的养成,提倡培养学生终身体育意识,都是为学生离开学校后坚持锻炼,保持健康生活方式做准备。

高尔霍夫尔是20世纪前期奥地利体育课程改革的主要设计者和推动者。他在《奥地利学校体育概要》中阐述了奥地利教育改革的自主活动原则、乡土化原则、综合教学原则在体育课程中的应用,并提出按照儿童生长发育的规律、体育活动的生理学价值和儿童的运动兴趣设计针对儿童发育成长的课程。高尔霍夫尔建立了以保健和有利于促进青少年发育为特色的教材体系,主要包括补偿运动(训练柔软性、驰缓和补偿肌肉力量,以消除或改善体格上的欠缺)、形成运动(运动形成与姿势形成)和完美运动(竞争游戏、防卫运动、冬季运动、游泳和基本运动等)。在教学方面,他提出了以生物学为基础的儿童中心主义(尊重儿童的运动需求),在授课安排上,他第一次提出要系统地考虑速度、耐力和灵敏的运动学特征。高尔霍夫尔的自然体育思想对欧洲各国的

---

① 路云亭.传播的错位:吴蕴瑞个案研究中的三重面相[J].体育与科学,2019,40(1):56-62.

第十章 理想的学校体育

体育课程产生了极大的影响。[①]

对世界学校体育产生巨大影响的另一批学者是美国教育家杜威和美国"新体育"学派,杜威高度评价游戏的教育作用,他认为"任何时代、任何人,对于儿童的教育尤其是对于年幼儿童的教育,无不在很大程度上依赖于游戏和娱乐"[②]。他主张从儿童的特性出发进行教育,因而他的思想被不适当的概括为"儿童中心思想"。伍德和赫塞林顿的"新体育"理论是美国新教育(或称进步主义教育)运动中体育课程改革的主要理论。"新体育"理论认为:传统的德式体操和瑞典体操未能很好地完成体育的任务,需要对体育的目标和手段重新进行诠释。早在1893年,伍德就在全美教育学会大会上指出:"体育的伟大理想不仅限于身体方面的训练,更重要的是体育与全面教育的关系,使身体能在个人生活的环境方面、训练方面或是文化方面充分发挥它的作用。"赫塞林顿认为,新体育理论强调"育"。"体"字表示整个机体的活动,不是仅有智力才是教育的手段,"教育既不是为身体,也不单是为精神,而是要发展由教育活动实现的人类的一切能力。"他把新体育分为四个方面:集体教育、神经肌肉活动教育、品德教育和智力教育。[③] 在自然体育思想与新体育学派的引领下,体育的价值得以彰显,体育不再囿于体质、健康的束缚,得以在更广阔的范围、更高的教育品位、更深刻的人文价值层面对学生产生积极影响。这也是西方对体育认识更为成熟、更为理性的表现。我国在体育思想、学校体育在教育体系中的定位与担当、体育的价值等基础领域还需加倍努力。

[①] 潘绍伟,于可红.学校体育学(第三版)[M].北京:高等教育出版社,2015:12.
[②] 杜威.学校与社会——明日之学校[M].北京:人民教育出版社,1994:277.
[③] 潘绍伟,于可红.学校体育学(第三版)[M].北京:高等教育出版社,2015:12-13.

第五节　零点体育课(学习准备型体育课)的启示

零点体育课,是一种通过运动来提高学生的学习状态,并为一天的文化课学习做好准备的新型体育课,因为被安排在每一天的第一节课(所有文化课之前)而得名。后来,实验者把零点体育课更名为"学习准备型体育课"(Rradinese PE),实验还在继续,所有上读、写能力课的学生被分成两个班:一班的读写能力课安排在第二节课上,那时的学生还能感受到运动带来的效果;而另一个班则被安排在第八节课。正如人们所料,第二节上读写能力的学生学习效果最佳。零点体育课得到了全美国的关注,而且逐渐成为一种新的体育课模式。在我国,把体育课排在每天的第一节课是难以想象的,通常的做法是把体育课排在上午或下午的最后一节,以免学生因上完体育课后状态不佳而影响其他课程学习。

分析认为,"学习准备型体育课"对传统体育课排课方式的颠覆有其生理依据和合理性。处于生长发育期的青少年学生常常表现出精力旺盛,需要特殊的媒介点燃和释放。我们不能把学生像囚犯一样约束在室内,学习前人早已确定的一些知识和技能。这样他们就很容易犯困,就会显得精力不足。然而经过短暂的户外锻炼和游戏就能立刻使他们恢复活力,进而更加专注和认真地迎接接下来的枯燥的知识学习,这就是我们经常提及的劳逸结合的典型案例。这样的案例有一个新鲜的标题:"全新的赛局:让孩子赢在体育课"。越来越多的证据表明,运动后大脑的状态更好,学习效率更高,既然如此,把体育课排在文化课学习之前就理所应当了。

零点体育课(学习准备型体育课)完全颠覆了我们对体育课排课顺序的认知,也完全颠覆了体育课影响文化课学习的认知。把体育课排在每一天的第一节,这与我国把体育课排在最后,排在"角落"的做法是完全相反的。在科学研究的支持下,正确对待体育课,重视体育课,不仅仅是体育老师的职责,也是所有教育者的职责。当前我国学校体育的境遇、体育课的状况、体育教师的地位都清晰说明,我们对"体育"缺乏科学认识,也说明对待教育、体育、青少年成长,我们与西方发达国家还有不小的认知差距,需要不断学习,尽快跟上。

参考文献

1. 教育部课题组.深入学习习近平关于教育的重要论述[M].北京：人民出版社,2019.3：160-163.

2. 体育理论编写组.体育理论[M].北京：高等教育出版社,1985：66.

3. 马克思,恩格斯.马克思恩格斯全集：第19卷[M]北京：人民出版社,1963：406.

4. 胡小明.体育价值论[M].成都：四川科学技术出版社,2008：60-61.

5. 张焕庭.西方资产阶级教育论著选[M].北京：人民教育出版社,1979：192.

6. 潘绍伟,于可红.学校体育学(第三版)[M].北京：高等教育出版社,2015：6.

7. 熊欢.身体社会与体育西方社会学理论视角下的体育[M].北京：当代中国出版社,2011：18.

8. 约翰·瑞迪(John Ratey),埃里克·哈格曼(Eric Hagerman).运动改造大脑[M].杭州：浙江人民出版社,2013.11：IX.12-13.32-33.37.46.231-232.

9. 斯蒂芬·J·维尔吉利奥(Stephen J·Virgilio).儿童身体素质提升指导与实践(第二版)[M].王雄译.北京：人民邮电出版社,2017.12：3.

10. 杨文轩.当代大学体育[M].人民体育出版社2007：32.

11. 胡小明,陈华.体育人类学[M].北京：高等教育出版社,2005：133.

12. 杜威.学校与社会——明日之学校[M].北京：人民教育出版社,1994：277.

13. 刘良华.教育哲学[M].上海：华东师范大学出版社,2018：11.

14. 文思·伦巴帝.意志力心理学[M].北京：中国人民大学出版社,2018：31.

15. 约瑟夫·马奎尔,凯文·杨理论诠释：体育与社会[M].重庆：重庆大学出版社,2012：Ⅲ.

16. 陈琦,刘儒德.当代教育心理学[M].北京：北京师范大学出版社,2012：407.

17. 肖川.教育的使命与责任[M].长沙：岳麓书社,2007：43.

18. 金季春等译,世界体育教育峰会主报告论文[M].北京：北京体育大学出版社,2002：31.

19. 马卫平.体育哲学[M].北京：体育大学出版社,2015：27.

20. 季浏.体育锻炼与心理健康[M].上海：华东师范大学出版社,2006：146-147.

21. 曲宗湖,杨文轩.学校体育教学探索[M].北京：人民体育出版社,2002：23.

22. 董奇,陶沙.动作与心理发展[M].北京：北京师范大学出版社,2011.

23. 李允杰,氏昌泰.政策执行与评估[M].北京：北京大学出版社,2008：81.

24. 叶澜.回归突破"生命.实践"教育论纲[M].上海：华东师范大学出版社,2015：6.

25. 毛振明,圆山和夫.日本学校体育关键词100[M].北京：高等教育出版社,2005.1：1

26. 陈丛刊,陈宁.论我国体育社会组织发展新的历史方位[J].体育科学,2018,38（9）：78-87.

27. 胡小明.体育发展新理念——"分享运动"的人文价值观与青少儿体育发展路径[J].体育学刊,2011（1）：8-13.

28. 陈玉忠.体育强国概念的缘起、演进与未来走向[J].天津体育学院学报,2010,25(2):142-145.

29. 杨文轩,卢元镇,胡小明.改革开放以来中国体育理论与实践的发展[J].华南师范大学学报(社会科学版),2003(4):135-143.

30. 胡小明.从"体教结合"到"分享运动"——探索竞技运动后备人才培养的新路径[J].体育科学,2011,31(6):5-9.

31. 卢元镇.从北京到伦敦:举国体制如何向前走[J].体育学刊,2012,19(6):1-4.

32. 王登峰.深入学习习近平总书记在全国教育大会上的讲话精神,推动学校体育革命性变革——在全国高等学校体育教学指导委员会副主任以上委员会议上的讲话[J].天津体育学院学报,2019,34(3):185-187.

33. 季浏.改革开放40年我国学校体育发展回顾与前瞻[J].体育学研究,2018(5):1-11.

34. 何劲鹏,杨伟群.我国学校体育政策执行"不良心态"本质透析与制度性化解[J].北京体育大学学报,2018(2):88-93.

35. 陈长洲.改革开放40年我国青少年体质健康政策的回顾、反思与展望[J].体育学刊,2019,39(3):38-47.

36. 高鹏飞.青少年体育参与不足的文化惯习、代际传递与现代重构[J].体育与科学,2019(3):48-53.

37. 高鹏飞."体育影子教育"的失范与现代重构[J].西安体育学院学报,2019,36(6):753-756.

38. Avery D.Faigenbaum, et al.青少年运动缺乏症(EDD)研究的10大问题[J].北京体育大学学报,2015(11).

39. 刘阳,何劲鹏.学校强制体育合理推进的现实因由与实践价值[J].沈阳体育学院学报,2015(6):25-28.

40. 龙安邦,余文森.我国基础教育课程方案变革70年的回顾与展望[J].中国教育学刊,2019(10):28-35.

41. 罗时铭.当代中国学校体育的流派与争论[J].体育学刊,

2015,22（6）：29-36.

42. 徐英超. 两亿接班人的中小学体质教育需要调查研究 [J]. 北京体育学院学报，1979（3）：1-7.

43. 曲宗湖，顾渊彦."学校体育学"三十年历程 [J]. 中国学校体育，2009（8）：12-17.

44. 陈琦，林笑峰. 体育思想评述 [J]. 体育学刊，2011（11）：1-5.

45. 梁立启."扬州会议"的回顾和对当前学校体育发展的启示 [J]. 体育学刊，2014,21（5）：15.

46. 潘绍伟. 从体质教育到运动教育——对我国学校体育的思考 [J]. 体育科学，2018（7）：9-10.

47. 纪成龙. 身体的重构：对当前体育课程问题的反思 [J]. 上海体育学院学报，2018（2）：94-98.

48. 杨文轩. 论中国当代学校体育改革价值取向的转换——从增强体质到全面发展 [J]. 体育学刊，2016,23（6）：1-6.

49. 毛振明. 改革开放40年中国学校体育关键词 [J]. 体育教学，2019（1）：4—6.

50. 张金桥，王健，王涛. 部分发达国家的学校体育发展方式及启示 [J]. 武汉体育学院学报，2015（10）：5-20.

51. 查萍，毛振明，李海燕. 体育教师素养之绊与解决之策：对全面深化新时代体育教师队伍建设改革的建言（2）[J]. 首都体育学院学报，2018（5）：428-431.

52. 任海. 身体素养：一个统领当代体育改革与发展的理念 [J]. 体育科学，2018,38（3）：4-11.

56. 缪佳. 论德国近代体育之父古兹姆茨对学校体育发展的贡献 [J]. 体育与科学，2011,6（32）：107-109.

54. 杨少雄，李静亚. 体美劳协同推进新时代育人的实现路径 [J]. 毛泽东邓小平理论研究，2019（11）：27-32.

55. 陈理宣，刘炎欣. 劳动教育与德智体美教育的基础关联和价值彰显 [J]. 中国教育学刊，2017（11）：65-68.

56. 汪全先,王健.我国学校体育中的当代伦理问题及其消解路向[J].体育科学,2018（1）:79-89.

57. 杨海庆.身体觉醒:17、18世纪欧洲体育发展思想动力研究[J].成都体育学院学报,2016,58（6）:67-73.

59. 王军利.身体规训与生成:青少年体育锻炼不足的学校体育实践反思[J].青年教育,2018（1）:113-119.

60. 杨韵.游戏冲动:席勒美学思想观照下体育的审美本质[J].体育科学,2013,33（1）:89-93.

61. 谢光前.古希腊体育与身体意识的觉醒[J].体育学刊,2006,13（2）:79-81.

62. 司马容.体育游戏:人类生存的辩证法——现代哲学家对体育本体多维反思[J].体育与科学,1994（10）:19-22.

63. 茅鹏.体育与人类的自我发展[J].体育与科学,1990（10）:10-12.

64. 锻炼身体有益青少年心理健康[J].基础医学与临床,2014,34（7）:944.

65. 王羽.生命中不能承受之轻——生命教育视阈下我国学校体育地位的反思[J].武汉体育学院学报,2008,42（2）:93-96.

66. 雍自元.预防青少年犯罪的新途径:体育运动[J].安庆师范学院学报(社会科学版),2011,30（9）:97-100.

67. 任娇娇.预防青少年犯罪的新思维——以体育运动为视角[J].武汉体育学院学报,2014,48（11）:45-49.

68. 漆亮,周泽鸿.体育预防青少年犯罪的正功能论析——以美国"午夜篮球"计划为例[J].吉林体育学院学报,2005,31（1）:28-32.

69. 徐翔.体育运动预防青少年犯罪机制的设想——基于体育运动的安全阀效能探析[J].山东体育学院学报,2018,34（5）:49-54.

70. 王荷英.健全人格教育宗旨的形成及其对近代学校体育的影响[J].中国体育科技,2019,（6）:1-7.

参考文献

71. 白莉莉, 冯晓露. 立足体育本质, 反思当代学校体育误区——熊晓正教授学术访谈录 [J]. 体育学刊, 2016（2）: 1-4.

72. 杨韵. 体育的生命冲动与意识绵延——基于柏格森生命哲学的体育本质解读 [J]. 体育科学, 2011, 31（3）: 87-91.

73. 杨文轩. 课程改革背景下学校体育改革与发展研究 [J]. 体育学刊, 2018（5）: 1-4.

74. 石国亮. 论习近平总书记关于教育的重要论述——以新时代第一次全国教育大会为重点的分析 [J]. 中国青年社会科学, 2018, 37（6）: 8-16.

75. 陈小娅. 加强青少年体育是全社会的共同任务——学习《中共中央国务院关于加强青少年体育增强青少年体质的意见》[J]. 求是, 2007（12）: 15-17.

76. 熊文. 辨误与厘正：学校体育"健康第一"理论立足点检视 [J]. 体育科学, 2019（6）: 89-96.

77. 杨海庆. 身体觉醒：17、18 世纪欧洲体育发展思想动力研究 [J]. 成都体育学院学报, 2016, 42（6）: 67-73.

78. 彭小伟, 毛振明. "专项体育课"的发展过程与学理依据 [J]. 体育学刊, 2016（4）: 1-5.

79. 刘欣然, 黄玲. "单向度"的教育规训与体育超越——技术时代学校体育的哲学省思 [J]. 天津体育学院学报, 2019（4）: 306-314.

80. 王登峰. 学校体育的困局与破局——在天津市学校体育工作会议上的报告 [J]. 天津体育学院学报, 2013, 28（1）: 1-7.

81. 王建华. 学科承认的方式及其价值 [J]. 中国高教研究, 2012（2）: 12-19.

82. 高鹏飞, 周小青. 社会距离与行业失范：学校体育课程价值的反思 [J]. 体育与科学, 2016, 36（3）: 63-68.

83. 郭振有. 改变"应试教育"倾向之我见 [J]. 中国教育学刊, 2006（6）: 14-16.

84. 黄道名, 杨群茹, 张晓林. "健康中国"战略下我国学校体育的改革困境与发展路径 [J]. 体育文化导刊, 2018（3）: 103-107.

85. 季浏, 马德浩. 新时代我国学校体育改革与发展 [J]. 体育科学, 2019, 39（3）: 3-12.

86. 周建东, 于涛. 体育中考制度改革对学校体育的影响考量——以"青岛模式"为例 [J]. 成都体育学院学报, 2017, 43（2）: 107-112.

87. 杨韵. 被"应试"捆绑的体育: 对学校体育发展困境的反思与批判 [J]. 教育研究与实验, 2014（5）: 62-66.

88. 赵富学, 汪全先. 论学校体育伦理品性的失衡与复归 [J]. 天津体育学院学报, 2019（5）: 395-403.

89. 王广虎. 体育教学改革必须走出四大误区 [J]. 成都体育学院学报, 1998（1）: 52-56.

90. 范叶飞, 马卫平. 我国学校体育课程的"钟摆现象"管窥——基于学科向度与生活向度的二维视角 [J]. 体育科学, 2017（2）: 3-15.

91. 汪正毅, 陈丽珠. 21世纪我国高校体育教学改革方向研究 [J]. 北京体育大学学报, 2002, 25（2）: 225-227.

92. 季浏, 马德浩. 对体育教育专业假过剩真短缺现象的反思 [J]. 体育科学, 2019, 39（3）: 3-12.

93. 劳伦斯·科恩. 游戏力 [M]. 北京: 中国人口出版社, 2018: 7.

94. 刘欣然, 黄玲. 动静的争辩: 学校教育中的身体规训与体育挽回 [J]. 武汉体育学院学报, 2019（1）: 30-35.

95. 章建成, 等. 中国青少年课外体育锻炼现状及影响因素研究报告 [J]. 体育科学, 2012（11）: 3-18.

96. 毛占洋. 学校体育的困惑与反思 [J]. 教学与管理, 2010（6）: 104-105.

97. 邓星华, 杨文轩. "健康第一"的理论依据与学校体育的新使命 [J]. 体育学刊, 2002, 9（1）: 12-14.

98. 教育部官网 http://www.moe.gov.cn/jyb_xwfb/s271/201606/t20160622_269394.html.

99. 孙科.学校体育,路在何方?——专访教育部体育卫生与艺术教育司司长王登峰[J].体育与科学,2013,34(2):1-8.

100. 李新威,李薇.我国校园足球的异化现象[J].体育学刊,2015,22(5):1-4.

101. 沈建敏,应孜,高鹏飞.校园足球发展的顶层设计与底层回应[J].北京体育大学学报,2017(4):83-88.

102. 阎风雷.不变的主题、不断拓展的视野和逐渐深化的认识——高校体育教学改革进程中的变与不变[J].武汉体育学院学报,2007,4(11):70-73.

103. 徐正旭,龚正伟.当代我国体育教师"污名化"现象分析[J].体育学刊,2018,25(5):89-94.

104. 于素梅.核心素养培育背景下"乐动会"体育课堂建构[J].体育学刊,2018(2):63-67.

105. 杨文轩,陈琦.体育原理[M].北京:高等教育出版社,2004:90.

106. 向新建,杨安禄等.论美国学校体育教学中的"技术主题"[J].武汉体育学院学报,2019(3):95-100.

107. 于素梅.动作技能学习"窗口期"及理论建构——基于一体化体育课程建设的核心理论[J].体育学刊,2019,26(3):8-13.

108. 王登峰.贯彻落实十八大精神努力提高青少年体质健康水平[J].中国学校体育,2013(1):2.

109. 龙安邦,余文森.我国基础教育课程方案变革70年的回顾与展望[J].中国教育学刊,2019(10):28-35.

110. 胡小明.论体育与艺术的关系[J].体育科学,2008,28(10):3-8.

111. 唐炎,宋会君 体育本质新论[J].天津体育学院学报 2004,2(19):36-38.

112. 王梅,王晶晶,范超群.体质内涵与健康促进关系研究[J].体育学研究,2018(5):23-31.

113. 李全生,高鹏,仓海.泛体育教育观——基于全面发展教育理论的学生体质问题研究[J].北京体育大学学报,2016(4):96-100.

114. 郑小凤,张朋,刘新民.我国中小学学生体质测试政策演进及政策完善研究[J].体育科学,2017(10):13-20.

115. 董鹏,程传银.基于学生体质健康提升向度的体育教师功缺憾研究[J].西安体育学院学报,2019(4):493-499.

116. 毛振明.《中共中央国务院关于加强青少年体育增强青少年体质的意见》颁布10周年的纪念[J].体育教学,2017,37(5):6-8.

117. 杨文轩.认真思考 深化研究 努力实践 推动新时期我国学校体育大发展[J].体育学刊,2013,20(5):1-2.

118. 王军利.关于学生体质健康测试中存在问题的思考[J].体育学刊,2015(1):70-74.

119. 齐辉,蒋宏宇,王华悼.我国近代体育教师群像的历史流变及其当代启示[J].首都体育学院学报,2015(3):234-237.

120. 卢小平.拒绝被边缘——体育教师心理困惑解析与疏导[J].体育师友,2019,42(1):49-51.

121. 崔丽丽,张志勇.体育教师专业认同与社会地位知觉探析[J].北京体育大学学报,2014(7):82-88.

122. 方曙光.关于体育教师社会地位的反思[J].体育文化导刊,2017(3):143-146.

123. 陈孝道.体育教师受歧视现象简析[J].体育文化导刊,2014(12):122-125.

124. 尹志华,贾于宁,叶静雯,汪晓赞.成为"社会人":体育教师社会化的探索与思考——美国普渡大学Thomas Templin教授和阿拉巴马大学K.Andrew Richards教授跨代际学术访谈录[J].体育与科学,2019(1):18-27.

125. 邵雪梅,褚岩鸿.我国中小学体育教师身份认同路径重构的理论阐释[J].西安体育学院学报,2014,31(5):605-612.

126. 赵富学,程传银.基于身份认同与主体性建构的体育教师专业发展模型研究[J].体育学刊,2016,23(5):93-99.

127. 方曙光,潘凌云,樊莲香.体育教师教育的实践品性:困境与出路[J].天津体育学院学报,2013(6):461-467.

128. 赵云书.国高校体育本科专业设置发展演变研究[J].广州体育学院学报,2014,34(5):109-112.

129. 董守义.体育工作中的几个问题田[J].新体育,1957(13):15.

130. 赵刚,陈民盛.对我国中小学体育课程改革关键问题的反思与探讨[J].山东体育学院学报,2017,33(5):114-118.

131. 路云亭.中国体育人的"原罪"身份——基于文化学原理的中国武人后裔生存处境考察[J].民俗研究,2017(4):127-136.

132. 张驰.影响体育教师权威的社会学分析及对策研究[J].成都体育学院学报,2010,36(5):82-84.

133. 唐炎.《青少年运动技能等级标准》的研制背景、体系架构与现实意义[J].天津体育学院学报,2018,42(3):2-7.

134. 焦芳钱.我国三大球项目发展的哲学认知研究[J].北京体育大学学报,2017(3):22-26.

135. 高鹏飞.论三大球项目起源[J].体育文化导刊,2012(11):131-135.

136. 钟秉枢,郑晓鸿,邢晓燕,等."十三五"我国足球、篮球、排球发展研究[J].上海体育学院学报,2016(2):7-12.

137. 郭可雷,王晓晨.论体育之"育"[J].西安体育学院学报,2018(1):74-81.

138. 陈融.21世纪中国体育价值取向变化之前瞻[J].西安体育学院学报,1999(1):4-6.

139. 金光辉.体育教学之内在利益[J].体育与科学,2011

（1）：108-112.

140. 舒宗礼,王华倬.教育生命视阈下的体育教师专业发展的现实状态及未来愿[J].北京体育大学学报,2018（12）91-98.

141. 路云亭.传播的错位:吴蕴瑞个案研究中的三重面相[J].体育与科学,2019（1）：56-62.

142. 何劲鹏.卓越体育教师核心素养的内涵及实践探索[J].体育学刊,2017,24（2）：91-95.

143. 刘亚云.大学体育教学人文环境的优化[J].体育学刊,2007,14（5）：86-88.

144. 谭利,于文谦.改革开放以来我国学校体育政策工具的选择与优化[J].北京体育大学学报,2019,42（5）：63-71.

145. 潘凌云,王健.改革开放40年我国学校体育改革与发展的政策审思[J].体育学刊,2019（5）：13-25.

146. 高鹏飞.具身道德:学校体育何以"立德树人"的困境与治理[J].体育与科学,2020（2）：80-86.

147. 习近平在中国共产党第十九次全国代表大会上的报告[N].人民日报,2017年10月28日.

148. 王庆环.学校体育圆中华民族一个强国梦[N].光明日报,2008-8-20.

149. 慈鑫.拯救政策为何止不住青少午体质的下滑[N].中国青年报,2010-03-21.

150. 季芳,范佳元.师资短缺,难撑起校园体育一片天[N].人民日报,2013-08-15（4）.

151. 新华社.习近平出席全国教育大会并发表重要讲话[EB/OL].（2018-9-10）[2019-4-10].http://www.gov.cn/xinwen/2018/09/10/content_5320835.htm.

152. 胡锦涛.在北京奥运会、残奥会总结表彰大会上的讲话[EB/OL].新华网,2008-09-29.

153. 岳川.王登峰:校园足球将成推进学校体育改革的突破口[EB/OL].（2015-03-16）[2015-10-25].http://www.

chinanews.com/ty/2015/03-16/7133594.shtml.

154. 新华网.学校体育改革要帮助学生提高专项运动技能,[EB/OL].2013-12-13.

155. 我们与4位青少年体育培训行业一线从业者会面,听他们讲述这个市场的现状与未来[EB/OL].[2018—01—20].http：//wemedia.ifeng.com/25479252/wemedia.shtml

1576. 习近平在全国教育大会上强调[EB/OL].（2018-09-10）[2019-04-10].http://www.moe.gov.cn/jyb_xwfb/s6052/moe_838/201809/t20180910_348145.html.

157. RICHARD BAILEY, TONY MACFADYEN.Teaching Physical Education5-11[M].London·New York：continuum，2000：6.

158. Malberg JE, Monteggia LM.VGF, a new player in antidepressant action [J]. Science Signaling,2008,1（18）：19.

159. Hallal P C, Andersen L B, Bull F C, et al.Global physical activity levels：surveillance progress, pitfalls, and prospects[J].The Lancet,2012,380：247-257.

160. Song M K, Carroll D D, Fulton J E.Meeting the 2008 physical activity guidelines for americans among U.S. youth[J]. American Journal of Preventive Medicine,2013（3）：216-222.

161. Rowland T W.The horse is dead；let's dismount[J]. Pediatric Exercise Science,1995（2）：117-120.

162. Yuanlong Liu.Youth Fitness Testing：If the "Horse" is Not Dead, What Should We Do? [J].Measurement in Physical Education and Exercise Science.2008（3）：123-125.

后 记

　　从小学四年级参加业余训练开始,我就一直浸染在体育圈子,至今也有30年的体育参与史,是体育铁杆粉丝一枚,同时也算得上是一个体育幸运儿。说幸运是因为从小对体育很感兴趣,最后又从事学校体育工作,真正实现了兴趣和职业的统一。我无比热爱自己的专业,无论工作还是平时生活中,都对体育有特殊的感情,有一份执着的爱。回忆起当年校代表队和业余体校训练的经历不免感慨万千,那时感觉参加体育训练很光荣,也很自豪,虽然辛苦但浑身是劲,冬练三九、夏练三伏的日子历历在目。除了练就扎实的专项技能,身体素质也显著提升,比赛赢得名次和获奖时更是无比激动,会兴奋好长时间。参加体育训练耽误文化课程是难免的,好在文化学习一直很努力,没有掉队,也为后来考大学、考研奠定了基础。比起当时参加业余训练的伙伴,他们中的很多人只注重训练,荒废了学业,走竞技体育的道路大都半途而废,不是伤病就是无潜力可挖,早早退出了专业道路,不免感慨万千。

　　我特别感谢在我体育道路上遇到的老师、教练,是他们让我更快乐、更自信、更坚强,也更热爱体育。至今还清楚记得我的小学篮球启蒙教练,每天下午带领我们练基本功的场景,他是那么的灵活、矫健、严厉,我们都很怕他,但也很喜欢他。我的中学体育老师是一个英俊的大高个儿,直到中学毕业20年后去看他,他依然那样的英俊潇洒,太帅了,一直是我的偶像。中学时参加业余体校训练的体验是最深刻的,也是最痛苦的,体校的训练强度和运动量之大至今仍记忆犹新,也是体校的一段经历为我打下了

后 记

扎实的身体素质基础。我由衷地感叹,身体素质真的是练出来的,没有半点儿捷径。伴随着汗水、肌肉的酸痛、泪水、咬紧牙关挺过去,无论身体素质还是意志品质,经过长时间的洗礼,练就了一个坚强的我。

在走专业道路和上高中考大学的十字路口我选择了后者,不是因为体校训练太苦我退缩了,而是因为家长的反对,还有我对大学的向往。停止体校的训练,继续完成学业成为我体育道路的转折点,高中逐渐降低了在体育训练上的时间和精力,不断弥补因训练落下的文化课程。但考取体育院校的志向一直未变,并计划大学毕业后当一名体育教师。父母的希望、自己的志向、未来的计划在收到大学录取通知书的那一刻都有了清晰的答案,心随所愿、心想事成。在大学阶段,专业理论知识的学习,让我对体育有了更深的认识,也更加热爱所学的专业。大学毕业应届考取研究生,在研究生阶段,我的导师金学斌教授无论在学术、教学、做人、做事等诸多方面均给予我深刻的教诲和启迪,其人格魅力是我毕生学习的榜样。姜冠军教授对我的专业技术提高起到了至关重要的作用,他对技术的钻研与执着至今深深影响着我。

常言道,当一个人的兴趣爱好和职业一致时,无疑是幸福的。大部分体育老师是热爱体育的,因此我们大都是幸福的,至少在工作中是这样。也有其他课程老师经常开玩笑说,体育老师真好,把身体锻炼了,顺便把钱挣了,真幸福!的确,在他们眼里,体育老师是轻松的、愉快的,但是,风吹、雨淋、日晒、偏见,甚至歧视、边缘化,这其中的艰辛其他老师是体会不到的。即便这样,我们依然无条件地热爱自己的专业,喜欢自己的职业。大概从大四开始,我对学校体育产生了浓厚的兴趣,不自觉地带着问题与困惑对学校体育的现实问题进行梳理和反思,由于知识储备有限,文笔欠佳,也因为自己的懒惰,十年过去了竟然还停留在简单的框架和初稿阶段。近两年,随着教学经验的积累、教学体会的逐渐丰富,重拾未完成的稿件成为工作之余的重要内容。在今天看来,当年稚嫩又大胆的反思埋下了一颗问题的种子,在十几年后才得以生根发芽、开花结果。

  正是由于缘起十几年前的细微发现与思考,一些问题一直萦绕心头,促使我对学校体育进行不断的思考,并对其中普遍的问题进行尝试性的大胆回答,以期能引起学校体育工作者的共鸣。在此基础上通过广大体育教师的共同努力,把学校体育工作搞好;使体育教师不再是一个被误解、被边缘化的群体;使学校体育工作不再是可有可无的陪衬;使学生更爱运动;为体育强国、教育强国建设添砖加瓦,为中华民族伟大复兴中国梦的实现贡献智慧和力量。

致　谢

　　岁月如梭、时光飞逝,蓦然回首我从事体育教学工作已经十余年。从点滴记录在体育教学中的感触、体会与思考;到零散的资料搜集与整理;从味同嚼蜡且逻辑凌乱的文字,到偶有惊喜和体系化的内容规整与陈列;从一家之言恐难服众的观点与论述,到博采众议与感同身受的阅读体验升级,书稿的完成过程充满着辛勤、智慧与汗水。

　　本书的最终成稿离不开朋友、家人、同事的支持、帮助与启发。正是他们的支持、帮助与启发,才使最后的成稿具有一定的可读性,具有一定的学术味道。在这里,我要特别感谢西安电子科技大学体育部的高鹏飞博士,他既是我的大学本科同学、也是研究生阶段的同寝室室友和挚友,也是我学习的榜样。他的勤奋好学、孜孜不倦令人敬佩,近年来,他发表了一系列关于学校体育的高水准成果,在本书中,我不但多处引用了他的成果,还在书稿完成过程中全然采纳了他的诸多修改意见,书中的章节目录在他的润色下也显得更具学理性。

　　在这里,我还要特别感谢西南科技大学体育学科部的刘瑛副教授,她在文献的梳理、书稿的整理、以及出版事宜的协理中发挥了至关重要的作用。她在著作第三章第一、四、五节;第五章第一、第三节,第七章第二、四节贡献了丰富的素材和原创性的文字,使本书的结构更加完整、丰满。

　　此外,还要特别感谢廖方伟副教授,他既是我的同事,也是我们单位的领导,虽然他的专业不是体育,但是以"外行"的视角看待体育的问题,往往比"内行"更新颖,更具启发性。在我的学术成长过程中,从文章的审阅、课题申报书的修改、乃至本书的撰写,我总是不厌其烦地找他修改稿件、寻求支持。他总能耐心、准确、高质量地提出他的观点与意见,正是这些观点和意见,才使得书稿的严谨性、理论性、学术性得以提升。